Rab. Moty Segal

ספר
החלומות

Sefer Hajalomot

Interpretación de sueños

Basado sobre la Torá,
el Talmud, Midrash,
y otras fuentes
de la milenaria
tradición judía

MOAJ
Editorial

Segal, David
   Sefer Hajalomot : el libro de los sueños . - 1a ed. - Ciudad Autónoma
de Buenos Aires : Moaj, 2014.
   354 p. ; 23x16 cm.

   ISBN 978-987-29316-2-9

   1. Judaísmo. 2. Psicología. 3. Filosofía. I. Título
   CDD 296

Fecha de catalogación: 31/01/2014

**Séfer Hajalomot
El Libro De Los Sueños**

Rab Moty Segal

Colaboración:
Jana Segal

Portada:
Arie Grodzicki

©2014 Ediciones Moaj

Av. Córdoba 2852 PB

Buenos Aires

(+54 11) 4966-1731

editorial.moaj@gmail.com

www.moaj.com.ar

Agradezco a mis padres, Rabino Rubén y Lea Segal por su invalorable ayuda para que este libro sea una realidad.

A mis suegros, Rabino Nejemia y Liza Grodzicki, cuyo aporte ha logrado transformar este proyecto en realidad tangible.

A mi extraordinaria esposa, Jana, por su gran colaboración en todo este proyecto y por todo lo que hace por mí y por nuestra familia.

A Arie Grodzicki, por la significativa portada que ilustra los comienzos de capítulo del presente volumen.

A mi hija Dvoire Guite, la luz de mis ojos.

Y a Hashem, por sobre todo, por permitirme llegar a este momento junto a los míos.

M.S.

Dedicamos este libro a nuestra primera nieta,

Dvoire Guite תחי׳

una soñadora desde la cuna

Rab Nejemia y Liza Grodzicki

Leilui Nishmat

***Shmuel ben Shraga Faivel
Grodzicki***

***Jaim Note ben Laibush
Dvoire Guite bat David
Sterenkrantz***

תנצב״ה.

Leilui Nishmat

***Abraham ben Shimón HaLeví
Jaia Rajel bat Mordejai
Segal***

תנצב״ה.

CONTENIDO

1.

2.

3.

4.

5.

6.

7.

8.

9.

10.

A MODO DE PRESENTACIÓN

Si ha llegado hasta aquí, es porque seguramente tiene alguna curiosidad sobre el tema, pero no se sienta mal por lo que le voy a decir.

Al menos en esto, usted no es único ni exclusivo.

Esta curiosidad nos persigue desde el inicio de los tiempos. Mística, Religión, Profecía, Inspiración, nuestro subconsciente hablando en clave, última fase de la clasificación de los recuerdos y depósito en la memoria final de nuestra parte "inteligente", la corteza cerebral, ese lujo que nos han regalado y que tanto ha hecho por la humanidad, en ambos sentidos, desde permitirnos viajar al espacio hasta planificar las masacres más inefables de la historia.

Cada uno según su óptica, cada uno pensando cómo utilizar algo que no conoce (qué raro, ¿no?) para fines que muchas veces no se entienden, y muchas otras veces ni siquiera se comparten.

El misterio de los sueños ha aparecido en todas las épocas y en todas las disciplinas del hombre sin que hayamos podido desentrañar casi nada de ellos.

Y si les parece muy poco optimista esta afirmación, tal vez haya escuchado alguna vez el comentario sobre la terrible pesadilla que aparece como consecuencia de irse a dormir después de comer dos platos de estofado con carne, cebollas y bastante pimienta.

¿Que podrá relacionar esa deliciosa carne con mucha grasa, a la voz onírica de mi subconsciente hablándome a gritos de calamidades inimaginables donde siento mi cuerpo en caída libre dentro de un abismo sin final que me levanta con sudor frío en la madrugada para tomar agua?

Religiones que hoy pertrechan la estabilidad universal, han aparecido como producto de "sueños" reveladores que perfectamente podrían ser
consecuencia de un abuso de cordero cocinado con aceite y una dosis nada
despreciable de vino añejo en un ambiente de placeres desenfrenados.

Cuántas terapias psicológicas utilizan la información de los sueños
para armar la telaraña de los insondables caminos de la mente durante
años y años de sesiones haciendo deambular al pobre paciente por intrin-
cados laberintos donde tarde o temprano se pierden juntos paciente y te-
rapeuta en una ruta sin asfaltar y con un costo de peaje finamente ajustado
a la inflación.

¡Pero no se desanime!

Es cierto que el tema es atrapantemente misterioso, pero hay mucho
para explorar, para aprender y para disfrutar sobre los sueños.

El Rabino Moty Segal (mi yerno) trabajó durante largo tiempo y
con esfuerzo denodado en armar este *vademécum* sobre los sueños, inspirado y basado sobre la Sabiduría del Talmud.

Es de tal trascendencia la temática, que en la Torá (Biblia) hay gran
cantidad de relatos de sueños, el del Patriarca Jacob, de su hijo Iosef, del
Faraón, del adivino pagano Bilam el Moabita, entre otros.

El Talmud dedica un capítulo íntegro dentro de su primer tratado
(Berajot) al tema.

Ese capítulo titulado *Haroé* ("El Que Ve...") expone una cita máxima (55a) de Rabí Jisdá: "un sueño no interpretado, es como una carta sin
leer".

Una incitación directa a la búsqueda de interpretaciones de los sueños, pero...

¿Quién es el remitente de esa carta? ¿Quién es su destinatario?

Como a infinitas otras preguntas, no tengo respuesta para éstas tampoco.

El libro que está en sus manos no pretende contestar las dudas existenciales sobre los sueños, pero es un apasionante viaje por los incomensurables senderos de nuestra sabiduría milenaria, dónde cada uno seguramente encuentre respuesta a alguno de esos "extraños" mensajes que nos llegan de tanto en tanto abriendo a su vez nuevos interrogantes.

Tal vez sean cartas escritas y dirigidas a nosotros mismos, tal vez todo sea un gran sueño...

¡Mi recomendación, *disfrútelo*!

Rabino Nejemia Grodzicki

ACERCA DE ESTE LIBRO

La presente obra constituye una introducción al mundo de los sueños en el saber judío, y está basada sobre el análisis de los diferentes sueños que presenta la Torá y el capítulo noveno del tratado Berajot del Talmud, así como el estudio y análisis de los debates al respecto que registra el citado capítulo. Asimismo, hemos tomado como base los capítulos correspondientes del Moré Nevujím (Guía de los Perplejos) de Rambam (Maimónides) referentes a la profecía —en virtud de que conforme lo declara el Talmud, los sueños son cual profecías de menor grado— y todas las fuentes del amplio espectro que conforman el inmenso mar de la sabiduría de la Torá y de sus Sabios y Maestros de todas las generaciones.

Este libro está estructurado en diferentes secciones, denominadas "partes", que en muchos casos tratan los mismos tópicos, aunque desde diferentes puntos de vista. Por ello, el lector hallará que un mismo tema se analiza en una sección, y luego vuelve a analizarse en otra, para analizarse nuevamente en una tercera.

El Talmud, así como las obras derivadas de aquél fundamenta su sistema de estudio y análisis en la argumentación y el debate, a través de los cuales los Sabios presentan distintas pruebas para sostener la coherencia lógica de sus posturas. El objetivo de este libro es ofrecer al lector todas las opiniones de los Sabios sobre la interpretación de los sueños en el saber judío, y no necesariamente la opinión concluyente, aunque muchas veces tales opiniones están en franca contradicción entre sí. Esto último significa que el lector hallará, a modo de ejemplo, una opinión que afirma que los sueños son valederos, y luego hallará otra opinión que afirma la futilidad de los mismos.

En este punto, estimado lector, advertimos sobre lo improcedente de sacar conclusiones propias sobre los tópicos aquí tratados. No porque hayas leído el libro del principio al final estarás habilitado como "interpretador de sueños" para asumir semejante responsabilidad sobre tu alma o de tus semejantes. Sería como pretender que por leer un tratado de biología humana ya te sientes capacitado para hacer diagnósticos de salud y tratar enfermedades. Recuerda, siempre debes consultar con un mentor, un maestro, que sea no sólo un profundo conocedor de la sabiduría judía, sino ante todo, observante y practicante de ella. Sólo una persona así, reverente del Cielo, será genuinamente capaz de brindarte la debida orientación sobre la interpretación de los sueños.

En los casos en que en la presente obra mencionamos autores ajenos al campo de la Torá y del Talmud, de ninguna manera es para validar a través de ellos las enseñanzas de la Torá, pues ella, la Torá, como sabiduría y conocimiento esencial que es, no requiere de la certificación de ninguna autoridad ajena a su propio ser. Sino más bien a la inversa, si mencionamos tales autores es con el solo objetivo de hacer honor a la verdad, para dejar en claro al lector que fueron tales autores o profesores de las ciencias seculares los que han hallado inspiración en la Torá y el Talmud a los efectos de producir sus propias obras.

1.

INTRODUCCIÓN

El judaísmo presenta gran cantidad de escritos y tratados sobre sueños, los cuales arrojan luz sobre un tema que por siempre ha fascinado a la humanidad. En el judaísmo, los sueños tienen relevancia tanto a nivel individual como a nivel colectivo, al punto de que muchos tópicos tratados en la Torá, aun tópicos de importancia vital para el Pueblo judío y para la historia, se presentan por medio de sueños a personalidades específicas.

Al respecto, Eliahu De Vidas en su obra Reshit Jojmá cita a Rabi Shimon bar Iojai en el Zohar, y expone así:

Todo cuanto acontece al hombre en esta realidad física se revela previamente a través de sueños, como expone Rabi Shimon bar Iojai: "Treinta días antes de que una nación se transforme en potencia o deba enfrentar alguna desgracia, los niños predicen el evento (como cuando de modo casual —o más causal que casual— citan alguna frase o versículo que aluda a un hecho inesperado), o a veces la gente más simple lo predice, o incluso los pájaros (a través de conductas extrañas). Pero nadie presta atención, pues nadie comprende tales mensajes. Cuando la nación en cuestión es meritoria, de lo Alto comunican el eventual hecho (a través de sueños) a los líderes virtuosos de la generación para que difundan la advertencia; y así, cuando la gente toma conocimiento de la eventual desgracia retornan al Creador" (Zohar, parte II, 6b).

Los sueños se presentan a través de imágenes más que de palabras; *las imágenes constituyen el lenguaje de los sueños.* Las palabras son privativas de quienes las comprenden; en contraposición, las imágenes son universales, no conocen de fronteras. Similarmente, Rabi Iosef Itzjak Schneerson, un gran Maestro de la Torá, expone la diferencia entre una canción con letra y una melodía sin ella. El concepto "palabra" está relacionado con "revelación". Existen palabras del habla y palabras del pensamiento. Estas últimas se refieren a la revelación de un concepto en la mente, el cual, al menos hasta entonces, ha permanecido en estado latente, oculto. Las palabras del habla tienen el poder de revelar un concepto a terceros, pero dejan bajo un manto de ocultamiento al ser que las emite. Las palabras del pensamiento, en cambio, son impenetrables para otros, pero sumamente reveladoras para uno mismo. A este nivel pertenecen las melodías puras, aquellas sin palabras, que fluyen de lo más profundo del ser, tal como las imágenes oníricas son reflejo de la psiquis de la persona, un nivel que las palabras, siquiera palabras del pensamiento, podrían jamás revelar. No en vano Freud define a los sueños como el "camino directo hacia el inconsciente".

Tanto Sigmund Freud como especialmente Carl Jung reconocen la naturaleza simbólica del lenguaje de las imágenes de los sueños; y sobre la base de los fundamentos establecidos por los Sabios en el Talmud y obras posteriores basadas sobre aquél, compusieron sus propios sistemas de interpretación. De hecho, en su *Die Traumdeutung* ("Interpretación de los Sueños") en una nota al pie, Freud cita una edición del año 1848 de la obra de Rabi Shlomo Almoli, *Pitrón Jalomot* (literalmente, "Interpretación de los Sueños", publicada por primera vez bajo el título *Mefasher Jalmin*), que consiste en una presentación sistematizada de la simbología onírica que ofrece el Talmud, más precisamente el capítulo 9 del tratado Berajot. Y es de destacar que la citada obra de Almoli vio la luz en numerosas ediciones, ¡la primera de las cuales, la de Salónica, fue en 1515, algunos siglos antes que el *Traumdeutung* de Freud!

Regresemos a nuestro punto central: las imágenes constituyen el lenguaje de los sueños, y tal como lo analizaremos en el apartado "Diferentes Significados Para Sueños Idénticos", las imágenes oníricas, los símbolos que visualizamos en nuestros sueños, tienen significados distintos según cada soñante; y de hecho, así lo plantea el Talmud (Berajot 57a), y ofrece varios ejemplos, entre los cuales citamos el siguiente:

El que sueña con granadas partidas al medio, si es un sabio que aguarde adquirir mayores conocimientos de Torá, como expone el versículo: "Te daré de beber vino aromático, jugo de mis granadas" (expresiones que aluden a la Torá.) Y si es un ignorante, sin duda realizará actos de bien, como expone el versículo: "cual granada partida son tus rakatéj" (textualmente "sienes", "mejillas"). ¿Y qué significa rakatéj? Que incluso los ignorantes del pueblo (reikaním, voz emparentada con rakatéj) están colmados de buenas acciones como semillas una granada.

Ese concepto es el que Freud denomina *lo inconsciente* y Carl Jung rebautizó *inconsciente personal,* denominación que obedece al hecho de que procede de la experiencia personal *adquirida,* nata, y como tal es propia y específica de cada individuo. Por ello, remitiéndonos al ejemplo citado, el símbolo "granada" significará una cosa u otra según el soñante sea un sabio o un lego.

Al respecto, el Talmud (Berajot, cap. 9) expone que hay símbolos oníricos universales, comunes a todos los seres humanos, lo que Carl Jung define como "arquetipos del inconsciente colectivo". Pero también están las sub-divisiones del citado inconsciente colectivo, los sub-grupos de gente afín. Estos sub-grupos tienen determinados códigos que les son propios; y tienen valor y son comprensibles como tales sólo entre ellos. Por ejemplo, en la India, los vacunos tienen status de sagrados, igual que los corderos en el antiguo Egipto. Por lo tanto, para un nativo de la India, soñar con un vacuno tiene el significado propio y específico de su comunidad, diferente del que podría tener para un occidental.

Lo mismo es aplicable a los códigos que rigen entre grupos de adolescentes, los cuales son válidos para ellos y entre ellos; y por lo tanto, si un adolescente sueña con una imagen asociada a alguno de tales códigos, el significado de dicho sueño estará en función del marco de códigos en el que ese adolescente se desempeña.

Sin embargo, varios siglos antes que Jung, el Talmud estableció que los símbolos oníricos deben interpretarse dentro del contexto en el que se manifiestan. Así, por ejemplo, el significado de soñar con un gato dependerá de la cultura a la que el soñante pertenezca; y expone que si el soñante se encuentra en un lugar donde "gato" se dice *shunra* el sueño se realizará como un canto placentero. En cambio, si se encuentra en un lugar donde se dice *shinra,* sufrirá un cambio para mal. (La voz *shunra* es parónima de la expresión *shirá naá,* "canto placentero". Y la voz *shinra* es parónima de *shinúi ra,* "cambio malo").

Y también mucho antes que Jung, los Maestros de la Sabiduría Interior de la Torá expusieron que Adam, el primer hombre, era una especie de sinergia, la suma de todas las almas de la humanidad, la expresión máxima del inconsciente colectivo de la humanidad toda.

La transgresión de Adam produjo la caída espiritual de las almas, la cual continuó su curso hasta que a partir de la Torre de Babel la humanidad se disoció definitivamente para reagruparse en naciones, cada una con su propia lengua, con su propia idiosincrasia, con sus propios códigos, cada una cual sub-grupo del inconsciente colectivo representado por Adam.

Esa capa de registro de experiencias psíquicas a la que Carl Jung denomina *inconsciente colectivo,* descansa sobre otra capa más profunda, lo *inconsciente primordial,* formado por las experiencias primordiales, previas aún a la creación de la humanidad y previas aún a la misma creación del universo, como expone el Zohar (Libro del Esplendor): "El Supremo se fijó en la Torá y creó el mundo" (parte 2, folio 161b). Y a ese mismo concepto alude la Torá en su primera palabra: *Bereshit,* generalmente traducida como "génesis" o "en el principio". Sin embargo, la primera letra de dicha palabra, *Be,* en vez de significar "en" bien puede significar "con", *"con* el principio", donde "principio" alude a la Torá misma, de modo que el significado sería *"Con* el Principio, *con* la Torá, Él creó el universo"; es decir, el universo fue concebido a través de la lente de la Torá y creado a través del molde de la Torá; y en esta línea, la voz "principio" debe tomarse en sus dos acepciones: en sentido temporal como "primero", porque la

Torá antecedió al universo; y en el sentido cualitativo de "fundamento", puesto que ella, la Torá, constituye el fundamento de la creación toda.

Por consiguiente, las imágenes y símbolos relacionados con esta capa primordial sólo podrán ser interpretados por alguien afín a la misma. Un interpretador de sueños podrá interpretar la simbología de la subdivisión a la que *él* mismo pertenezca o comprenda, pero no podrá interpretar símbolos que pertenezcan a otros grupos, a otras culturas; y menos aún símbolos propios de ese inconsciente primordial y absoluto. En cambio, un interpretador de sueños iniciado en esa Sabiduría milenaria, versado en Talmud, dotado de *Irat Shamáim* ("temor reverencial") y observante de la Voluntad Divina, estará capacitado para interpretar los símbolos oníricos debidamente merced a su conexión esencial con el Supremo y al *Rúaj Hakodesh* ("Inspiración Divina") requerido para comprender el valor trascendental de los sueños, más que el mero significado superficial de los mismos.

El inconsciente requiere de un canal a través del cual habrá de expresarse, canal al que llamamos "lenguaje". Usualmente nos referimos como "lenguaje" a la manera en que se comunican los seres humanos entre sí; pero "lenguaje" es también la manera en que uno se comunica consigo mismo, la conexión de lo inconsciente con el ser consciente, inconsciente que si no se expresa queda tan sólo reducido a imágenes impenetrables que ni siquiera pueden ser llamadas "símbolos", pues los símbolos son imágenes ya perceptibles para la mente consciente.

Y así como existe un inconsciente primordial, también existe una lengua primordial, llamada así porque fue por medio de ella que el Supremo creó el universo a través de las Diez Expresiones Creativas. Es la lengua madre de todas las lenguas, la lengua de la creación, el hebreo original; y como tal constituye el ámbito apropiado en cuyo contexto habrán de interpretarse las imágenes y los símbolos oníricos; pues en definitiva dichos símbolos son imágenes tomadas de la estructura del universo, creado justamente por medio de dicha lengua primordial, de modo de que es *ella* la que establece el marco adecuado de interpretación, las pautas bajo las cuales los símbolos oníricos deberán analizarse, trascendiendo de las diferentes interpretaciones que surjan de los códigos específicos de los diferentes sub-grupos del inconsciente colectivo.

En este sentido, sobre la manifestación de Freud acerca de que los sueños se hallan sumamente relacionados con el lenguaje verbal, Sándor Ferenczi —médico y psicoanalista húngaro del siglo XIX— hace notar que todo idioma tiene su propio lenguaje onírico.

Sin embargo, sólo un iniciado en la Torá y en el Talmud sabrá que ello es válido para las lenguas específicas de cada pueblo en tanto sub-grupos del inconsciente colectivo de la humanidad. Pero el hebreo —en su carácter de lengua madre de todas lenguas— lengua con la cual el Supremo creó el universo, trasciende de dicha condición de sub-grupo para erigirse como la lengua maestra bajo cuyo análisis deberán analizarse los símbolos de los sueños en general, pues sólo bajo su dominio las imágenes de los sueños cobran real valor, tal como lo hemos expuesto en los párrafos precedentes y lo analizaremos a continuación.

Veamos un ejemplo: Expone el Talmud:

El que se visualiza en un sueño manteniendo relaciones con una mujer comprometida, que aguarde obtener conocimiento de Torá (Berajot 57a).

Asimismo, expone el Talmud (ibid.):

Soñar con un camello presagia salvación.

A *priori*, el símbolo "soñar con una mujer comprometida" denota 'promiscuidad'; así como el símbolo "camello" denota 'carga', 'yugo', 'perseverancia'. (Reiteramos que los citados son ejemplos tomados del Talmud, por lo que los mismos serán tratados nuevamente en el capítulo "Talmud" del presente libro, y nuevamente en el capítulo referido al análisis de conceptos y definiciones).

En cambio, un Maestro iniciado en la sabiduría esencial de la Torá entenderá que soñar con una mujer comprometida significa *adquirir conocimientos,* como surge del versículo: "El Supremo nos ordenó la Torá, legado de la congregación de Iaacov" (Devarim / Deut. 33:4). En la mencionada cita, en hebreo, en vez de *morashá* ("legado") bien se puede leer *meorasá* ("comprometida"). Por eso, la imagen "tener relaciones con una comprometida" bien puede interpretarse como *"relacionarse* con el *legado",* adquirir conocimiento del legado por excelencia, la Torá en tanto Conocimiento primordial transmitido por el Supremo.

En el segundo caso, la relación entre la imagen "camello" y la interpretación "salvación" surge del hecho de que "camello", en la lengua primordial, es *gamal,* voz que también significa "salvación".

Como hemos expuesto, las citadas imágenes, los mencionados símbolos, sólo tienen valor onírico en el contexto de la lengua primordial, el hebreo bíblico, y sólo en ese contexto se les puede brindar la más abarcadora interpretación.

Y más aún: los nombres de las letras que han llegado a occidente a través del alfabeto griego, originalmente *son* nombres hebreos, las letras del alfabeto primordial. Suele decirse que son nombres fenicios, aunque dicha afirmación carece de sentido. Más bien, las denominaciones de las letras hebreas que han dado al alfabeto griego los nombres de las suyas, tienen significado en hebreo. Por ejemplo, *Alef,* la primera letra del alfabeto hebreo, tiene la misma raíz que *Aluf* ("Supremo"); *Bet,* la segunda letra, significa "casa"; *Guimel,* la tercera significa "camello"; *Dalet,* la cuarta letra, significa "puerta"; y así sucesivamente. En cambio, en griego, la voz *Alfa* no tiene un significado propio, ni tampoco *Beta,* ni *Gamma,* ni *Delta...*

La mitología griega tiene la leyenda de que fue un tal Kadmus quien trajo el alfabeto a los griegos. *Kadmus* significa "llegado de *Kedem",* que en hebreo significa "de oriente"; pero *Kedem* significa también lo *anterior,* lo *primordial,* en alusión a que la mencionada lengua primordial, madre de todas las lenguas, es la que dio origen al alfabeto griego. De lo expuesto resulta pues, que las letras del alfabeto primordial son la base más importante de los alfabetos occidentales de la actualidad.

Como mera información técnica valga el siguiente dato:

El Profesor Dan Winter es un académico estadounidense de reconocida trayectoria internacional, físico, y creador de software. En este último campo ha desarrollado una utilidad para analizar las diferentes longitudes de onda que irradia el corazón frente a diferentes estímulos de orden emocional; y en el encuadre de este desarrollo, junto a sus colegas, estudió las ondas producidas por el sonido de las letras que conforman el alfabeto hebreo, y así descubrieron que, al menos en líneas generales, la forma de cada letra hebrea respondía al gráfico de la onda generada por el sonido de cada una de ellas.

Vale aclarar que las letras del alfabeto hebreo son pictogramas, porque no sólo representan sonidos, sino también —y fundamentalmente— significados. Pues dichas letras, los símbolos que las representan, son de un orden superior, no fueron adoptados por convención alguna, sino son absolutos. Y no necesariamente estamos refiriéndonos en el nivel esencial, profundo, del alfabeto hebreo, sino incluso en el nivel más elemental. Así resulta que los veintidós símbolos que conforman este alfabeto, tanto sus nombres como las formas que los representan, son distintas manifestaciones o estructuras de una misma y única Fuerza cósmica superior, la cual constituye la esencia e imagen de la existencia toda.

Por ejemplo tomemos el caso de la letra *Alef;* su representación gráfica son dos letras *Iud* unidas por una letra *Vav* en diagonal. Cada una de esas letras *Iud* individualmente representan el Nombre del Supremo, al igual que la letra *Vav*. Y todo el conjunto de esas tres letras que conforma la letra *Alef* también representa al Supremo, pues sabemos que en el alfabeto hebreo cada letra tiene un valor numérico; y así, la suma de los valores numéricos de esas tres letras es 26, idéntico valor que el del Nombre Supremo del Tetragrama. Las cuatro letras que componen el Nombre del Tetragrama pueden reagruparse para formar las voces hebreas *haiá* (pasado), *hové* (presente), *ihihé* (futuro), lo cual alude a que Él es los tres tiempos a la vez, Él es la suma de todos los tiempos; Él trasciende de la dimensión de tiempo.

Y también, el valor numérico de la letra *Alef* es 1, *Ejad* en hebreo, palabra ésta cuyo valor numérico es 13, concepto que en sí mismo también alude al Supremo; pues la voz *Ejad* consta de las letras *alef, jet, dalet*, cuyos respectivos valores numéricos son 1-8-4. El Uno es la esencia del Supremo, el cual comprende los siete cielos y la tierra (el ocho) y los cuatro puntos cardinales. Ello significa que Él comprende el espacio todo; Él es la suma de todo el espacio; Él trasciende de la dimensión de espacio (En verdad, ello es lo que buscamos significar cuando nos referimos a Él como Omnipresente).

E incluso la forma de la letra *Alef* evoca la cabeza de un vacuno, típico animal de sacrificio a través del cual el hombre se aúna con el Creador. Por otro lado, como lo hemos planteado, el mismo nombre de la letra *Alef* significa "Jefe", "Superior", "Supremo". Todo ello explica por qué esta letra *Alef* es la primera letra del alfabeto hebreo, pues ése es su lugar natural, y no porque alguna comisión lingüística lo haya decidido.

Un análisis semejante se podría llevar a cabo con todas y cada una de las veintidós letras de este alfabeto, pero ello escapa al sentido del presente estudio y es tema para un libro en sí mismo. Tan sólo pretendimos demostrar el carácter absoluto del alfabeto hebreo y con ello el valor universal de la lengua primordial, canal de expresión del inconsciente primordial, cuna primaria de la simbología onírica.

De este modo creemos haber aclarado por qué los sueños han de interpretarse sólo en el contexto de la simbología de la Torá y del Talmud y por medio de Maestros no sólo conocedores de esa sabiduría, sino por sobre todo *consagrados* a ella y que hacen de la misma su manera de vivir día a día.

2.

LOS SUEÑOS EN EL TALMUD

El Talmud constituye una obra sin par que recoge la erudición y saber judíos sobre todas las esferas del conocimiento y del pensamiento humanos. El Talmud está estrictamente cimentado en las Escrituras, la Torá, la Enseñanza escrita; y así, partiendo de la interpretación de cada versículo de ella, los Sabios del Talmud debaten cuestiones propias de la vida, analizan casos legales, tanto sean civiles o penales, o religiosos, y narran historias, parábolas y leyendas. Tales debates, análisis, normas y literatura, constituyen la Tradición, la Torá oral, la cual se fue transmitiendo oralmente de maestros a discípulos durante generaciones, hasta que se decidió compilar todo ese material por escrito, por temor a que, por causa de las persecuciones, cayese en el olvido.

El Talmud se compone básicamente de dos cuerpos: La *Mishná*, que presenta los temas de manera sumamente sucinta; y la *Guemará*, que es el desarrollo de la *Mishná* por medio del estudio, el análisis, el debate y la conclusión.

La compilación integral del Talmud finalizó hacia el siglo V de la era común. Rabi Iehuda Hanasí compiló la *Mishná*; y Ravina y Rav Ashi tuvieron a su cargo la compilación de la *Guemará*.

El Talmud está organizado en seis órdenes o categorías generales, que comprenden en su totalidad sesenta y tres tratados, los cuales tratan *todos* los aspectos de la vida, desde la pre-concepción hasta el fallecimiento e incluso hasta la era del Mundo Venidero, y desde cuestiones civiles hasta las normas que rigen la intimidad de la pareja.

Por ello, bien podemos afirmar que pretender introducirse en el mundo de la interpretación de los sueños sin adentrarse previamente en el riquísimo material que presenta el Talmud al respecto es sencillamente inaceptable. En vista de lo expuesto, a continuación presentamos la fuente de análisis original de los sueños bajo la óptica de los Sabios de Israel, el capítulo noveno del tratado Berajot.

El Talmud presenta los temas de análisis de manera sumamente abreviada y lacónica, como un núcleo que todo lo contiene pero de manera críptica, apenas revelada, como una diminuta semilla de la cual habrá de surgir un magnífico árbol. Y obviamente, el trato que confiere al estudio, análisis e interpretación de los sueños no es una excepción.

Como en todas las áreas de la vida que uno desconoce, es muy usual que al lector no iniciado le parezca áspero el estudio del Talmud, o extraña su lógica. Ello es lo que sentirá el lector cuando comience a leer a continuación el capítlo del Talmud referido a los sueños: le podrá parecer que los temas expuestos en el mismo no guardan un criterio de clasificación ni un orden específico, e incluso se presentan como inconexos; y así cuestionará "¿de dónde surgen estos temas aislados y cuál es la relación entre ellos, si es que la hay?".

Por ello es necesario recalcar una vez más que el Talmud tiene *su* lógica, que no es la lógica a la que el lector está habituado; y en este contexto debemos saber que el Talmud plantea las normas y pautas generales, las cuales fueron desarrolladas por los comentaristas a lo largo de los siglos; y nosotros iremos desentrañando en el transcurso de este libro a fin de facilitar la comprensión de los no habituados al criterio de estudio de esta magna obra.

Entre otras cosas, como ya lo hemos expuesto, la importancia de dicho capítulo del Talmud radica en su condición de constituir la fuente de estudio y análisis de la ciencia de la interpretación de los sueños en el saber judío.

Dejamos asentado que el presente trabajo no constituye una traducción literal del citado capítulo, sino una adaptación. En esta misma línea vale aclarar también que los sub-títulos y paréntesis que el lector hallará en esta traducción no son parte del original, sino fueron adicionados especialmente para facilitar la lectura y la comprensión.

TALMUD - TRATADO BERAJOT
CAPÍTULO 9

SUEÑOS VÁLIDOS

Dice Rav Jisda: Todo sueño es significativo, excepto los sueños que uno experimenta durante un ayuno.

Valor de la interpretación

Dice Rav Jisda: Un sueño sin interpretar es como una carta que nunca fue abierta. (Y mientras no se lo interprete no se cumplirá efectivamente, pues los sueños son buenos o malos de acuerdo a la interpretación que se les dé).

SUEÑOS POSITIVOS Y NEGATIVOS;
SUEÑOS BUENOS Y MALOS

Y dice Rav Jisda: Los sueños, sean positivos o negativos, nunca se cumplen en su totalidad.

Y acota Rav Jisda: Un sueño malo es mejor que uno bueno (porque lo impulsa a uno a reflexionar y perfeccionarse).

PENA Y ALEGRÍA DERIVADA DE LOS SUEÑOS

Y dice más Rav Jisda: La pena que provoca un mal sueño es un castigo, y la alegría que genera un buen sueño es una recompensa. (La pena o la alegría que genera un sueño provoca que el sueño quede sin efecto. Pues entonces el sueño se vio realizado en la pena o la alegría que provocó.)

Dice Rav Iosef: Aún para un ciego como yo, la alegría que provoca un buen sueño es suficiente recompensa.

Dice Rav Jisda: Un sueño malo es peor que un latigazo (por la preocupación que provoca), como expone el versículo "Hashem ha hecho que temieran ante Él" (Kohelet / Ecl. 3:14). Y dice Raba bar bar Jana en nombre de Rabí Iojanán: El citado versículo se refiere a un mal sueño.

SUEÑOS Y BANALIDADES

"El profeta que tiene un sueño, cuenta un sueño; pero el que tiene Mi palabra, habla Mi palabra de verdad. ¿Cómo puede compararse la paja con el trigo? Así dice Hashem" (Irmeiahu / Jer. 23:28). ¿Y qué tienen que ver la paja y el trigo con los sueños? Dice Rabí Iojanán en nombre de Rabí Shimon Bar Iojaí: Así como es imposible encontrar trigo sin paja, de la misma manera es imposible experimentar un sueño libre de banalidades.

En opinión de Rabi Berejia, expone el Talmud, los sueños jamás llegan a cumplirse en su totalidad, tanto sean positivos o negativos. Esto se deriva del hecho de que en su sueño, Iosef visualizó once estrellas y el sol y la luna prosternándose ante él. Las once estrellas representaban a sus hermanos, y el sol y la luna representaban a sus padres, Iaacov y Rajel. ¿Pero cómo es posible que Iosef haya soñado que su madre se prosternaría ante él, si al momento del sueño ella, Rajel, ya había fallecido?

(Esa pregunta retórica es una demostración de que los sueños jamás llegan a cumplirse por completo. Y según ciertas opiniones es incluso una demostración de que todos los sueños están acompañados por banalidades o absurdos).

PLAZO PARA LA REALIZACIÓN DE LOS SUEÑOS

Dice Rabí Levi: "Se debe aguardar incluso hasta veintidós años a que se cumpla la interpretación positiva de un sueño. ¿De dónde lo derivamos? De Iosef, cuyos sueños se cumplieron recién al cabo de veintidós años, como expone el versículo: "Estas son las crónicas de Iaacov: Iosef a la edad de diecisiete años (tuvo el sueño de sus padres y hermanos prosternándose ante él)..." (Bereshit / Gén. 37:2). Y luego expone el versículo "Iosef tenía treinta años cuando estuvo ante el faraón" (Bereshit / Génesis 41:46), ¿Cuántos años transcurrieron desde los diecisiete hasta los treinta? Trece años. Más siete años de abundancia y dos años de hambruna, al cabo de los cuales los sueños se cumplieron efectivamente, da un total de veintidós años.

LOS SUEÑOS EN FUNCIÓN DE LA GENTE BUENA Y LA GENTE MALA

Dice Rav Huna: Una persona buena no experimenta buenos sueños, sino malos, para que se preocupe y se cuide de transgredir y la aflicción le sirva de expiación por sus transgresiones. Y una mala persona no experimenta malos sueños, sino buenos, para que se regocije en vano y así reduzca la cuota de beneficios que de lo Alto le hayan asignado en el Mundo Venidero.

En esa misma línea exponen los Sabios: "El Rey David nunca tuvo un buen sueño, y Ajitofel jamás uno malo" (Ajitofel fue un traidor de la causa del Rey David).

Y cuestiona el Talmud: ¿cómo es posible que a una persona buena le muestren sólo sueños malos, si expone el versículo: "No te sucederá mal alguno ni habrá afección en tu casa" (Tehilim / Salmos 91:10)?; versículo que Rav Jisda, en nombre de Rav Irmeia, interpreta en el sentido de que no le perturbarán ni sueños negativos ni malos pensamientos; mientras que la frase "ni habrá afección en tu casa" se refiere a que "cuando regreses de un viaje no hallarás a tu esposa en su estado de menstruación (sino estará disponible para ti)". El citado versículo se refiere a que las personas buenas no padecen mal alguno, ¿cómo se puede explicar, entonces, que tales personas experimentan en su vida sólo sueños malos?

Y el Talmud pretende responder: En verdad, no son ellos los que sueñan las cosas malas, sino otros sueñan cosas malas sobre ellos.

Y replica: Si dijésemos que las personas buenas no experimentan sueños buenos, resultaría que no experimentan sueños en absoluto, pues según el planteo del párrafo anterior resulta que tampoco sueños malos experimentan. Pero en tal caso, tales personas no serían buenas, sino malas, pues expone Rab Zeira que pasar siete noches sin soñar es algo malo, porque significa que no es digno de que el Supremo se revele ante él siquiera de una manera indirecta como en un sueño; y dicho planteo halla sustento en un versículo: "Quedará satisfecho, no será visitado por el mal" (Mishlé / Prov. 19:23). En dicho versículo, en vez de *sabea* ("satisfecho") bien se puede leer *sheba* ("siete"); de modo que parafraseándolo tomaría el sentido de: "Pasar siete (noches) sin ser visitado (por el Supremo a través del sueño) es malo".

Y concluye el Talmud: En vista de las contradicciones planteadas debemos establecer que las personas buenas sí experimentan sueños, y sueños buenos, sólo que los olvidan al despertar.

HATABAT JALOM
LIBERÁNDOSE DE PESADILLAS Y SUEÑOS ANGUSTIANTES

Dice Rav Huna bar Ami en nombre de Rabí Pedat quien lo dice en nombre de Rabí Iojanán: El que está apenado por algún mal sueño que haya experimentado, debe hacerlo interpretar ante tres personas.

Cuestionan los Sabios: ¿Pero para qué ha de hacerlo interpretar, si dijo Rav Jisda que un sueño no interpretado es como una carta sin abrir? ¿No sería mejor que evite interpretarlo para así dejarlo sin efecto?

Y responden: Más bien, debe hacerlo interpretar *favorablemente (hatavat jalom)* ante tres personas.

En tal caso debe reunir tres hombres y exponer ante ellos: "He soñado un buen sueño." Y que ellos respondan: "Es bueno, que sea bueno y que el Supremo lo considere bueno. Que siete veces decreten en el Cielo que es bueno y será bueno."

Y luego diga tres versículos de transformación, tres de liberación y tres de paz. Los tres versículos de transformación (del mal en bien) son los siguientes: "Tú has transformado mi lamento en regocijo" (Tehilim / Salmos 30:12). "Transformaré su duelo en alegría y los consolaré" (Irmeiá / Jer. 31:12). "Hashem convirtió la maldición en bendición" (Devarim / Deut. 23:6)

Los tres versículos de liberación (de las aflicciones) son los siguientes: "Él redime mi alma en paz de la guerra contra mí" (Tehilim / Salmos 55:19). "Los rescatados de Hashem volverán y vendrán a Tzión" (Ieshaiá / Is. 35:10). "El pueblo rescató a Iehonatán, que entonces no murió" (1 Shemuel / 1 Sam. 14:45).

Y los tres versículos de paz son los siguientes: "Paz, paz, al lejano y al cercano" (Ieshaiá / Is. 57:19). "Paz, paz sobre ti y paz sobre tus asistentes" (1 Crónicas 12:18). "Vive largos años y la paz sea contigo" (1 Shemuel / 1 Sam. 25:6)

PROCEDIMIENTO PARA EL CASO DE NO RECORDAR EL SUEÑO O NO LOGRAR COMPRENDER SU SIGNIFICADO

En una ocasión estaban reunidos Ameimar, Mar Zutra y Rav Ashi y propusieron que cada uno expusiera alguna cuestión que sus compañeros jamás antes hayan escuchado.

Dijo uno de ellos: "quien sueña algo pero desconoce su interpretación, debe decir la siguiente plegaria en el momento en que los Cohanim (sacerdotes) bendicen al Pueblo en la sinagoga:

"*¡Ribonó Shel Olam!* (¡Amo del Universo!). Yo Te pertenezco a Ti tal como mis sueños Te pertenecen a Ti. He tenido un sueño pero no lo recuerdo (y sospecho que era algo malo. O bien, recuerdo el sueño pero no logro comprender su significado). Tanto si he soñado sobre mí, o si otros soñaron sobre mí, y tanto si soñé sobre otros; si tales sueños son buenos, refuérzalos y dales cumplimiento como a los sueños de Iosef. Si precisan de sanación, sánalos como (sanaste) a las aguas de Mará a través de Moshé Rabenu, como (sanaste) a Miriam de su lepra, como a Jizkiahu de su enfermedad y como a Ierijó a través de Elisha. Y así como trocaste la maldición de Bilam en bendición, así transforma todos mis sueños para bien".

Que culmine su plegaria en el mismo momento en que los Sacerdotes acaban la suya, porque en ese momento la congregación responde *Amén*, y de esta manera ese *Amén* recaería también sobre su pedido personal. Si no alcanzase a decir todo ese texto, que diga lo siguiente: "Vigoroso en las Alturas, que posa en Fortaleza. Tú eres Paz y Tu nombre es Paz. Que sea Tu voluntad que nos otorgues paz.".

SOBRE EL MAL DE OJO

(Continuando con el relato de la reunión de Ameimar, Mar Zutra y Rav Ashi,) el segundo dijo: Si un hombre, al ingresar a una ciudad, teme del mal de ojo (que puedan causarle esos desconocidos), que tome el dedo pulgar de su mano derecha en la mano izquierda, y el pulgar de su mano izquierda en la mano derecha; y que diga: "Yo (tal, hijo de tal) soy de los descendientes de Iosef sobre quien el mal de ojo no tiene poder , como expone el versículo: "Iosef es una vid fecunda, fecunda vid junto a una fuente". (Bereshit / Gén. 49:22). La expresión "Junto a una fuente", en hebreo es *Alé Áin*, que también puede leerse como *Ulé Áin*, cuyo significado es "que trasciende del (mal de) ojo". Rabi Iosi, hijo de Rabi Janina, expone que de aquí deriva que la bendición a los hijos de Iosef sea: "*Veidgú* ("Que proliferen") abundantemente en la tierra" (Bereshit / Gén. 48:16), donde la expresión *veidgú* es de la raíz *dag* ("pez"), lo cual significa que así como a los peces no les afecta el mal de ojo porque el agua los cubre y oculta de la vista, del mismo modo también la descendencia de Iosef está a salvo del mal de ojo.

Y si teme que eventualmente él pueda causar mal de ojo a terceros, que mire su fosa nasal izquierda.

(El comentario Beit Iaacov sobre el Talmud, Berajot 55b, expone que lo expuesto debe comprenderse en sentido figurativo: Si uno llega a un lugar y teme que la gente le cause daño con su odio y envidia, "que tome el dedo pulgar de su mano derecha en la mano izquierda, y el pulgar de su mano izquierda en la mano derecha", es decir, que se abstenga de reaccionar y evite toda discusión. Y si teme que él pueda causar daños a otros, "que se mire su nariz", es decir, que se concentre en sus propias cosas y no mire lo que hacen los demás.)

Y luego el tercero dijo: Si alguien cae enfermo, el primer día que no se lo revele a nadie, para evitar que su *Mazal* ("flujo de bendiciones de lo Alto") se vea perjudicado. Y después que sí dé a conocer su situación. Tal como hizo Raba, que el primer día que enfermó no se lo dijo a nadie. Y luego le pidió a su asistente que anunciase que estaba enfermo, para que el que lo amase orase por él, y el que lo odiase se alegrase por él, pues expone el versículo: "No te alegres en la caída de tu enemigo y en su tropiezo no se regocije tu corazón, no sea que el Supremo lo vea y Le desagrade" (Mishlé / Prov. 24:17,18). (Y de ese modo, cuando los enemigos se alegrasen de su caída, la Ira divina dejaría de perseguir al enfermo y éste se sanaría).

ENDULZANDO SUEÑOS MALOS

El profeta Shemuel, cuando experimentaba un mal sueño, citaba el versículo: "Y los sueños hablan necedad" (Zejariá / Zac. 10). Y cuando experimentaba un buen sueño citaba la misma frase, pero con sentido opuesto: "¿¡Acaso los sueños hablan necedad!?, si expone el versículo: '(Yo, Hashem,) en un sueño hablaré' " (Bamidbar / Núm. 12:6).

EL VALOR DE LOS SUEÑOS

Cuestiona Raba: Un versículo expone: "(Yo, Hashem,) en un sueño hablaré" y otro expone: "Y los sueños hablan necedad". ¡Es una contradicción! (¿¡Cómo podemos decir que los sueños hablan necedad si previamente expusimos que Mismo el Supremo "habla" en sueños!?)

Responde: No es ninguna contradicción, en el primer caso se refiere a un sueño a través del ángel y en el segundo caso a través del demonio.

SUEÑOS OBJETIVOS, INTERPRETACIONES SUBJETIVAS,

Expone el Talmud: Dice Rav Bizna hijo de Zavda, en nombre de Rabí Akiva, quien a su vez lo dice en nombre de Rabí Panda, quien lo dice en nombre de Rav Najum, en nombre de Rav Biraim, en nombre de un anciano llamado Rav Banaá: "Había veinticuatro interpretadores de sueños en Ierushaláim. Una vez tuve un sueño y visité a los veinticuatro interpretadores y obtuve veinticuatro interpretaciones diferentes, y todas ellas se cumplieron como expone el versículo: 'Los sueños van tras la boca' (los sueños se cumplen de conformidad con la interpretación que se les dé)." (El *Majzor Vitri* expone que la primera interpretación que recibe el soñante es la esencial; y las demás son accesorias. Este criterio es el más reconocido).

¿Pero acaso el concepto "Todos los sueños van tras la boca" halla sustento en algún versículo? (Esta pregunta del Talmud es crucial, pues dado que el Talmud es posterior y derivado de la Torá, ninguna aseveración de ningún Sabio del Talmud puede contradecir ninguna norma de la Torá, y todas las derivaciones del Talmud deben necesariamente hallar sustento en algún versículo de la Torá.)

Y responde el Talmud: Definitivamente sí (dicho concepto halla sustento en un versículo), como dice Rabí Elazar: ¿De dónde sabemos que los sueños *van tras la boca*? como expone el versículo: "Y tal como nos interpretó, así tal cual sucedió". (Génesis 41:13). Dice Raba, ello es cuando la interpretación es acorde al sueño, como manifiesta la Escritura: "a cada uno interpretó de acuerdo a su sueño". (Bereshit / Gén. 41:13).

SUEÑOS RELATIVOS A OTRAS PERSONAS

Con respecto a los sueños que interpretó Iosef a sus compañeros en la prisión egipcia, expone la Torá: "Vio el Maestro de Panaderos que (la interpretación que Iosef ofreció sobre el sueño del Maestro de Coperos) era correcta" (Bereshit / Gén. 40:16). ¿Pero cómo podía saber que era la interpretación correcta? De ello derivamos que cada uno (el Maestro de Panaderos y el Maestro de Coperos), además de haber experimentado su propio sueño, también vio la interpretación del sueño de su compañero.

SUEÑOS DE REALIZACIÓN GARANTIZADA

Dice Rabí Iojanán: Son tres los tipos de sueños que se cumplen: El sueño de la mañana, el sueño que un semejante sueña sobre uno y un sueño que es interpretado dentro del sueño mismo. Y otro Sabio acota: también un sueño que se reitera, como está escrito: "Y en cuanto a la reiteración del sueño del faraón, ello es porque el asunto está firme para el Supremo" (Bereshit / Gén. 41:32).

EL PENSAMIENTO CONSCIENTE
SE REFLEJA EN LOS SUEÑOS

Dijo Rav Shemuel hijo de Najmeni en nombre de Rabí Ionatán: Uno ve en sueños sólo lo que sugieren sus propios pensamientos durante el día, como expone el versículo "Estando en tu lecho, tus pensamientos (durante el día) ascendieron sobre lo que depararía el futuro; y el Revelador de los secretos te hizo saber (a través de un sueño) lo que habría de acontecer" (Daniel 2:29). El mismo concepto halla sustento en otro versículo: "Conocerás los pensamientos de tu corazón" (Ibid. 2:30). (Es decir, conocerás los pensamientos de tu corazón, porque lo que uno piensa conscientemente reverbera en los sueños que experimenta inconscientemente). (Y como prueba de ello expone el Talmud:) Dice Raba: Uno no suele visualizar en sueños una palmera de oro o un elefante pasando por el ojo de una aguja (No se suele experimentar tales sueños, porque son cosas que uno no está acostumbrado a ver y cosas sobre las que uno no piensa. Esto afirma la idea de que los sueños son un reflejo de nuestros pensamientos conscientes).

A continuación, el Talmud ofrece ejemplos de sueños surgidos como reflejo de los pensamientos durante el día:

Dijo el César a Rabí Iehoshúa hijo de Rabí Janina: "Dicen que ustedes, los judíos, son muy sabios; dime, pues, qué soñaré esta noche". Rabí Iehoshúa le respondió: "Soñarás que los persas te harán trabajar para su rey y te harán pastorear animales despreciables con una vara de oro." El César meditó al respecto durante todo el día y, efectivamente, a la noche lo soñó....

Y a su vez, el Rey Shapor I de Persia dijo a Shemuel: "Dicen que ustedes son muy sabios, dime qué soñaré esta noche". Le respondió: "Soñarás que los romanos te tomarán cautivo y te harán moler semillas de dátiles en molino de oro." (Roma y Persia estaban en guerra).

El rey Shapor estuvo todo el día pensando en ese vaticinio tan extraño de Shemuel, lo que provocó que a la noche efectivamente lo soñara... (Adrede Rabi Iehoshúa y Shemuel mencionaron el oro, para estimular la imaginación del César y de Shapor I, lo cual sustenta la idea de que los sueños son reflejo de los pensamientos durante el día).

LA INTERPRETACIÓN ES LA QUE DETERMINA EL CARÁCTER DEL SUEÑO

(Hemos planteado previamente que según ciertas autoridades del Talmud, "los sueños van tras la boca", es decir, se cumplen según cómo se los interprete. A continuación el Talmud ofrece algunos ejemplos de dicha declaración en la célebre exposición de sueños de Abaie y Raba):

Bar Hedia era un interpretador de sueños profesional. Al que le pagaba le interpretaba para bien y al que no le pagaba le interpretaba para mal.

En varias oportunidades, Abaie y Raba experimentaron un mismo sueño, y en todas las ocasiones se dirigieron a lo de Bar Hedia para que se los interpretase. En cada oportunidad, Abaie le pagó un *zuz* (moneda); a diferencia de Raba, que no le pagó nada.

Dijeron Raba y Abaie a Bar Hedia: Soñamos que leímos el versículo "Tu vacuno será degollado ante ti pero no comerás de él." (Devarim / Deut. 28:31). A Raba le interpretó: "Perderás tu negocio y no comerás por la angustia que sufrirás". A Abaie le interpretó: "Tu negocio prosperará y de tanta alegría no querrás comer".

Le dijeron a Bar Hedia: Soñamos que leímos el versículo: "Tus ojos verán cómo tus hijos e hijas serán entregados a otros pueblos" (Devarim / Deut. 28:32). A Raba se lo interpretó negativamente, tal como refiere el versículo que sus hijos serían tomados cautivos. A Abaie, en cambio, le interpretó: "Tendrás muchos hijos e hijas, y tus hijas se casarán con extranjeros y viajarán, y por ello será como que estuvieran en cautiverio".

Le dijeron a Bar Hedia: Soñamos que leímos el versículo "Hijos e hijas engendrarás, pero no serán para ti porque irán en cautiverio" (Devarim / Deut. 28:41). A Abaie le interpretó: "Tendrás muchos hijos e hijas. Tú querrás que se casen con tus parientes y tu esposa querrá que se casen con los suyos. Terminarán casándose con los parientes de tu esposa, que son como «otros pueblos»". A Raba le interpretó: "Tu señora morirá y tus hijos e hijas quedarán al cuidado de otra mujer."

Le dijeron a Bar Hedia: Soñamos que leímos el versículo "Come tu pan con regocijo y bebe tu vino con alegre corazón" (Kohelet / Ecl. 9:7). A Abaie le interpretó: "Tu negocio progresará, y comerás y beberás, y leerás dicho versículo de tanta alegría." A Raba le interpretó: "Tu negocio decaerá, degollarás un animal pero no comerás (de su carne), ni beberás (porque el versículo dice «con regocijo»); y leerás este versículo para aplacar tu preocupación."

Le dijeron a Bar Hedia: Soñamos que leímos el versículo "Muchas semillas sacarás al campo (para sembrar), pero poco cosecharás" (Devarim / Deut. 28:38). A Abaie le interpretó la primera parte del versículo: "Muchas semillas sacarás al campo..."; y a Raba, la última parte del mismo: "Poco cosecharás".

Le dijeron a Bar Hedia: Soñamos que leímos el versículo: "Tendrás olivos en todo tu territorio, pero las olivas caerán y no podrás disfrutar de su aceite" (Devarim / Deut. 28:40). A Abaie le interpretó la primera parte del versículo; y a Raba, la última.

Le dijeron a Bar Hedia: Soñamos que leímos el versículo "Todos los pueblos de la tierra verán que el Nombre de Hashem está asociado contigo, y te reverenciarán" (Devarim / Deut. 28:10). A Abaie le interpretó: "Tu nombre se divulgará y serás Director de una Casa de Estudios y el mundo te venerará."

A Raba le interpretó: "Robarán el tesoro del rey y te culparán a ti; y todos temerán por ti, porque dirán: «si Raba, que es una gran persona y un gran maestro, es sospechado de ladrón, cuánto más se sospechará de nosotros que somos personas simples»".

Efectivamente, al día siguiente saquearon el tesoro del rey y Raba fue apresado...

Le dijeron a Bar Hedia: Soñamos con una lechuga sobre la boca de un recipiente. A Abaie le interpretó: "Tu negocio se expandirá como la lechuga." A Raba le interpretó: "Tu negocio decaerá y tu mercadería será amarga como la lechuga".

Le dijeron a Bar Hedia: Soñamos que había carne sobre la boca de un recipiente. A Abaie le interpretó: "Tu vino será aromático y todo el mundo acudirá a ti a comprarte carne y vino". A Raba le interpretó: "Tu vino se arruinará y todos comprarán carne para sumergirla en el vinagre en que se habrá de transformar tu vino" (es decir, "tu vino será despreciado y despreciable").

Le dijeron a Bar Hedia: Soñamos con un barril colgado de una palmera. A Abaie le interpretó: "Tu negocio florecerá cual palmera." A Raba le interpretó: "Tu negocio será dulce como los dátiles de la palmera, los cuales son sumamente económicos en Babilonia" (es decir, se vería en la obligación de vender su mercadería a precios de liquidación).

Le dijeron a Bar Hedia: Soñamos que una granada brotaba de la boca de un recipiente. A Abaie le interpretó: "Venderás tu mercadería cara como las granadas." A Raba le interpretó: "Tu mercadería será repulsiva a los ojos de la gente."

Le dijeron a Bar Hedia: Soñamos que un barril cayó al abismo A Abaie le interpretó: "Tu mercadería tendrá mucha demanda, como se dice popularmente: «el pan cayó al abismo y no se encuentra»." A Raba le interpretó: "Perderás tu mercadería y será como que cayó al abismo."

Le dijeron a Bar Hedia: Soñamos con un asno rebuznando cerca de nuestras cabezas. A Abaie le interpretó: "Serás un *rey* (Director de una Casa de Estudios) y tendrás un asistente que transmitirá en voz alta tus enseñanzas a los discípulos." A Raba le interpretó: "las palabras *peter jamor* ('asno primogénito') de tus *tefilín* están borradas". Raba refutó: "¡yo mismo abrí mis *Tefilín* y corroboré que esas dos palabras estaban escritas debidamente". Bar Hedia respondió: "la letra *vav* está borrada". Y efectivamente, el escriba de los *Tefilín* de Raba había escrito originalmente dicha letra *vav,* pero luego la había borrado.

Finalmente, Raba fue solo a lo de Bar Hedia (sin su compañero Abaie).

Dijo Raba: Soñé que la puerta exterior de mi casa se cayó. Bar Hedia le respondió: "Significa que tu esposa morirá".

Dijo Raba: Soñé que mis dientes se caían. Bar Hedia le respondió: "Tus hijos e hijas morirán."

Dijo Raba: Soñé con dos palomas volando. Bar Hedia le respondió: "Te divorciarás de dos esposas."

Dijo Raba: Soñé con dos cabezas de nabos. Bar Hedia le respondió: "Recibirás dos golpes."

Ese día, Raba fue a la Casa de Estudios y permaneció allí toda la jornada. En un momento ingresaron dos ciegos peleando; y así, cuando Raba fue a separarlos, cada uno de ellos le propinó un golpe con su bastón; y luego, cuando estaban recogiendo los bastones para castigarlo nuevamente, Raba dijo: "¡Suficiente, en mi sueño he visualizado sólo *dos* nabos!"

Finalmente, cansado de los sufrimientos que estaba soportando, Raba acudió nuevamente a lo de Bar Hedia a plantearle sus sueños, pero esta vez le pagó: "Soñé que una pared se destruía". Y Bar Hedia le respondió: "Comprarás propiedades sin límites".

"Soñé que la casa de Abaie se destruía y su polvo me cubría". "Abaie morirá y tú quedarás a cargo de su Casa de Estudios.

"Soñé que mi casa se destruyó y fueron todos a saquear los ladrillos". "Tus enseñanzas se propagarán por el mundo".

"Soñé que mi cabeza se abrió y mi cerebro cayó". "Las plumas de tu almohada se saldrán".

"Soñé que leía el *Halel* (Plegaria de Alabanzas por los milagros)". "Un milagro te acontecerá".

En una ocasión, Raba y Bar Hedia estaban viajando en una pequeña embarcación: Dijo Bar Hedia: "¿Por qué he de viajar con una persona a la que le sucederá un milagro?" (Bar Hedia era consciente de que había interpretado negativamente los sueños de Raba, y por eso temía que no era digno de salvarse si el barco se hundiese; a diferencia de Raba, que en una situación semejante sin duda se salvaría merced a algún milagro. Y por eso Bar Hedia estaba contrariado).

Al descender de la embarcación, a Bar Hedia se le cayó un libro; y cuando Raba lo recogió vio que estaba escrito allí que los sueños se cumplen "de conformidad con la boca", es decir, dependen de cómo se los interprete.

"¡Malvado!" Le espetó Raba a Bar Hedia. "¡Por tu culpa me han sucedido todas esas desgracias, pues interpretaste todo para mal, cuando bien pudiste haber interpretado para bien! Por todo te perdono, a excepción de la muerte de mi esposa, que es la hija de Rav Jisda. ¡Sea la Voluntad Suprema que ese hombre (Bar Hedia) caiga en manos de un rey que no le tenga piedad!".

Dijo Bar Hedia: "¿Que he de hacer?, ¡sabemos que la maldición de un sabio, aunque no sea fundada, se cumple!, y más aún tratándose de

Raba que me maldijo con toda razón. "Me iré al exilio, pues como dijo el sabio, el exilio expía la transgresión".

Y así, se exilió en Roma, donde ni bien llegó se dirigió a la casa del guardia jefe del vestuario real.

Este guardia tuvo un sueño y se lo contó: "soñé que una aguja se clavaba en mi dedo". "Dame un *zuz* (moneda)", le dijo Bar Hedia, (y te lo interpretaré). El guardia no le dio nada, y Bar Hedia no se lo interpretó.

Luego le dijo el guardia: "Soñé que tenía un insecto en dos de mis dedos"."Dame un *zuz*", le dijo Bar Hedia. Nuevamente, se negó a darle el *zuz* y en consecuencia Bar Hedia no le ofreció ninguna interpretación.

Y nuevamente expuso el guardia: "Soñé que tenía un insecto en *toda* mi mano". Respondió Bar Hedia: "Ello significa que cayeron insectos en *todas* las vestimentas del rey".

En el palacio escucharon y al guardia jefe del vestuario lo llevaron al patíbulo para matarlo. "¿¡Por qué a mí!? ¡Traigan al que lo sabía y no lo advirtió!"

Llevaron a Bar Hedia y le dijeron: "¡Por tu *zuz* se arruinaron todas las ropas del rey!"

¿Qué hicieron? Había allí dos troncos de cedro. Los ataron bien ajustados con una soga, y luego ataron las piernas de Bar Hedia, una a cada tronco. Luego desataron la soga que unía los troncos... y así lo partieron al medio.

(Es evidente que los mencionados sueños de Abaie y Raba se desarrollaron a lo largo de varios años, tal como las interpretaciones de los mismos no se cumplieron instantáneamente, sino con el transcurso del tiempo. Asimismo, cabe suponer que el Sabio Raba no creía en las interpretaciones, sino sostenía más bien que los sueños se cumplen o no independientemente de cómo se los interprete; y por eso no vio necesidad de pagarle a Bar Hedia para que se los interpretara favorablemente; ni tampoco se alarmó de que todos sus sueños fueran interpretados negativamente, pues sólo con el correr del tiempo se fue percatando de que tales interpretaciones se iban cumpliendo una tras otra. Y en cuanto a las interpretaciones que pudo constatar inmediatamente —como cuando Bar Hedia le anunció que la letra *vav* de sus *Tefilín* estaba borrada, según analizaremos el sueño en párrafos siguientes— Raba lo adjudicó a la casualidad, o a que Bar Hedia haya visto sus *Tefilín* previamente.)

SUEÑOS SOBRE PARTES DEL CUERPO

Planteó Ben Dama, que era el hijo de la hermana de Rabí Ishmael, a Rabí Ishmael: "Soñé que mis dos mandíbulas se caían".
Respondió Rabí Ishmael: "Dos romanos (enemigos) planearon hacerte daño y murieron". (Las mandíbulas representan las bocas que tramaron confabularse contra ti).

Dijo Bar Kapara a Rabi: "Soñé que mi nariz *(af)* se caía".
"La ira *(jarón af)* se ha apartado de ti". (En hebreo, "nariz" e "ira" comparten la misma raíz : *af*)

"Soñé que me amputaron las dos manos".
"Serás rico, y ya no necesitarás de tus manos para sustentarte" .

"Soñé que me amputaron las dos piernas".
"Montarás a caballo" (como los nobles suelen hacerlo).

"Soñé que me decían que moriré en el mes de *Adar* (marzo) y no llegaré a *Nisán* (abril)".
"Con honor morirás y no caerás en la tentación. (*Adar* significa "honor", mientras que *Nisan* deriva de *nisaión*, "prueba", "tentación").

SÍMBOLOS Y SIGNIFICADOS RELATIVOS A RELACIONES SEXUALES

Dijo un hereje a Rabí Ishmael: "Soñé que vertía aceite sobre olivas".

"Significa que has cohabitado con tu madre", le respondió Rabí Ishmael. (Pues el aceite *deriva* de las olivas, y en este caso el aceite *vuelve* a las olivas, *vuelve* a su origen, *vuelve* a su matriz).

"Soñé que mis ojos se tocaban uno con el otro".
"Tuvo relaciones con su hermana". (Pues los ojos son como hermanos).

"Soñé que besé a la luna".
"Tuvo relaciones con la esposa de un israelita". (Pues el Pueblo de Israel en general es comparable a la luna; y en especial la mujer, por los ciclos de renovación)

"Soñé que caminaba a la sombra de un mirto".
"Tuvo relaciones con una muchacha comprometida". (Pues en aquella época se hacía para las mujeres comprometidas una *jupá*, "palio", de mirtos)

"Soñé que mi sombra estaba encima de mí".
"Tuviste una relación inversa". (La posición ideal es el hombre arriba).

"Soñé con cuervos alrededor de mi cama".
"Tu mujer se prostituyó con diferentes hombres".

"Soñé con palomas alrededor de mi cama".
"Impurificaste a muchas mujeres".

"Soñé que tomaba dos palomas y se volaban".
"Te casaste con dos mujeres y te separaste de ellas sin haberles extendido el acta de divorcio".

SOBRE SECUESTROS

"Soñé que arrebaté una estrella".

"A un hijo de Israel has raptado". (Pues los israelitas son comparables a las estrellas).

"Soñé que tragué una estrella".

"Has vendido a un hijo de Israel y consumiste el dinero del pago".

SOBRE LA MUERTE

"Soñé que estaba pelando huevos".

"Has despojado a muertos". (Pues los huevos son alimento de duelo).

"Todo lo que has dicho hasta ahora es correcto, a excepción de esto último".

Mientras, llegó una mujer y le dijo: "esa ropa que tienes puesta pertenece a tal persona que falleció".

SOBRE HERENCIAS

"Soñé que me decían: "Tu padre te ha dejado bienes en Kapodkia (Capadocia)".

"¿Acaso tienes propiedades en Kapodkia?", le respondió Rabí Ishmael.

"No".

"¿Acaso tu padre estuvo en Kapodkia?".

"No".

"Si es así, *kapa* significa 'viga', y *dokia* significa 'diez'. Ve y busca la décima viga de tu casa, que está llena de monedas."

Fue y encontró que efectivamente era así: la décima viga de su casa estaba llena de monedas.

LA TORÁ, VIDA Y MANANTIAL

Dice Rabí Janina: El que sueña con un pozo (manantial) ve la paz, como expone el versículo: "Los sirvientes de Itzjak cavaron en el valle y hallaron allí un pozo de agua viva (manantial)". (Bereshit / Gén. 26:19). (pues naturalmente el agua es símbolo de paz y armonía).

Dice Rabí Natán: Un pozo (manantial) representa la Torá, como expone el versículo: Pues el que me halla (dice la Torá), halla la vida" (Mishlé / Prov. 8:35); y en este contexto, con respecto al pozo (manantial) expone el versículo: "un pozo de agua viva (manantial)"; pues la Torá es en verdad un manantial de vida.

Dice Raba: Un pozo (manantial) en un sueño denota "vida" literalmente.

SUEÑOS DE PAZ

Hay tres sueños que denotan paz. Un río, un pájaro y una olla.

Soñar con un río, porque expone el versículo: "Lo extenderé sobre ella como un río de paz". (Ieshaiá / Is. 66:12).

Soñar con un pájaro, porque expone el versículo: "Tal como los pájaros vuelan (para proteger a sus pichones y procurarles alimento), del mismo modo protege Hashem de los Ejércitos". (Ieshaiá / Is. 31:5)

Soñar con una olla, porque expone el versículo: "Hashem, establecerás la paz para nosotros". ("Establecer" es tishpot en hebreo, la misma palabra que para expresar "poner una olla al fuego"). (Ieshaiá / Is. 26:12). (Asimismo, una olla representa la paz, porque establece la paz entre dos elementos tan opuestos como el agua que la olla contiene y el fuego que la cocina).

Dice Rabí Janina: Ello se refiere a una olla sin carne, pues una olla con carne simboliza desgracia, como surge del versículo: "Y cortándolos en pedazos, como si fuera (carne) para la olla y como carne para el caldero" (Mijá 3:3).

SUEÑOS DE DOBLE SIGNIFICACIÓN

Dice Rabí Iehoshúa ben Levi: El que sueña con un río, que ni bien despierte diga el versículo: "Lo extenderé sobre ella como un río de paz". (Ieshaiá / Is. 66:12), antes de que lo anticipe un versículo negativo (augurando una desgracia, como por ejemplo): "Cuando viniese cual río el enemigo". (Ieshaiá / Is. 59:19).

El que sueña con un pájaro que ni bien despierte diga el versículo: "Tal como los pájaros vuelan (para procurar alimento a sus pichones), del mismo modo protege Hashem de los Ejércitos". (Ieshaiá / Is. 31:5), antes de que lo anticipe un versículo negativo: "Como pájaro que vaga de su nido" (Mishlé / Prov. 27:8).

El que sueña con una olla, que ni bien despierte diga el versículo: "Hashem, nos darás paz". (Ieshaiá / Is. 26:12), antes de que lo anticipe un versículo negativo: "Pon la olla, ponla..." (y el versículo culmina con una profecía desagradable). (Iejezkel / Ezequiel 24:3).

El que sueña con uvas que ni bien despierte diga el versículo: "Como uvas en el desierto" (Hoshea / Oseas 9:10), antes de que lo anticipe un versículo negativo: "Sus uvas son uvas de aflicción". (Devarim / Deut. 32:32).

El que sueña con una montaña que ni bien despierte diga el versículo: "Cuán agradables son los pies del mensajero sobre las montañas", antes de que lo anticipe un versículo negativo: "Sobre las montañas lloraré" (Irmeiahu / Jer. 9:9).

El que sueña con un *Shofar* (cuerno de carnero) que ni bien despierte diga el versículo: "Y en aquel día sonará un gran *Shofar*". Antes que lo anticipe un versículo negativo: "Toquen *Shofar* (de guerra) en Guivá" (Hoshea / Oseas 5:8).

El que sueña con un perro que ni bien despierte diga el versículo: "A los israelitas, ni un perro les ladrará" (Shemot / Éx. 11:7), antes de que lo anticipe un versículo negativo: "Los perros son violentos". (Ieshaiá / Is. 56:11).

El que sueña con un león que ni bien despierte diga el versículo: "Si un león ruge, ¿Quién no temerá?" (Amós 3:8). antes de que lo anticipe un versículo negativo: "Ascendió el león desde su espesura... tus ciudades serán desoladas" (Irmeiahu / Jer. 4:7)

El que sueña con un corte de pelo que ni bien despierte diga el versículo: "Se rasuró su cabello, se cambió de ropa" (Bereshit / Gén. 41:14), antes de que lo anticipe un versículo negativo: "(Dijo Shimshón / Sansón:) Si mis pelos fueran cortados se apartará mi fuerza de mí" (Shoftim / Jueces 16:17).

El que sueña con un pozo de agua que ni bien despierte diga el versículo: "Pozo de agua viva" (Génesis 26:19), antes de que lo anticipe un versículo negativo: "Como de una fuente brotan sus aguas, así brota de ella su maldad" (Irmeiá / Jer. 6:7).

El que sueña con una caña que ni bien despierte diga el versículo: "A la caña débil no quebrará" (Ieshaiá / Is. 42:3) (versículo que alude al Mashíaj), antes de que lo anticipe un versículo negativo: "¡Has confiado en el apoyo de la caña débil!" (Ieshaiá / Is. 36:6).

Asimismo, la imagen "caña" tiene un significado alternativo en los sueños: Al respecto estudiaron los Sabios: El que sueña con una caña que aguarde sabiduría, como expone el versículo: "Adquiere sabiduría" (Mishlé / Prov. 4:7). (Las voces "adquirir" y "caña", en hebreo tienen la misma raíz). El que sueña con cañas (plural) que guarde entendimiento como expone el versículo: "A cambio de todas tus *adquisiciones adquiere* entendimiento (Ibid.) (La redundancia del concepto "adquirir" alude a las *muchas* cañas, que a su vez el versículo las relaciona con el entendimiento).

Dice Rabí Zeira: "calabaza, palmitos, cera y cañas son muy buenas señales en un sueño". (Todas esas palabras, en hebreo, se escriben de manera casi idéntica, y por ello el Talmud las agrupa y analiza a la vez; y por eso mismo les atribuye un mismo significado onírico).

Enseñan los Sabios que sólo a las personas sumamente reverentes del Cielo, de lo Alto les muestran calabazas en un sueño. (La calabaza es un fruto que en vez de presentarse en altura permanece en tierra, lo cual representa la cualidad de la humildad, cualidad tan propia de esas personas.)

El que sueña con un toro que madrugue y diga: "Su reinado es como el primogénito del toro", antes de que lo anticipe un versículo negativo: "Si cornease un toro a una persona..."

Estudiaron los sabios: Visualizar un toro en un sueño puede significar cinco cosas. Si el soñante ingiere de su carne significa que enriquecerá. Si el toro lo corneó, el soñante tendrá hijos que *cornearán* la Torá (se consagrarán a estudiarla con el mismo ímpetu que un toro cornea). Si lo mordió, padecerá sufrimientos. Si lo pateó, tendrá un largo viaje. Si lo monta será enaltecido.

Sobre esto último cuestiona el Talmud: ¿¡Pero cómo es posible que si lo monta será enaltecido, si en otro contexto estudiamos que el que sueña que lo monta, morirá!?

Y responde el Talmud: Si sueña que él monta sobre el toro, será enaltecido. Y si sueña que el toro monta sobre él, morirá.

El que sueña con un asno que aguarde salvación como expone el versículo: "Viene hacia ti tu rey, justo y salvo, humilde y montado en un asno" (Zejariá / Zac. 9:9).

El que sueña con un gato, si se encuentra en un lugar donde "gato" se dice *shunra* el sueño se realizará como un canto placentero. En cambio, si se encuentra en un lugar donde se dice *shinra,* sufrirá un cambio para mal. (La voz *shunra* es parónima de la expresión *shirá naá,* "canto placentero". Y la voz *shinra* es parónima de *shinúi ra,* "cambio malo").

El que sueña con uvas blancas, independientemente de si están en su temporada o no, es algo bueno para él. Y si sueña con uvas negras, si es en su temporada es una buena señal; y si no, una mala señal.

Soñar con un caballo blanco es algo bueno para el soñante, independientemente de si el caballo camina o trota. Si el caballo es colorado, si camina es una buena señal; y si trota, una mala señal.

Soñar con Ishmael significa que Hashem escuchará las plegarias del soñante (tal como escuchó las plegarias de Ishmael). Esto es si sueña con Ishmael hijo del Patriarca Abraham, pero si sueña con cualquier árabe, no. (Textualmente, *Ishmael* significa "Hashem escuchará").

Soñar con un camello significa que en lo Alto decretaron que debía morir, pero el decreto fue anulado y se salvará. Y un versículo da fe de dicha interpretación: "Yo (Hashem) descenderé contigo a Egipto y te haré ascender de allí" (Bereshit / Gén. 46:4). (La expresión "Te haré ascender de allí", que denota "redención", en hebreo es *Gam aló,* que tiene un sonido muy similar a *gamal,* "camello"). Y asimismo da fe el versículo: "También, Hashem ha perdonado tu falta, no morirás" (2 Shmuel / 2 Samuel 12:13). (El gran comentarista Maharshá explica que la expresión "También, Hashem...", en hebreo es *Gam Hashem...",* que suena como *gama,* la letra del alfabeto griego que equivale a la letra hebrea *guimel* y en su forma se asemeja a la joroba de un camello.)

SUEÑOS QUE DENOTAN MILAGROS

El que sueña con Pinjás le sucederá un milagro, tal como Pinjás experimentó milagros.

El que sueña con un elefante le sucederán maravillas. ("Elefante" en hebreo es *pil*, voz que a su vez constituye la raíz de *pele*, "maravilla"). El que sueña con elefantes le sucederán maravillas de maravillas. ("Maravillas de maravillas" es *piléi plaot*, expresión que en sentido textual podría significar "elefantes de elefantes").

El que sueña con el nombre Huna (o con una persona de nombre Huna), le sucederá un milagro. (Por la letra Nun / "N que tiene en común con la palabra *Nes*, "milagro").

El que sueña con los nombres Janina, Janania y Iojanán, le sucederán milagros de milagros. (Nuevamente, por la letra *Nun* que tales palabras tiene en común con *Nes*, "milagro". Y dado que tienen dos letras *Nun*, la significación es "milagro de milagros").

SOÑAR SOBRE UN DISCURSO FÚNEBRE

Soñar con un *hésped* ("discurso fúnebre") significa que del Cielo se apiadaron del soñante y será redimido (y en la práctica no habrá necesidad de dedicarle discurso fúnebre alguno). Ello es válido en tanto haya visualizado el discurso fúnebre por escrito, es decir antes de que fuera leído.

PLEGARIAS EN LOS SUEÑOS

El que sueña que (durante la plegaria) responde *Amén* y *Iehé Shemé Rabá* ("Sea Su gran Nombre bendecido") tiene asegurado el Mundo Venidero.

El que sueña que lee el *Shemá* (plegaria que expresa la Unicidad divina) es apto para que la *Shejiná* (Divinidad) se revele a través de él, sólo que la generación no es apta para ello.

El que sueña que se coloca los *Tefilín* (filacterias) que aguarde grandeza, como expone el versículo: "Y verán todos los pueblos de la tierra que el nombre de Hashem está asociado contigo y te reverenciarán" (Devarim / Deut. 28:10). Y al respecto expone Rabí Eliezer Hagadol, que se refiere específicamente a los *Tefilín* que se colocan en la cabeza (pues son expresión del Nombre Divino grabado en el ser).

El que sueña que está orando y despierta en medio de la plegaria es una buena señal para él. (Pero si despierta después de haber finalizado la plegaria, significa que ya no estaba orando).

SUEÑOS SOBRE RELACIONES PROHIBIDAS

(Nota: Los sueños que se presentan a continuación, al igual que todos los sueños que pertenecen al tipo de "sueños significativos", constituyen un mensaje representado en una imagen que tiene por sentido transmitir un significado, un valor. Por lo tanto, no deben asombrar las imágenes descriptas a continuación, pues deben ser consideradas sólo en función del mensaje-significado que representan. Y como lo exponen los Sabios, así como no existe lógica en los sueños y uno puede visualizar un elefante pasando por el ojo de una aguja, del mismo modo tampoco existe el pudor en lo sueños. Lo expuesto es válido en tanto los sueños surjan de manera natural, sin premeditación, sin que la mente haya hurgado conscientemente en tales imágenes, pues entonces, lejos de ser mensajes de lo Alto, serían más bien reflejo de un desenfrenado impulso sexual del soñante inducidos por las fuerzas negativas más que por el Ángel del Supremo que inspira los sueños con mensajes genuinos).

El que se visualiza en un sueño manteniendo relaciones con su madre, que aguarde obtener entendimiento, como expone el versículo: "Si al entendimiento llamases" (Mishlé / Prov. 2:3) (En hebreo, en lugar de "si" se puede leer "madre", de modo que el sentido del versículo sería: "Madre al entendimiento llamases").

El que se visualiza en un sueño manteniendo relaciones con una mujer comprometida que aguarde obtener conocimiento de Torá, como surge del versículo: "Hashem nos ordenó la Torá, legado de la congregación de Iaacov" (Devarim / Deut. 33:4). En el citado versículo, en hebreo, en vez de *morashá* ("legado") se puede leer *meorasá* ("comprometida").

El que se visualiza en un sueño manteniendo relaciones con su hermana que aguarde sabiduría, como surge del versículo: "Dile a la sabiduría 'hermana mía eres tú'." (Mishlé / Prov. 7:4).

El que se visualiza en un sueño manteniendo relaciones con una mujer casada, tiene asegurada su parte en el Mundo Venidero (pues los virtuosos toman su propia parte en el Mundo Venidero, además de la parte que les corresponde a los perversos. El significado, tal como lo explica Rashi, es que además de tomar lo que es de ellos, toman también lo que es de otros.)

(Ello es válido si tales sueños son espontáneos, es decir que no conozca a la mujer referida ni haya pensado en ella durante el día; pues en tal caso, como lo hemos expuesto, los sueños serían reflejo de lascivia).

PRODUCTOS DEL CAMPO EN LOS SUEÑOS

El que sueña con trigo verá la paz, como surge del versículo: "Ha establecido la paz en tus fronteras, con lo mejor del trigo te saciará" (Tehilim / Salmos 147:14).

El que sueña con cebada significa que se le han perdonado todas sus transgresiones, como expone el versículo: "Y se aparta tu pecado y tu transgresión será perdonada" (Ieshaiá / Is. 6:7). ("Cebada" en hebreo es *seorín*, voz parónima de *sar avón*, "se apartó el pecado"). Y dijo Rab Zeira al respecto: "Sólo después de haber soñado con cebada decidí ascender de

Babilonia a la Tierra de Israel". (Sólo después de haber recibido el mensaje de que estaba libre de transgresiones se atrevió a ascender a Israel, pues el elevado nivel espiritual de Israel es incompatible con aquéllas).

El que sueña con un viñedo cargado, su esposa no abortará como expone el versículo: "Tu mujer será cual fructífera vid" (Tehilim / Salmos 128:3).

El que sueña con un sarmiento, rama de la vid, que aguarde al *Mashíaj*, como surge del versículo: "Ata a la vid su asno y al sarmiento la cría de su asna" (Bereshit / Gén. 49:11). (El versículo alude al *Mashíaj*, que se revelará montado en un asno). Asimismo, "sarmiento" es *soreká* en hebreo, voz de la misma raíz que "silbar", lo cual alude a la manera en que el Mashíaj convocará a los exiliados para redimirlos, como surge del versículo: "Los llamaré con un silbido... y los juntaré... y los redimiré", [Zejariá /Zac. 10:8]).

El que sueña con una higuera, preservará lo que haya estudiado, como expone el versículo: "Quien cuida de la higuera comerá su fruto" (Mishlé / Prov. 27:18).

El que sueña con granadas chicas, su negocio será tan fructífero como semillas tiene una granada. Y si son granadas grandes, su negocio crecerá como la granada.

Y si sueña con granadas partidas al medio, si es un sabio que aguarde adquirir mayores conocimientos de Torá, como expone el versículo: "Te daré de beber vino aromático, jugo de mis granadas" (expresiones que aluden a la Torá.) (Shir Hashirim / Cantares 8:2). Y si es un ignorante, que aguarde observar los preceptos, como expone el versículo: "cual granada partida son tus *rakatéj"* (textualmente *sienes"* o *mejillas*) (Shir Hashirim / Cantares 4:3). ¿Qué significa *rakatej*? Que incluso los ignorantes del pueblo (*reikaním*, voz emparentada con *rakatéj)* están colmados de preceptos como semillas una granada.

El que sueña con olivas pequeñas, su negocio se fructificará y prosperará cual oliva.

Ello es si sueña con las olivas, pero si sueña con olivos (árbol de las olivas) significa que tendrá muchos hijos, como surge del versículo: "Tus hijos son como retoños de olivos" (Tehilim / Salmos 128:3).

Según ciertas opiniones, soñar con olivas es indicador de que tendrá un buen nombre, como expone el versículo: "Hashem te puso el nombre de olivo fresco, precioso y de fruto vistoso" (Irmeiá / Jer. 11:16).

El que sueña con aceite de oliva que aguarde la luz de la Torá, como expone el versículo: "Traerán para ti aceite de oliva puro prensado para el encendido de las luminarias" (Shemot / Éx. 27:20).

El que sueña con dátiles, sus transgresiones han cesado, como expone el versículo: "Ha terminado tu transgresión Hija de Tzión (Ejá / Lament. 4:22). ("Dátil" en hebreo es *tamar*, contracción de *tam mar*, cuyo significado es "terminó la amargura", en referencia a las transgresiones, que amargan el sentido de la vida).

CABRAS EN LOS SUEÑOS

Dice Rabí Iosef: El que sueña con una cabra gozará de un año con bendiciones. El que sueña con varias cabras gozará de varios años con bendiciones, como expone el versículo: "Y será suficiente la leche de *cabras* (notar el plural) para tu manutención" (Mishlé / Prov. 27:27).

ELEMENTOS DE LA FESTIVIDAD DE SUCOT EN LOS SUEÑOS

El que sueña con una rama de *hadás* ("mirto"), sus bienes prosperarán. Si no posee bienes recibirá alguna herencia. Dijo Ula que según ciertas opiniones ello se refiere a que en el sueño haya visto dicha rama unida al tallo principal.

El que sueña con un *etrog* ("citrón") significa que es bello (digno) a la vista del Creador, como expone el versículo: "El bello fruto de un árbol, las ramas de palmeras de dátiles" (Vaikrá / Lev. 23:40).

El que sueña con un *lulav* (rama de palmera datilera) significa que su corazón está orientado hacia Hashem. (La voz *lulav* bien puede leerse *lo lev,* "Hacia Él el corazón").

AVES EN LOS SUEÑOS

Cualquier ave (o animal volador) es una buena señal en un sueño, a excepción del búho, búho real y el murciélago.

El que sueña con un ganso que aguarde sabiduría como expone el versículo: "La sabiduría (textualmente: 'sabidurías') clama en las calles" (Mishlé / Prov. 1:20). (La relación de la sabiduría con los gansos está dada por el hecho de que los gansos se hacen oír a viva voz, tal como "la sabiduría *clama* en las calles"). (Otra explicación de la relación "ganso" - "sabiduría": Expone el versículo: "La sabiduría ha labrado sus siete columnas". Pero resulta que el versículo citado previamente, Prov. 1:20, se refiere a "*las* sabidurías", en plural; de modo que si "la sabiduría", en singular, está asociada con siete columnas, "*las* sabidurías" está asociada con catorce columnas, pues por norma del Talmud el mínimo plural es dos. Y catorce es justamente el valor numérico de *avaz*, "ganso").

Y si en el sueño se visualiza aproximándose al ganso será Director de una Casa de Estudios. Dijo Rav Ashi: Efectivamente, yo vi en un sueño que me aproximé a esa ave y fui enaltecido. (Fue designado Director de una Casa de Estudios de Torá).

El que sueña con un gallo tendrá un hijo varón.

El que sueña con muchos gallos tendrá muchos hijos varones.

El que sueña con una gallina tendrá un hermoso jardín y felicidad. ("Gallina" es *tarnegolet* en hebreo, que es una contracción de *tarbitzá naaá veguilá*, "hermoso jardín y felicidad").

HUEVOS Y ELEMENTOS QUEBRADIZOS EN LOS SUEÑOS

Soñar con huevos significa que los pedidos del soñante permanecen en suspenso. (La voz "huevo" es *bea* en arameo, que también tiene el sentido de "pedido").

Soñar que se casca un huevo significa que el pedido del soñante fue concedido (pues al cascarse el huevo queda revelado, que previamente estaba cubierto por la cáscara).

Lo mismo es aplicable si sueña con nueces, melones, artículos de vidrio o cualquier cosa que pueda quebrarse como los citados.

SUEÑOS SOBRE ARRIBO A UNA CIUDAD

El que sueña que entra a una ciudad sus deseos se cumplirán, como surge del versículo: "Y los llevó al lugar deseado" (Tehilim / Salmos 107:30).

RASURARSE

El que sueña que se rasura el cabello es una buena señal para él (pues significa renovación).

El que sueña que además se rasura su barba es una buena señal para él y su familia.

EMBARCACIONES

El que sueña que se encuentra en una pequeña embarcación tendrá un buen nombre.

Si sueña que se encuentra en una embarcación grande tendrá un buen nombre, él y toda su familia.

Lo antedicho es en el caso de que la embarcación sea levantada por las olas.

SUEÑOS DIVERSOS

El que sueña que hace sus necesidades fisiológicas es una buena señal para él (ya que se desprende de sus desechos). Ello es en el caso de que no se haya limpiado (y entonces no ensució sus manos).

El que sueña que sube a un techo será enaltecido.

El que sueña que desciende de un techo será degradado.

Abaie y Raba dijeron que una vez que ascendió al techo será enaltecido (independientemente de si luego soñó que bajaba del mismo).

SOBRE VESTIMENTAS Y SUEÑOS

El que sueña que se rasgan sus vestimentas significa que el decreto que pende sobre él se anulará.

El que sueña que está desnudo en Babilonia significa que está libre de transgresiones. (Porque en Babilonia abundan las transgresiones, de modo que estar desnudo allí significa estar desprovisto de éstas).

En cambio, si sueña que está desnudo en Israel significa que está vacío de mandamientos. (Porque en la Tierra de Israel los mandamientos son más abundantes que en otros lugares, de modo que estar desnudo allí significa estar desnudo de ellos).

SUEÑOS SOBRE DETENIDOS Y PRISIONEROS

El que sueña que un guardia lo encarcela significa que está protegido.

Si sueña que lo han encadenado significa que se le ha otorgado una protección adicional. Eso es en el caso de que lo hayan encadenado a su cuello, pero si lo ataron con sogas comunes, no significa protección adicional.

LAGUNAS Y BOSQUES EN UN SUEÑO

El que sueña que entra a una laguna será designado Director de una Casa de Estudios (o algún cargo jerárquico). (En la laguna se aglomeran cañas largas y cortas, que simbolizan que todos se aglomerarán para escuchar las enseñanzas de un grande).

El que sueña que entra a un bosque será guía de estudiantes avanzados (pero no alcanzará un cargo mayor que ése, como Director de una Casa de Estudios). (Los estudiantes avanzados son como los grandes árboles dispersos en un bosque, distanciados unos de otros. Y ésa es la señal de que el soñante no será más que un guía de tales alumnos, a quienes ayudará individualmente, a cada uno según lo necesite; pues si el sueño pretendiese indicar que sería Director de la Casa de Estudios, los árboles no estarían distanciados, sino se aglomerarían alrededor del soñante para escuchar sus enseñanzas, como se aglomeran las cañas a la vera del río, tal como los discípulos alrededor de su maestro).

A continuación, el Talmud ofrece dos ejemplos de ello:

Rav Papa y Rav Huna hijo de Rabí Iehoshúa experimentaron sendos sueños.

Rav Papa soñó que entraba a una laguna; y fue designado Director de una Casa de Estudios. Rav Huna hijo de Rabí Iehoshua soñó que entraba a un bosque; y fue designado guía de estudiantes avanzados.

Según otra opinión, los dos soñaron que entraron a una laguna, pero en el sueño de Rav Papa, éste tenía un pequeño tambor colgado del cuello. Finalmente Rav Papa fue designado Director de una Casa de Estudios, mientras que Rav Huna hijo de Rabi Iehoshua, que en su sueño no llevaba ningún tambor, devino guía de estudiantes. (El pequeño tambor denota un cargo importante, porque así como éste hace oír su sonido, el Director de la Casa de Estudios hace escuchar sus enseñanzas).

Dijo RavAshi: Yo soñé que entraba en una laguna y llevaba un pequeño tambor colgado al cuello y y lo hacía sonar. (Y en efecto, Rav Ashi fue Director de una Casa de Estudios).

EXTRACCIÓN DE SANGRE

Enseñó un maestro ante Rav Najman Bar Itzjak: Si sueña que se extrae sangre significa que de lo Alto le perdonaron sus transgresiones. (La transgresiones son siempre comparables al color rojo, de modo que la imagen "extraerse sangre" significa desprenderse de las transgresiones) ¿Pero cómo es posible, si ya estudiamos que semejante sueño significa que sus transgresiones son tenidas en cuenta? Sí, son tenidas en cuenta, pero para ser perdonadas.

SERPIENTES EN LOS SUEÑOS

Un maestro enseñó ante Rav Sheshet: El que sueña con una serpiente significa que tiene su sustento asegurado (porque la serpiente se alimenta de la tierra, que abunda por doquier).

Si sueña que la serpiente lo mordió se le duplicará el sustento.

Y si sueña que la mató, perderá su sustento.

Pero Rav Sheshet dice que es a la inversa: si soñó que mató a la serpiente, no perderá el sustento, sino se le duplicará (por haberse sobrepuesto a ella).

Y concluye el Talmud: No es como la opinión de Rav Sheshet; que sólo dijo así porque soñó que mató a una serpiente, y a fin de darle a su sueño una dirección favorable procuró interpretarlo para bien.

SUEÑOS SOBRE BEBIDAS Y VINO

Un maestro enseñó ante Rabí Iojanán: Soñar con cualquier bebida es una buena señal, a excepción del vino. Para algunos, soñar que beben vino es algo bueno, como expone el versículo: "El vino alegra el corazón de la persona" (Tehilim / Salmos 104:15); y para otros es algo malo, como expone el versículo: "Den licor al que está por morir y vino al amargado" (Mishlé / Prov. 31:6).

Dijo Rabí Iojanán: Si es un Sabio virtuoso el que sueña que bebe vino, siempre es una buena señal para él, como surge del versículo: "Vayan, coman de Mi pan y beban Mi vino". (Mishlé / Prov. 9:5). (La Torá es cual pan y sabroso vino para los que se consagran a estudiarla).

EL SUEÑO COMO PEQUEÑA PROFECÍA

Dijo Rabí Iojanán: Si al levantarse por la mañana, espontáneamente aflora un versículo en su mente, ello es una profecía de menor grado. (Un versículo que aflora espontáneamente constituye un mensaje. A veces se trata de un mensaje revelado; otras, de un mensaje críptico; pero siempre es un mensaje; y como tal es una pequeña profecía. En línea con lo expuesto, más adelante el Talmud expondrá específicamente que un versículo que aflora de manera espontánea constituye 1/60 parte de profecía.)

SUEÑOS SOBRE LAS ESCRITURAS Y PERSONALIDADES

Enseñan los Sabios: Son tres los reyes (significativos para los sueños): el que sueña con David que aguarde devoción. El que sueña con Shlomó (Salomón) que aguarde sabiduría. Y el que sueña con Ajav que tema del castigo. (Estos tres reyes no sólo fueron importantes, sino cada uno fue una entidad en sí mismo. David elevaba cánticos y plegarias al Creador. El rasgo distintivo de Salomón fue la sabiduría. Y en cuanto a Ajav, reinó en Israel durante 22 años, aproximadamente en el año 900 a.e.c.; y sucumbió a la idolatría; y el Talmud lo menciona en este contexto porque fue doblemente castigado: murió en el frente de batalla; y además, del Cielo decretaron que no tendría parte en el Mundo Venidero).

Son tres los profetas (significativos para los sueños). El que sueña con el libro de los Reyes que aguarde grandeza (reinado). El que sueña con Iejezkel (Ezequiel) que aguarde sabiduría (porque este Libro incluye la profecía de la *Merkavá*, el "Carruaje Divino", la cual comprende los más profundos misterios de la Torá). El que sueña con Ieshaiahu (Isaías) que aguarde consuelo (porque dicho Libro contiene las profecías de consuelo al Pueblo de Israel). Y el que sueña con Irmeiahu (Jeremías) que se cuide del castigo (porque contiene las profecías de castigo).

Son tres los Libros de Escrituras (significativos para los sueños): El que sueña con el libro de Tehilim (Salmos) que aguarde devoción. (Pues ése es el sentido de los Salmos). El que sueña con el libro de Proverbios que aguarde sabiduría. Y el que sueña con el libro de Iov (Job) que se cuide del castigo. (Este Libro describe los severos padecimiento de Iov).

Son tres los Libros menores de Escrituras (significativos para los sueños): El que sueña con Shir Hashirim (Cantar de los Cantares) que aguarde devoción. (Porque constituye una metáfora del amor entre el Pueblo de Israel y el Supremo). El que sueña con Kohelet (Eclesiastés) que aguarde sabiduría. (Pues se trata de un Libro de sabias máximas). Y el que sueña con el Libro de Lamentaciones que se cuide del castigo. (Porque describe la desolación de la ciudad de Ierushaláim).

El que sueña con Meguilat Ester le acontecerá un milagro. (Pues trata de la milagrosa salvación de los israelitas en el Imperio persa).

Son tres los Sabios significativos para los sueños: El que sueña con Rabí Iehuda Hanasí que aguarde sabiduría. (Pues Rabi Iehuda Hanasí no fue otro que el compilador de la Mishná, base del Talmud). El que sueña con Rabí Elazar ben Azaria que aguarde riqueza. (Pues era sumamente rico). Y el que sueña con Rabí Ishmael ben Elisha que se cuide del castigo. (Él fue uno de los diez mártires judíos asesinados por los romanos).

Son tres los grandes sabios en Torá (significativos en la interpretación de sueños, que no obstante no tuvieron el mérito de ser ordenados Rabi): El que sueña con Ben Azai que aguarde devoción. El que sueña con Ben Zomá que aguarde sabiduría. Y el que sueña con Ajer que se cuide del castigo. (Ajer era Elisha ben Abuia, y fue llamado *Ajer,* "Otro", porque finalmente abjuró del judaísmo).

SUEÑOS SOBRE ANIMALES

Soñar con animales es una buena señal, exceptuando al elefante, al mono y al *kipod* (especie de simio de cola larga). (Representan una mala señal por su aspecto extraño).

Cuestiona el Talmud: ¿Pero cómo podemos decir que un elefante es una mala señal si previamente ya ha dicho un Maestro que el que visualiza un elefante en un sueño le sucederá un milagro?

Y responde: Si el elefante está con la montura denota milagro (porque la montura es indicadora de estabilidad). De lo contrario denota algo negativo.

METALES EN LOS SUEÑOS

El que sueña con un elemento metálico es una buena señal para él, exceptuando la azadilla, el pico y el hacha (por su carácter destructivo).

Ello es válido cuando tales herramientas están en sus respectivos mangos.

FRUTOS Y VERDURAS EN LOS SUEÑOS

Soñar con frutos es una buena señal, a excepción de dátiles inmaduros.

El que sueña con verduras es una buena señal para él a excepción de las puntas de los nabos.

Y cuestiona el Talmud: ¡Pero si Rav dijo que soñó con cabezas de nabo y enriqueció!

Y responde: Ello es porque Rav soñó con los nabos en sus tallos.

SUEÑOS Y COLORES

Cualquier color es una buena señal en un sueño, a excepción del *tjelet* (celeste de tono verdoso). (La palabra *tjelet* está emparentada con *tajlít*, "final"; y esa sería la causa de que constituye una mala señal).

Siguiendo la línea de los párrafos anteriores, en los que el Talmud ha expuesto grupos de temas similares relacionados con los sueños, también en los siguientes párrafos el Talmud presentará grupos de temas afines, aunque no necesariamente relativos a los sueños.

Tres cosas ingresan en el cuerpo sin beneficiarlo: Las cerezas, dátiles de mala calidad y dátiles inmaduros.

Tres cosas son beneficiosas para el cuerpo sin ser absorbidas por él: Bañarse, ungirse y el tránsito intestinal regular. Tres cosas son un reflejo del mundo por venir: El Shabat, la luz del sol, y *tashmish* (literalmente "servicio"). ¿A qué se refiere *Tashmish*? No podemos decir que se refiere a las relaciones sexuales, pues debilitan al hombre. Más bien debemos explicar que se refiere al "servicio" de los orificios corporales ("tránsito intestinal").

Tres cosas restauran el espíritu del hombre: Armoniosos sonidos (de instrumentos musicales o la voz sensual de una mujer), bellas imágenes y agradables aromas. Tres cosas desarrollan el amor propio de un hombre: una hermosa morada, una hermosa esposa, y una hermosa vestimenta.

Cinco cosas constituyen una sexagésima parte de algo mayor: el fuego, la miel, el Shabat, el sueño (descanso) y un sueño. El fuego es una sexagésima parte del *Gueinom* ("purgatorio", "infierno"). La miel es una sexagésima parte del *maná* (que alimentó a los israelitas durante sus cuarenta años de permanencia en el desierto). El *Shabat* es una sexagésima parte del Mundo por venir. El sueño (descanso) es una sexagésima parte de la muerte. Y el sueño (onírico) es una sexagésima parte de profecía.

Seis cosas son una buena señal para un enfermo: estornudar, sudar, ágil tránsito intestinal, emisión seminal, el sueño (descanso) y un sueño. Estornudar, como expone el versículo: "Sus estornudos destellan luz." (Iov / Job 41:10). Sudar, como expone el versículo: "Con el sudor de tu frente comerás." (Bereshit / Gén. 3:19). Tránsito intestinal ágil, como expone el versículo: "El que hace sus necesidades con facilidad, no morirá" (Ieshaiá / Is. 51:14). Emisión seminal, como expone el versículo: "El que tiene emisión seminal prolonga sus días" (Ieshaiá / Is. 53:10). El sueño (descanso), como expone el versículo: "He dormido, entonces descansé". (Iov / Job 3:13). Un sueño, como expone el versículo: "Me has hecho soñar, me has hecho vivir" (Ieshaiá / Is. 38:16).

Seis cosas tienen el poder de neutralizar la enfermedad por completo: la col, la remolacha, una infusión de poleo disecado (planta de aroma agradable), el estómago (de un animal), la matriz, y el lóbulo grande del hígado. Y algunos agregan también pescados pequeños, que además de dicha virtud poseen propiedades de fertilidad y son vigorizantes.

Diez cosas provocan un severo deterioro de la enfermedad: Consumir carne vacuna, carne grasa, carne asada, aves caseras y huevos cocidos, afeitarse, y comer berro, la leche, el queso y acudir a la casa de baños (en estado de enfermedad). Según ciertas opiniones, también las nueces y los pepinos son perjudiciales.

Enseñaron en la Escuela de Rabi Ishmael: ¿Por qué los *kishuím* ("pepinos") se llaman así? Porque son dañinos *(kashím)* para el cuerpo como espadas. ¿Pero realmente es así? (¿Acaso podemos decir que los pepinos sean maliciosos para el cuerpo?) si expone el versículo: "Dijo Hashem a ella (a la matriarca Rivká): dos pueblos hay en tu vientre" (Bereshit / Gén. 25:23). (Rivká estaba encinta de los mellizos Esav y Iaacov). No leas *Goím* ("pueblos"), sino *Gueím* ("personalidades"). Dijo Rab Iehuda en nombre de Rav: "Esas dos personalidades fueron el emperador romano Antonino (descendiente de Esav) y Rabi (Descendiente de Iaacov). Y eran tan ricos ellos que en sus mesas jamás faltó ni rábano, ni lechuga ni pepinos; ni en verano ni en invierno!" (¿¡Cómo podemos alegar entonces que los pepinos sean dañinos!?)

No es una contradicción; la primera declaración se refiere a pepinos grandes (los cuales sí son dañinos), y la declaración final se refiere a pepinos de menor tamaño.

SUEÑOS SOBRE MUERTOS

Enseñan los Sabios que si alguien sueña que hay un muerto en la casa, en esa casa habrá paz. Y si sueña que el muerto come y bebe en la casa es una buena señal para la casa. Pero si sueña que el muerto toma objetos de la casa es una mala señal.

Explica Rav Papa: Soñar con un muerto es una mala señal sólo si se visualiza al muerto tomando un calzado, porque es como que se preparase para sacar a otros con él. Pero si toma cualquier otra cosa es una buena señal. Asimismo, todo lo que el muerto entrega en un sueño es una buena señal, excepto tierra y semillas de mostaza (que se asemeja a la tierra) (puesto que insinúan entierro).

3.

LOS SUEÑOS EN LA TORÁ

Luego de haber planteado la interpretación de los sueños conforme con la óptica del Talmud, pasaremos a analizar de manera exhaustiva todos los tópicos expuestos. A tal efecto expondremos y estudiaremos cada uno de los sueños que presenta la Torá, aunque no necesariamente en orden cronológico, sino más bien en el orden adecuado para el estudio pormenorizado de los mismos en función de las pautas generales de análisis e interpretación que de ellos sea dable tomar. El objetivo es procurar establecer un sistema, el cual iremos desarrollando en el transcurso de los próximos apartados.

Pero previamente, como introducción a la exposición y análisis de los sueños de la Torá, analizaremos un debate que muy sutilmente presenta el Talmud: ¿Los sueños valen por sí mismos, o en función de la interpretación que de los mismos se ofrezca? El análisis de esta cuestión es sumamente importante porque las implicancias de la misma conforman, como veremos posteriormente, la base del esquema de la clasificación de los sueños.

DOS VERTIENTES EN LA INTERPRETACIÓN DE LOS SUEÑOS

El referido tema requiere de gran atención si se pretende ahondar en la ciencia de las experiencias oníricas a la luz del Talmud: Sueño e interpretación suelen verse como una relación causa-efecto, ¿pero realmente es así, o se puede afirmar que son dos manifestaciones independientes?, y en tal caso, ¿cuál de ellas es la determinante, el sueño o la interpretación? Es evidente que un planteo semejante causará confusión al lector, pero la cuestión se irá aclarando a medida que vayamos avanzando en la explicación.

El Talmud presenta dos vertientes al respecto. Por un lado plantea que los sueños en sí mismos no son inherentemente buenos ni malos, ni positivos ni negativos, sino neutros; y es la interpretación la que marca el carácter de los mismos. Y por otro lado plantea que es el sueño y su simbolismo el factor determinante, independientemente de cómo se lo interprete.

PRIMERA VERTIENTE: LA INTERPRETACIÓN ES LA DETERMINANTE: "LOS SUEÑOS VAN TRAS LA BOCA"

A la primera de las dos vertientes citadas, la que establece que es la interpretación la que marca el sentido del sueño y la que le da su carácter al mismo, el Talmud la conoce como "Los sueños van tras la boca". Sin embargo, en cuanto al significado y alcance de dicha declaración, los Sabios ofrecen diferentes explicaciones, a saber:

Unos la explican en el sentido de que los sueños se cumplen según cómo se los interprete, es decir van de acuerdo con la *boca* del interpretador.

Otros explican esta norma en el mismo sentido de los actos simbólicos que realizaban los profetas para consolidar sus profecías; de modo que la interpretación explícita ("boca") del sueño refuerza la legitimidad del mismo en su realización concreta.

Y hay quienes la explican en el sentido de que los sueños "dependen de la *boca*" literalmente, de lo que previo al sueño haya comido el soñante, o de qué cosas ha hablado... De hecho como veremos en otro apartado, este es uno de los orígenes más usuales de los sueños, así como los son también los estímulos psico-físicos en general.

Y otros la explican en el sentido de que la interpretación del sueño y la acción que ha de tomar el soñante dependen de "la boca" del interpretador; es decir, de si el interpretador ha de interpretarle el sueño de modo de que sea de utilidad para el soñante o no.

LA INTERPRETACIÓN ESTABLECE EL SENTIDO DEL SUEÑO

Tomando la primera acepción del concepto "los sueños van tras la boca", continuando con el análisis de la primera de las dos vertientes citadas, el Talmud expone que había veinticuatro interpretadores de sueños en Ierushaláim, y los sueños se cumplían según ellos los interpretaban. A esta clase pertenecen los sueños que aceptan más de una interpretación, como los ejemplos que el Talmud presenta sobre Abaie y Raba (Berajot 56a) quienes se presentaron en reiteradas oportunidades ante Bar Hedia, un intérprete de sueños en Ierushaláim, planteándole en cada ocasión haber experimentado sueños idénticos, y recibiendo siempre interpretaciones diferentes e incluso radicalmente antagónicas. Por ejemplo, en una oportunidad manifestaron haber visto en sueños una hoja de lechuga sobre la boca de un recipiente. A Abaie le interpretó:

Tu mercadería se duplicará cual lechuga"

Y a Raba le interpretó:

"Tu mercadería se tornará amarga cual lechuga."

Ella es la primera de las explicaciones del citado concepto talmúdico "los sueños van tras la boca". Según este enfoque resulta que los sueños son subjetivos y como tales, la forma en que habrán de materializarse en la realidad depende del *interpretador*. En este sentido, los Sabios de las primeras generaciones exponen que los interpretadores de sueños corresponden a un tipo especial de personas que con sus interpretaciones tienen el poder de beneficiar o perjudicar al soñante que aguarda de su interpretación; y por ello sólo una persona honesta y de dotes especiales puede y debe interpretar los sueños, pues en definitiva, el futuro del soñante depende de la interpretación que aquel ofrezca de su sueño. (Ver Sheelot Uteshuvot min Hashamáim, "Responsas del Cielo").

El Libro del Zohar (Bereshit / Gén. Sección Vaieshev) va más lejos aún y expone el caso de Iosef, que contó sus sueños a sus hermanos y ellos reaccionaron con odio hacia él, como textualmente expone el versículo Bereshit / Gén. 37:8):

Y ellos lo odiaron.

Lo odiaron por el significado de tales sueños pues vaticinaban que Iosef gobernaría sobre ellos. Esos sueños eran un polo de conflicto entre ambas partes; y sobre dicha cuestión, el libro del Zohar plantea que jamás se debe contar un sueño a alguien que no sea una persona querida y allegada a uno, para asegurarse una buena interpretación y por consiguiente un desenlace favorable.

En el caso de Iosef, la consecuencia de haber narrado sus sueños a los hermanos, quienes no lo apreciaban, fue haber sido vendido a Egipto como esclavo. Si bien en el largo plazo resultó ser una consecuencia favorable —y parecería más bien digitada de lo Alto, un eslabón de una cadena de sucesos que condujeron finalmente a que Iosef fuese designado virrey de la máxima potencia de entonces, tal como lo analizaremos posteriormente—, no obstante, en lo inmediato, para Iosef fue una complicación.

COMENZANDO A DESENTRAÑAR
EL UNIVERSO DE LOS SUEÑOS

LOS SUEÑOS DE LOS MINISTROS DEL FARAÓN

Como ejemplo del desarrollo expuesto en los apartados anteriores, analicemos los sueños del Maestro de coperos y del Maestro de panaderos, ministros de la corte del faraón, quienes por alguna falta que cometieron fueron enviados a la prisión, donde conocieron a Iosef, hijo del patriarca Iaacov, que también estaba detenido allí (Bereshit / Gén. 40:1 y ss.):

Ambos tuvieron un sueño, el Jefe de Coperos y el Maestro de Panaderos, en la misma noche. Cada sueño era un simbolismo a descifrar (pues ellos soñaron sólo el simbolismo, y no el suceso mismo que les acontecería).

Por la mañana, Iosef se acercó a ellos, los observó y notó que estaban turbados, y les preguntó: "¿Por qué se ven tan turbados?" Y le respondieron: "Tuvimos un sueño y no hay quien lo interprete".

Y Iosef les dijo: "¿Pero acaso los sueños no pertenecen al Supremo? ¡Por favor, cuéntenmelos!" (Es decir: "La interpretación de los sueños es una llave maestra que se encuentra en poder del Supremo. Por consiguiente, cuéntenme sus sueños a mí, porque yo estoy subyugado a Él y por dicha condición tengo acceso a esa llave.")

Entonces el Maestro de Coperos le narró su sueño a Iosef: "Vi una vid ante mí, y en ella había tres sarmientos, y ella como que floreció... surgieron sus agracejos, y sus racimos produjeron uvas maduras. Y yo tenía la copa del faraón en mi mano, tomé las uvas y las exprimí en la copa del faraón y puse la copa en la mano del faraón". Entonces Iosef le dijo: "Ésta es su interpretación: los tres sarmientos equivalen a tres días. Dentro de tres días, el faraón te tendrá en cuenta y te restituirá en tu cargo; y servirás la copa en su mano, como solías hacerlo antes, cuando eras su copero."

Cuando el Maestro de Panaderos notó que Iosef era capaz de interpretar correctamente, le dijo a Iosef: "¡También yo soñé! Mira, había tres canastos de mimbre trenzado sobre mi cabeza. En el canasto superior había toda especie de manjares para el faraón, productos artesanales de panadería. Y las aves los comían del canasto que estaba en mi cabeza". Y Iosef le interpretó así: "Los tres canastos equivalen a tres días. Dentro de tres días levantará el faraón tu cabeza de sobre ti y te colgará en un árbol y las aves comerán tu carne..."

Y efectivamente, los sueños se cumplieron tal como Iosef los interpretó, al primero lo devolvieron a su puesto en la corte del faraón y al otro lo colgaron.

Posteriormente, cuando el faraón experimentó sus propios sueños y requirió de alguien que se los interpretase, ese ministro, el Jefe de Coperos que fue restituido a su cargo tal como se lo vaticinara Iosef, recordó que en la prisión había un interpretador de sueños:

Y tuvimos un sueño en una misma noche, él (el Jefe de Panaderos) y yo (Jefe de Coperos). Soñamos cada uno un sueño que tenía su propio significado (lo cual significa que soñaron un simbolismo, y no el hecho mismo que les acontecería). Y él nos interpretó nuestros sueños. Y tal como nos interpretó, así efectivamente ocurrió: A mí me devolvió a mi puesto original y a él lo colgó.

Analicemos en detalle ese último párrafo: De la frase "Y tal como nos interpretó, así efectivamente ocurrió", deriva la opinión de que es la interpretación la que establece el sentido del sueño. Según dicha postura, los sueños son neutros y como tales toman el color del cristal con que se los interprete; los sueños en sí mismos no son ni positivos ni negativos, más bien las *interpretaciones* son positivas o negativas; y así, si un sueño es interpretado positivamente deviene positivo; y viceversa si es interpretado negativamente.

Pero entonces surge el siguiente interrogante: Iosef era profeta, un hombre de dotes especiales, y por lo tanto sabía que los sueños se cumplen según se los interprete, ¿por qué, pues, no le interpretó favorablemente también al Maestro de Panaderos? Más bien, Iosef había captado el sentido ulterior de toda la cuestión, de modo que interpretó el sueño de cada uno para que los mismos se realicen acompañando el desarrollo de los acontecimientos tal como desde lo Alto se había determinado que los mismos debían desarrollarse, desarrollo que Iosef bien conocía por inspiración profética. Porque según esta opinión, *los sueños se cumplen según cómo son interpretados.*

Por ello es que podemos considerar, siguiendo esta línea de análisis, que los sueños carecen de valor intrínseco y más bien resultarán buenos si se los interpreta para bien, o malos si se los interpreta para mal. Recordemos que esta es una de las acepciones del concepto "los sueños van tras la boca" analizada en el Talmud, de acuerdo a la cual bien cabe decir que los sueños son subjetivos, en virtud de que su realización depende de *quién* y *cómo* los interprete.

Veamos el siguiente ejemplo:

Exponen los Sabios en el Midrash Bereshit Rabá 38:9:

Una vez, una mujer se presentó ante Rabi Eliézer y le dijo: "He visto en un sueño que el piso del desván de mi casa estaba abierto. Y Rabi Eliézer le interpretó: "darás a luz un hijo". Ella se fue, y al cabo de un tiempo así tal cual ocurrió.

En otra oportunidad, la misma mujer volvió a experimentar el mismo sueño, y nuevamente acudió a lo de Rabi Eliézer, quien nuevamente le ofreció la misma interpretación; y tuvo otro hijo. Hasta que experimentó el mismo sueño por tercera vez y también entonces acudió a lo de Rabi Eliézer, pero dado que el Rabí no estaba, relató el sueño a sus discípulos, y ellos le dijeron: "Ello significa que enterrarás a tu esposo".

Y efectivamente así ocurrió...

Rabi Eliézer escuchó un grito de dolor y preguntó cuál era el problema; y los discípulos le contaron lo ocurrido. "¡Ustedes mataron a ese hombre!", los reprendió Rabi Eliézer, "¿¡es que acaso no saben que los sueños son subjetivos y se cumplen según cómo se los interprete!?"

La interpretación tiene el poder de modificar un sueño de bueno a malo o viceversa; pues el sueño y su simbolismo son secundarios y están supeditados a la interpretación. Estos sueños, si no se los interpreta, jamás llegan a realizarse en la práctica. La citada es la opinión de Rav Banaá en el Talmud, Tratado Berajot, capítulo 9.

EL PODER DE LA INTERPRETACIÓN, EL VALOR DE LA PALABRA,

Cuando planteamos que es la interpretación la que determina el valor del sueño, nos referimos ante todo a la *verbalización* de la interpretación. Y ello es válido no sólo en el caso específico de los sueños, sino con la palabra en general.

En hebreo, "arca" es *tebáh*, expresión que se presenta en dos relatos bíblicos netamente diferenciados. El primero es en el relato del diluvio, cuando el Supremo ordenó a Nóaj (Noé) construir un arca para quedar a salvo de semejante destrucción. El segundo relato es el referido a la canastilla en la que fue puesto a resguardo Moshé. Resulta que el faraón había decretado que todos los bebés hebreos debían ser arrojados a las aguas del Nilo, por lo que los padres del pequeño Moshé decidieron salvarle la vida ocultándolo en una canastilla a orillas del citado río. Pero resulta que la voz *tebáh*, además de "canastilla", significa también "palabra". Dicho concepto halla expresión en las medidas del arca que el Supremo ordenó construir a Nóaj (Noé). Ese arca medía 300 codos de largo, 50 codos de ancho y 30 codos de alto. A los efectos del presente estudio son esas medidas esenciales las que realmente cuentan, y no su equivalencia en el sistema métrico decimal (y no obstante, a los meros efectos de saciar la curiosidad, podemos establecer que un codo equivale a 48 ó 60 cm.). Cada letra hebrea tiene su correspondiente valor numérico, de lo que resulta que las citadas medidas del arca corresponden a las letras *Shin, Nun, Lamed*, que forman la voz *lashón*, cuyo significado es "lengua", "expresión"; voces que remiten a "palabra".

En las dos situaciones extremas citadas, el diluvio en el caso de Nóaj y el decreto de arrojar al Nilo a los bebés hebreos, fue una *tebáh* la que sirvió para preservar la vida. En la apariencia exterior, dicha protección fue una canastilla en un caso y un arca en otro; pero interiormente fue la *palabra* la que sirvió de vehículo de protección. Tanto Nóaj, que encarna el mundo post-diluviano; como Moshé, que encarna el mundo post-esclavitud, se aplicaron a difundir la idea de valores supremos y de la genuina libertad que sólo tales valores son capaces de brindar. No es suficiente iluminar el propio mundo interior, liberarse uno mismo, sino el objetivo es iluminar el entorno. Eso es el concepto "palabra", el vehículo a través del cual uno comunica un concepto al mundo exterior. La palabra no es neutra, sino sumamente poderosa, con ella se puede provocar gran daño, pero también se la puede utilizar como puente para acceder a las más elevadas alturas. Está en cada uno qué sentido darle.

La palabra tiene un poder del cual muchas veces ni somos conscientes, al punto de que la manera en que uno exprese determinado concepto, el mismo se realizará o no, o resultará positivo o negativo. Al respecto exponen los Sabios que debemos ser muy cautelosos con la manera de expresarnos, porque la palabra que uno manifiesta es una sentencia sellada. Por ejemplo, si un niño asciende descuidadamente por una escalera, no debemos decirle: "¡Cuidado, caerás!", porque eso significaría sellar su destino: si le decimos "caerás", así tal cual acontecerá, y efectivamente caerá. Más bien debemos increparlo de un modo que no denote sentencia ni hecho consumado, sino condicional: "Si subes con descuido *podrías caer*". La diferencia es abismal.

El Midrash Ialkut Shimoni sobre Tehilim/Salmos grafica el concepto con una brillante parábola:

El rey de Persia había caído enfermo y sus médicos llegaron a la conclusión de que el único remedio para él era leche de leona, sólo que el problema era cómo obtenerla. El rey persa derivó la consulta al más sabio de todos los hombres, el Rey Shelomó (Salomón), que aceptó el desafío de conseguirla.

A tal efecto, Salomón designó a Benaiau ben Ieoiadá, a quien le ordenó que llevase consigo diez cabritos y se internase en un bosque hasta hallar alguna leona. Benaiau así hizo, y cuando encontró una leona amamantando, desde lejos le envió un cabrito el cual ella devoró al instante. Al segundo día se acercó un poco más y le envió otro cabrito, y nuevamente lo devoró con avidez. Y el mismo procedimiento lo realizó en los días subsiguientes, hasta que al décimo día pudo acercarse a ella y entregarle el último cabrito personalmente, aprovechando la confianza de la leona para extraerle su leche.

Habiendo ya emprendido el retorno, el hombre, alegre y exhausto por la difícil misión cumplida, se recostó y se durmió. Y entonces tuvo un sueño extraño: Los miembros de su cuerpo comenzaron a debatir entre ellos, cada uno adjudicándose el éxito. Los pies alegaron que el mérito era suyo ya que si no hubiesen caminado hasta el lugar indicado, habría sido imposible obtener la leche. Las manos, en cambio, se adjudicaron el mérito a sí mismas, porque fueron ellas las que extrajeron la leche de la leona. El corazón adujo que el mérito era suyo por el coraje puesto de manifiesto para llevar a cabo tan osada acción. Y también los ojos se atribuyeron el mérito, ¿pues quién sino ellos fueron los que avistaron a la leona amamantando a sus cachorros? Y por último, cuando la lengua pretendió reclamar el mérito para sí, los demás miembros del cuerpo desacreditaron su ambición alegando que ella era totalmente prescindible y por lo tanto no tenía derecho a pretender honor alguno. Y entonces la lengua les espetó: "¡Ya les demostraré quién es más importante que quién!"

Luego el hombre prosiguió su camino a lo del rey persa, y al llegar le entregó la tan codiciada leche diciéndole: "¡Señor rey, he traído la leche de perra que usted ha solicitado para sanar de su dolencia!". El rey, enfurecido por semejante ofensa llamó a los verdugos de la corte y les ordenó que ejecutasen a ese bufón. En el trayecto al cadalso, los miembros del cuerpo del pobre condenado estaban aterrados y acusaron a la lengua de haber sido ella la culpable de semejante nefasto destino. Pero entonces la lengua les replicó: "¿Por qué me acusan a mí, si ustedes mismos dijeron que yo carecía de toda importancia?" "¡Pues tú dijiste que era leche de perra!". "Entonces yo los salvaré", respondió la lengua, "pero ustedes deberán reconocer quién de nosotros es realmente importante".

Y así, cuando el verdugo le ofreció al hombre que pidiese un último deseo, éste solicitó una segunda audiencia con el monarca, y el deseo le fue concedido. De este modo, al encontrarse nuevamente frente al rey, le preguntó por qué lo ejecutarían, a lo que el rey respondió: "Porque te he pedido leche de leona y tú has traído leche de perra". "Pero ello no es inconveniente, señor rey", replicó el hombre, "pues en verdad , la leche que le he traído es leche de leona, sólo que en el lugar de mi residencia, 'leona' se dice 'perra'."

El rey aceptó la explicación y le perdonó la vida; y de esa manera quedó demostrado el poder único de la lengua.

Cuando Iosef había experimentado su propio sueño, el de las gavillas prosternándose a la gavilla central, y lo contó a sus hermanos, éstos le respondieron:

¿¡Es que acaso gobernarás sobre nosotros!?

Al respecto, el Libro del Zohar (sección Vaieshev) explica que al pronunciar tales palabras, los hermanos sellaron su propia sentencia, pues en efecto, Iosef gobernaría sobre ellos —como efectivamente ocurrió— cuando sería virrey de Egipto, y en la época de la sequía ellos deberían descender allí y encontrarse con él para adquirir provisiones.

Los maestros de la mística interior de la Torá explican que uno es dueño de su palabra mientras no la pronuncia; pero a partir de ese instante pasa a ser esclavo de ella. Por eso tiene tanto valor el modo en que se interpretan los sueños más que los sueños mismos; y por ello es tan importante darles siempre un sentido positivo, porque la forma en que se interprete el sueño es una sentencia firmada, que será positiva o negativa según se lo interprete para bien o para mal.

A modo de ilustración valga la siguiente parábola:

En una oportunidad, un rey soñó que había perdido todos los dientes; por lo que al despertar mandó llamar a un intérprete de sueños para que le dijese el significado del mismo.

—¡Qué terrible mi amo! —exclamó el intérprete. —¡Cada diente caído representa la pérdida de un pariente suyo!

—*¡Qué insolencia!* —*exclamó el monarca en toda su ira* —*¿¡Cómo te atreves a decirme semejante cosa!? ¡Fuera de aquí!*

Inmediatamente, el rey llamó a los guardias para que sometan a ese interpretador a la pena de azotes.

Luego, el rey ordenó que trajesen a otro interpretador, a quien le expuso el mismo sueño.

Éste escuchó atentamente al rey, y le dijo:

—*¡Su Majestad! ¡Este sueño revela gran dicha para usted. Su significado es que usted sobrevivirá a todos sus parientes!*

Al escuchar semejantes palabras, el semblante del rey se iluminó y ordenó que le dieran al interpretador trescientas monedas de oro del tesoro real.

Cuando el interpretador salía del Palacio, contento por la gran recompensa recibida, uno de los ministros le dijo admirado:

—*¿¡Cómo se explica!? La interpretación que usted ofreció es exactamente la misma que la del primer interpretador. No entiendo por qué al primero le pagó con la pena de azotes y a usted con trescientas monedas de oro.*

—*Ten presente lo siguiente: Todo depende de la forma de comunicar lo que uno tenga para decir. La dicha o la desgracia, la paz o la guerra, todo depende de la forma en que uno se exprese. Sin dudas, siempre se debe decir la verdad, sólo que el desafío consiste en saber expresarla de la manera adecuada.*

Volvamos ahora a la expresión que utiliza el Maestro de Coperos para recomendar al monarca egipcio los servicios de interpretación de aquel sirviente hebreo de nombre Iosef, que estaba en la prisión. Textualmente le dijo así (Bereshit / Gén. 41:12,13).

Allí, con nosotros (con el Maestro de Coperos y el Maestro de Panaderos) había un hebreo, a quien le contamos nuestros sueños y él los interpretó. Y tal como nos interpretó, así tal cual ocurrió: a mí me restituyó a mi puesto original y a él (al Maestro de Panaderos) lo colgó.

Prestemos atención a la frase *"A mí me restituyó a mi puesto original y a él lo colgó"*. ¿Cuál es el *sujeto* aquí?, ¿*quién* es el que restituyó y *quién* es el que colgó? Si bien a primera vista pareciese que se refiere al faraón (como diciendo: "usted, faraón, me restituyó... y usted, faraón, lo colgó..."), en rigor de verdad se refiere a Iosef mismo: "*Iosef* me restituyó a mi puesto original y *Iosef* lo colgó (al Maestro de Panaderos)". *Iosef* es el sujeto de ambas acciones, Iosef —con el poder de la verbalización de su interpretación— a uno lo restituyó y al otro lo colgó.

Ya lo dijo el Rey Salomón en el Libro de Proverbios: "La muerte y la vida dependen de la lengua".

SEGUNDA VERTIENTE: EL SUEÑO, SU SIMBOLISMO, ES EL DETERMINANTE

Hasta ahora hemos analizado la opinión de que los sueños carecen de valor intrínseco, y la que vale, más bien, es la interpretación de los mismos. Pero hay también opiniones en sentido contrario, como expone el Talmud en el tratado Berajot, que hay simbolismos cuya interpretación es una y única, simbolismos que no admiten otra interpretación que la específicamente designada.

Esta misma línea la presenta también Shlomo Almoli en su obra precursora "La Interpretación De Los Sueños", donde explica que los sueños son objetivos y no subjetivos, son independientes de su interpretación y del interpretador que la ofrezca.

Según esta opinión, el valor y la consecuencia del sueño no son susceptibles de ser modificados por la interpretación del mismo, es decir, el sueño no está supeditado a su interpretación, sino la interpretación al sueño. Es el caso de los sueños premonitorios, aquellos que son portadores de mensajes específicos

Recurriendo nuevamente a los sueños del Jefe de Coperos y del Jefe de Panaderos, un Maestro de la Mística Judía explica en sentido netamente intuitivo porqué al primero Iosef le interpretó su sueño en sentido positivo y al segundo en sentido negativo, al punto de que fue enviado a la horca. Y expone así:

Pues mientras el primero soñó con uvas, que son obra directa de la Mano del Supremo, el segundo soñó con productos de panificación, obra de la mano del hombre y como tales son expresión del ego y la arrogancia. Semejante sueño, comprendió Iosef, no podía ser portador de un mensaje venturoso.

De lo expuesto surge que, según esta línea de pensamiento, *el sueño y el soñante son los determinantes*; y no la interpretación, la cual es un derivado y consecuencia del sueño en sí. Ello significa que el sueño se cumplirá independientemente de si se lo interprete o no, e independientemente de cómo se lo interprete, si para bien o para mal. Y también surge que hay simbolismos específicos a los que les cabe una interpretación única y específica. Y hay también simbolismos variables que se deben analizar e interpretar en función de las características específicas del soñante.

SUEÑOS CON VALOR PROPIO

ANÁLISIS DE LOS SUEÑOS DE IOSEF

Cuenta la Torá que a la edad de diecisiete años, Iosef, el hijo del patriarca Iaacov, tuvo dos sueños, el primero lo relató a sus hermanos; y el segundo, a sus hermanos y también a su padre.

El primer sueño (Bereshit / Gén. 37:5-7):

Iosef tuvo un sueño y lo contó a sus hermanos, y ellos lo odiaron aún más. Les dijo: "Escuchen esto que soñé: Estábamos atando gavillas en el campo, mi gavilla se levantó y quedó erguida, mientras que las gavillas de ustedes la rodearon y se prosternaron ante mi gavilla".

El segundo sueño (Bereshit / Gén. 37:9-10):

Miren esto que soñé (dijo Iosef): "el sol, la luna y once estrellas se prosternaron ante mí". Iosef contó el sueño a su padre y a sus hermanos. Y su padre lo reprendió.

El sol y la luna representan a su padre y a su madre, y las once estrellas representan a sus hermanos. A primera vista se podría interpretar que el padre lo reprendió porque soñar que sus padres se prosternan ante él, el hijo, se trata de una pretensión desmedida si no absurda. Pero tanto el patriarca Iaacov como su hijo Iosef eran profetas y muy bien sabían que el sueño era profético y que todo cuanto refería, así acontecería, tal como en la práctica ocurrió.

Más bien, el padre lo reprendió por dos motivos: Primero, porque si bien Iaacov, como profeta que era, sabía que los sueños de su hijo se cumplirían efectivamente, no obstante él procuraba establecer la armonía entre sus hijos, y el hecho de que Iosef haya revelado semejantes sueños a sus hermanos despertaría la envidia de ellos contra él. Y segundo porque

Iaacov no había comprendido el significado de que su madre también se prosternaría ante él, siendo que ella, Rajel, ya había fallecido en el parto de su hermano menor Biniamín. En verdad, Iaacov estaba seguro de que el sueño se cumpliría, aunque no había comprendido que el sueño se refería a la madre sustituta de Iosef, Bilá, quien se había hecho cargo de él a partir del fallecimiento de aquélla.

El versículo lo expresa así:

¿¡Qué es este sueño que has soñado!? ¿¡Acaso significa que vendremos yo, tu madre y tus hermanos a prosternarnos ante ti!?

Para ser más precisos; Iaacov, más que haber reprendido a su hijo Iosef por el sueño, manifestó sorpresa, como que dijo: "¿¡Qué es este sueño que has soñado, de que también tu madre se prosternará ante ti, si ella ya ha fallecido!?".

Y he aquí una asombrosa cadena de eventos causa-efecto, todos por obra del Destino, que culminan con la realización efectiva de los sueños premonitorios de Iosef: Primero, Iosef contó sus sueños a sus hermanos, avivando de ese modo los celos de ellos hacia él. Y luego, motivados por ese sentimiento de envidia, los hermanos decidieron desprenderse del "soñador" arrojándolo a un pozo, de donde fue capturado por unos mercaderes que lo vendieron como esclavo a un ministro egipcio. Y una vez en Egipto, Iosef fue enviado a la prisión, donde conoció al Jefe de Coperos y al Maestro de Panaderos oficiales, que también estaban recluidos allí, cuyos sueños interpretó correctamente; y como consecuencia fue citado a la corte para interpretar los sueños del faraón, y en mérito a la sagacidad puesta de manifiesto fue nombrado virrey de Egipto. Y luego, por la sequía reinante, los hermanos debieron descender desde la Tierra Prometida a Egipto para adquirir provisiones, donde debieron prosternarse ante el virrey, que no era otro que... su hermano Iosef.

La conclusión de lo expuesto es que el sueño no está subordinado a su interpretación, sino más bien, sueño e interpretación son dos procesos independientes, aunque complementarios; si bien hay sueños en los que el simbolismo es tan evidente que no requieren de interpretación, pues ése, el simbolismo mismo, es su interpretación, como en el caso de los sueños de Iosef, donde el simbolismo de las gavillas prosternándose ante la gavilla central y las once estrellas prosternándose ante Iosef no permite más que una única y obvia lectura: que los once hermanos quedarían subordinados a él, tal como realmente aconteció años más tarde.

¿Quizás a ello se haya referido Carl Jung cuando afirmó que el sueño mismo es su propia interpretación?

PROFUNDIZANDO EN EL ANÁLISIS DE LOS SUEÑOS DE IOSEF

A continuación haremos una lectura más profunda de este sueño. Como introducción cabe recordar que ninguna palabra en la Torá es casual ni aleatoria, sino por el contrario, toda expresión tiene una profunda razón de ser, y como tal, cada palabra individualmente es digna de estudio y análisis. Veamos este caso:

Cuando Iosef contó el sueño de las gavillas a sus hermanos, textualmente les dijo así (Bereshit / Gén. 37:7):

Vehine (Resulta que) estábamos atando gavillas en el campo; y vehine (resulta que) mi gavilla se levantó...; y vehine (resulta que) las gavillas de ustedes rodearon a mi gavilla y se prosternaron ante ella.

El comentario Malbim ofrece una brillante explicación sobre el citado versículo: Tres veces presenta la expresión *vehine*, traducida aquí como "resulta que". Dicha expresión, en hebreo, refleja el comienzo de un nuevo tema, por lo que podríamos decir que el versículo refiere tres temas o cuestiones diferentes: 1) La frase *Estábamos atando gavillas* del sueño de Iosef refiere que Iosef alcanzaría el poder en Egipto por medio de la cosecha, reflejada en las gavillas, tal como Iosef interpretó los sueños del faraón en el sentido de que se debía atesorar la cosecha durante los años de abundancia para el sustento durante los años de hambruna. 2) La frase "Mi gavilla se levantó" refiere que en una primera etapa Iosef impondría su autoridad sobre sus hermanos. 3) La frase "las gavillas de ustedes rodearon a mi gavilla y se prosternaron ante ella" refiere que finalmente los hermanos de Iosef reconocerían la autoridad de él.

En opinión del comentario Malbim, en ese sueño que Iosef narró a sus hermanos estaba vaticinando el devenir de los acontecimientos.

Esto demuestra la importancia de cada detalle de un sueño, y cómo de una mera palabra es posible derivar conclusiones tan precisas.

ANÁLISIS DE LOS SUEÑOS DEL FARAÓN

A los efectos de tener un panorama más amplio sobre el significado y sentido de los sueños debemos analizar dos casos de vital importancia, por el contexto en que se presentan, por quién es el soñante, quién es el interpretador, y por sus consecuencias. En este sentido, podemos afirmar que se trata de sueños bisagra, porque fueron el medio a través del cual desde lo Alto fue alterado definitivamente el curso de la historia; pues como lo hemos analizado en un apartado anterior, fue gracias a los sueños del faraón que Iosef llegó a ser designado virrey de Egipto, con todas las consecuencias de allí derivadas para el Pueblo de Israel en particular y para la historia de la humanidad en general.

Expone la Torá (Bereshit / Gén. 41:1) que el faraón había experimentado dos sueños que lo perturbaron; y enseguida comprendió que encerraban un mensaje, y para descifrarlos convocó a sus asesores. Sin embargo, ninguna de las interpretaciones que recibió de ellos lo satisfizo. El faraón estaba alterado por esos sueños, hasta tal punto de que la interpretación de los mismos se transformó en una cuestión de estado. En esas circunstancias, uno de los asesores, el Jefe de Coperos, contó al faraón que en la prisión había un hebreo que sabía interpretar sueños, por lo que mandó citarlo y le pidió su interpretación. Iosef accedió a su pedido y el faraón quedó literalmente encantado con su exposición.

¿Por qué el faraón rechazó las interpretaciones de sus asesores y en cambio sí aceptó la interpretación de Iosef? Porque percibió que las interpretaciones de aquellos, a diferencia de la interpretación de Iosef, no guardaban relación con el simbolismo de su sueño.

Veamos estos sueños del faraón en detalle. En Génesis (Bereshit 41:1) la Torá expone así:

Al cabo de dos años (desde que Iosef interpretó los sueños del Jefe de Coperos y del Maestro de Panaderos), el faraón soñó que estaba parado sobre el río. Del río emergieron siete vacas de buen aspecto, robustas de carne, que pastaban en la ribera. Y tras ellas emergieron del río otras siete vacas feas y flacuchas que se ubicaron junto a las primeras vacas a la orilla del río. Y las vacas de mal aspecto devoraron a las siete vacas de buen aspecto y saludables. Entonces el faraón despertó, volvió a dormirse y nuevamente soñó.

Siete espigas brotaban en un único tallo, todas eran buenas y saludables. Y después, siete espigas delgadas y marchitas brotaban tras ellas, las cuales se tragaron a las siete espigas saludables.

El faraón despertó y resulta que fue un sueño.

Por la mañana, el faraón, convocó a sus intérpretes para que le ofreciesen una interpretación, pero ninguna de tales interpretaciones lo satisfizo.

Antes de proseguir, analicemos un punto del sueño del faraón, que si bien parece irrelevante servirá para aclarar un concepto importante. En su sueño, el faraón se vio parado *sobre* el río, lo cual no es lógico, sencillamente porque no es lógico estar de pie *sobre* un río; pero debemos saber que la lógica que rige en los sueños es diferente a la lógica racional de nuestros estados de vigilia; porque las imágenes y los simbolismos que visualizamos en los sueños provienen de otra dimensión ajena a nuestra lógica consciente. En un sueño, según una opinión del Talmud, la ilógica es parte de su lógica. Sin embargo, una opinión contraria establece que uno no suele soñar cosas ajenas a la realidad, a menos que haya pensado en tales cosas previamente; porque en definitiva, los sueños son el producto de los pensamientos conscientes. Más adelante volveremos sobre esta cuestión con mayor detenimiento.

LOS CONSEJEROS DEL FARAÓN INTERPRETAN SUS SUEÑOS

El Midrash Bereshit Rabá expone que los consejeros interpretaron que las siete vacas saludables significaban que engendraría siete hijas; y las siete vacas demacradas significaban que enterraría siete hijas. Y las siete espigas colmadas significaban que conquistaría siete reinos; y las siete espigas pobres significaban que siete reinos se rebelarían contra él.

Los asesores egipcios entendieron que se trató de dos sueños independientes e inconexos, cada uno con su propia interpretación.

Pero el faraón no aceptó tales interpretaciones; Y como expone el comentario Malbim (Bereshit/Gén, 41:25-28) también Iosef las rechazó por tres motivos; mientras el comentario Abarbanel incorpora un motivo adicional.

Primero, como expone el comentario Malbim (Bereshit/Gén. 41:8), porque él era un monarca, un hombre público, la suma de todo un pueblo, y por lo tanto sus sueños deberían ser de carácter colectivo, que involucrasen a toda la nación y no de carácter privado y personal. Y para el pueblo como tal era totalmente irrelevante que el monarca en su vida personal tuviera siete hijas y enterrase siete hijas.

Segundo, porque las interpretaciones que le ofrecieron sus asesores no respondían concretamente al simbolismo soñado, e incluso hubo detalles de los sueños que fueron ignorados por los intérpretes, como lo analizaremos en los próximos apartados.

Tercero, porque el faraón tomó la precaución de poner a prueba el espíritu de profecía de Iosef. A tal efecto, al narrarle el sueño a él, alteró adrede ciertos detalles del mismo para evaluar su capacidad de interpretación profética. Por ejemplo, en Bereshit/Gén. 41:1 expone el versículo:

El faraón soñó que estaba parado sobre el Nilo...

Mientras que el Bereshit/Gén. 41:17, cuando el faraón le cuenta el sueño a Iosef, le dice:

Soñé que estaba parado sobre la orilla del Nilo (y no sobre el Nilo mismo).

Y efectivamente, Iosef interpretó el sueño tal como fue en la realidad, y no según los detalles adulterados que le narró el Faraón. Esto explica por qué en Bereshit/Gén. 41:38 el faraón dijo a sus ministros:

(A Iosef designaré virrey de Egipto), ¿pues acaso hallaremos otro hombre dotado de espíritu de divinidad como él?

El faraón acababa de comprobar en persona que Iosef estaba efectivamente dotado de espíritu de divinidad, cuando éste pudo interpretar sus sueños debidamente abstrayéndose de los detalles adulterados que adrede le dijo el faraón.

Y cuarto, la intuición. El faraón supo intuitivamente que la interpretación de sus asesores no era la correcta, porque como expone el gran comentarista Abarbanel, cuando un interpretador de sueños ofrece al soñante la interpretación genuina de su sueño, el soñante evoca espontáneamente por lo menos algunos detalles experimentados en su sueño; y de ese modo se siente identificado, en mayor o menor medida, con la interpretación, tal como cuando uno revive después de mucho tiempo una experiencia del pasado. Y por eso mismo el faraón rechazó las interpretaciones de sus asesores, porque ninguna de ellas le brindó esa sensación de conexión con su sueño, esa sensación de afirmación como cuando uno dice "es verdad, me resulta conocido...".

También Rabi Iehuda Fatía, en su obra Minjat Iehudá (sección 47, Miketz), expone exactamente el mismo concepto, al cual se refiere el versículo en las palabras: "No hubo quien interprete los sueños al faraón" (Bereshit / Gén. 41:8), la cual tiene dos sentidos: el primero es que ninguna de las interpretaciones fue aceptada por la intuición del soñante, porque ninguna de tales interpretaciones pudo lograr que el faraón evocase detalles de su sueño. Y el segundo sentido es que nadie pudo interpretar *dichos sueños*, porque como sí supo explicar Iosef, los dos sueños del faraón, en rigor de verdad fueron uno solo, y no cabía de ninguna manera interpretarlos como dos sueños o unidades independientes. (Ver comentario Malbim, Bereshit/Gén. 41:8).

LA INTERPRETACIÓN DE IOSEF

A diferencia de los asesores del faraón, Iosef interpretó que los dos sueños del faraón fueron en verdad una unidad, un sueño en dos partes, y el significado era el mismo en ambos casos (Bereshit / Gén. 41:25).

Dijo Iosef al faraón (Bereshit / Gén. 41:25):

Elokim te dijo a ti, faraón, qué es lo que ocurrirá: Las siete vacas saludables así como las siete espigas cargadas representan siete años; son el mismo sueño. En tanto, las siete vacas flacuchas y feas que emergieron tras ellas también son siete años, igual que las siete espigas vacías y marchitas por el viento son siete años de carestía que vendrán.

Mira, vienen siete años de gran abundancia en toda la tierra de Egipto, pero después vendrán siete años de carestía y entonces toda la abundancia previa será olvidada.

Y luego Iosef dio un consejo al faraón:

Busca un hombre sabio y desígnalo administrador de la tierra de Egipto, de modo de que prepare al país durante los años de abundancia acopiando víveres que sirvan como reserva para los siete años de carestía.

Es de notar que respecto de los siete años de abundancia expone el versículo (Bereshit/Gén. 41:25):

Elokim te dijo a ti, faraón, qué ocurrirá...

En cambio, respecto de los siete años de carencia expone el versículo: (Bereshit/Gén. 18).

Elokim te mostró a ti, faraón, qué ocurrirá...

La expresión "Elokim te *dijo* a ti" denota proximidad, como quien narra algo que está ocurriendo o que ocurrirá en breve. Y la expresión "Elokim te *mostró* a ti" denota lejanía, como quien muestra algo a alguien desde lejos. Porque los años de abundancia estaban por comenzar inmediatamente; mientras que los años de carestía estaban aún lejanos en el tiempo.

Esto revela cuán importantes son los detalles en un sueño, y cómo cada detalle, por insignificante que pareciese, tiene un profundo sentido.

Y al faraón le pareció correcto lo que le dijo Iosef —tanto la interpretación del sueño como el consejo sobre la administración del imperio que le ofreció— y lo designó virrey de Egipto y tesorero general.

LÓGICA DE LA INTERPRETACIÓN DE IOSEF

¿Y por qué la interpretación de Iosef pareció tan buena al monarca egipcio? Porque fue intuitiva y obvia: Lisa y llanamente, vacas y espigas son el símbolo del campo, el indicador del rendimiento agropecuario. Por lo tanto siete vacas y espigas saludables representan siete años de abundancia, mientras que siete vacas y espigas demacradas representan siete años de carencia. Y dicha interpretación se ve reforzada por el hecho de que tales vacas y espigas emergían del Nilo, símbolo de vitalidad y prosperidad de Egipto, e incluso una deidad para aquella civilización, tal como también los vacunos eran considerados deidad por su capacidad de producción. (Ver comentario Malbim sobre Bereshit / Gén. 41:2). Y más aún, el célebre comentarista Rashi expone que la esencia del sueño es que las vacas emergían *justamente* del Nilo, ése es el indicador de la abundancia que dicho sueño insinúa; y las siete vacas *saludables* son el *reflejo*, la consecuencia, de aquella bonanza reinante, pues cuando hay prosperidad y abundancia, unos a otros se ven con buenos ojos y todos son buenos y saludables a la vista de los demás.

De lo expuesto surge porqué es tan obvio que el sueño de las siete vacas saludables emergiendo del Nilo no puede tener otra interpretación que siete años de bonanza y bienestar.

INTERPRETACIÓN GLOBALIZADORA DE IOSEF

La interpretación de Iosef tuvo otra destacada diferencia respecto de la interpretación que ofrecieron los consejeros del faraón. En su sueño, el faraón vio que las vacas y las espigas demacradas *deglutieron* a las vacas y a las espigas saludables. ¿Qué pretende sugerir este detalle específico y aparentemente sin importancia del sueño? Si el faraón hubiese soñado que detrás de las vacas y espigas saludables emergían vacas y espigas demacradas, obviamente se hubiese comprendido que tras los años de abundancia vendrían los años de hambruna. Siendo, así, ¿Qué aporta el detalle de que las vacas y espigas demacradas *deglutieron* a las vacas y espigas saludables? ¿Es que acaso está sugiriendo que la abundancia caería dentro de los años de carestía? ¿Abundancia en años de carestía?

El comentario Beer Maim Jaim (Bereshit / Gén. 41:36) ofrece una brillante explicación al respecto:

Iosef, a diferencia de los consejeros egipcios, comprendió el sentido de que las vacas y las espigas demacradas *deglutieron* a las robustas y saludables, y lo explicó en el consejo que brindó al faraón de designar un administrador general para el acopio de víveres durante los años de abundancia a fin de utilizarlos durante los años de carestía que vendrían a continuación.

Pero este punto requiere de mayor análisis: A Iosef lo habían llevado al palacio del faraón para que interpretase sus sueños y no para que ofreciera consejo alguno. Y más aún, ¿cómo se explica que un muchacho extranjero, israelita, de apenas treinta años de edad, cuyo mayor logro hasta ese momento fue haber interpretado los sueños de sus compañeros de celda en la prisión egipcia, se haya atrevido a ofrecer semejante consejo al faraón y a los sabios, ministros y asesores de la gran potencia mundial de la época?

Más bien, el consejo que Iosef ofreció fue ante todo parte integral de la interpretación del sueño del faraón: Al prevenir que en los años de abundancia se debía acopias provisiones para los años de carestía, Iosef estaba explicando el sentido de que las vacas y espigas saludables fueron deglutidas por las vacas y espigas demacradas. De ese sutil detalle, Iosef comprendió, como ningún otro consejero de la corte, que la época de abundancia debía servir de sustento para la época de hambruna; y por eso es que aconsejó al faraón que designase a un encargado responsable de atesorar víveres durante los años de abundancia para utilizar durante los años de hambruna que seguirían a continuación.

ANÁLISIS EN PROFUNDIDAD DE LOS SUEÑOS DEL FARAÓN

El comentario Malbim (Bereshit/Gén. 41:5) analiza los sueños del faraón en detalle y deriva de ellos cinco pautas que reafirman la idea de que los mismos estaban destinados a cumplirse efectivamente, tal como lo había predicho Iosef:

1) Los dos sueños están referidos a la misma cuestión: se trata de un sueño y su reiteración.

2) Se trata de un sueño interpretado dentro del mismo sueño, pues el sueño de las espigas constituye la interpretación del sueño de la vacas. Las vacas representan el arado de la tierra. ¿Pero qué mensaje puede tener un sueño así? Ello lo responde el segundo sueño, el de las espigas, que representan la cosecha y la abundancia; y el mensaje es la interpretación que Iosef ofreció: "Se debe trabajar la tierra para obtener las mejores cosechas durante los años de abundancia, a fin de acaparar provisiones para los años de carestía".

3) De la frase "Despertó el faraón y resulta que fue un sueño" (Bereshit/Gén. 41:7) se deriva que recién al despertarse tomó conciencia el faraón de que se trató de un sueño y no de la realidad consciente. Ello es porque se trató de un sueño pacífico, que no alteró ni perturbó al faraón en su estado de somnolencia. Este mismo concepto lo expone Rabi Iehuda Fatía en su obra Minjat Iehudá (sección 47, Miketz), que analizaremos en profundidad en el apartado respectivo.

4) Del versículo "Y fue la mañana y el espíritu del faraón estaba perturbado" (Bereshit/Gén. 41:8) se deriva que fue un sueño de la mañana.

5) De la frase "El espíritu del faraón estaba perturbado" se deriva que el faraón quedó conmovido por el sueño, lo cual el Sefer Hajalomot (Libro de los Sueños) lo interpreta como una señal de la veracidad del sueño referido.

Los cinco puntos citados son mencionados en el Talmud y otras fuentes como pautas de que el sueño en análisis pertenece a la categoría de sueños relevantes.

CADA DETALLE DEL SUEÑO CUENTA

Del precedente análisis concluimos que a los efectos de interpretar correctamente un sueño se debe realizar un análisis minucioso del mismo, aún de cada detalle por más ínfimo que sea y por más carente de sentido que parezca. De hecho, en el ejemplo expuesto previamente hemos visto que meros detalles del sueño del faraón estaban anunciando el destino del faraónico Egipto; y tan sólo era necesario que alguien de la talla espiritual del hebreo Iosef los interpretase debidamente.

Así como la Torá ordena apartarse de las prácticas oscuras como la nigromancia, magia y otras similares; del mismo modo, de lo expuesto surge que a los sueños se debe prestarles la debida atención.

EL SECRETO DEL INTERPRETADOR DE SUEÑOS

En su audaz interpretación, Iosef demostró ser un hombre inteligente e intuitivo; lo cual quedó definitivamente demostrado cuando el devenir de los sucesos en el transcurso de los años le dio la razón. Y de hecho, el faraón mismo se lo reconoció cuando le dijo (Bereshit / Gén. 41:39):

No hay hombre inteligente ni sabio como tú capaz de llevar esos consejos a la práctica.

Sin embargo, Iosef tuvo otra virtud antes que su intuición y sagacidad para ser un creíble interpretador de sueños. En Bereshit / Gén. 41:11, cuando el Jefe de Coperos le contó al faraón que en la cárcel había con ellos un buen interpretador, le dijo así:

(Allí en la prisión) había con nosotros un muchacho ivrí.

Ivrí significa "hebreo", expresión que antes que a la procedencia geográfica, refiere fundamentalmente a la actitud del ser. La voz *ivrí* significa "del otro lado", pues así como el mundo "Egipto" representa el ocaso espiritual, el mundo "Iosef" representa el universo de lo divino y lo sublime. Y justamente, fue esa actitud la que condujo a Iosef a constituirse en exitoso interpretador, tal como el faraón mismo lo reconoció y se lo dijo (Bereshit / Gén. 41:12):

> *(Dijo el faraón a Iosef): El Supremo te ha dado a conocer todo ello... y por consiguiente tú estarás a cargo del tesoro de Egipto y serás el administrador general.*

Previamente, cuando Iosef sugirió a sus compañeros de celda que le contasen sus sueños para que él los descifrase, les dijo así:

> *Cuéntenme sus sueños, pues la interpretación pertenece al Supremo (y por consiguiente no seré yo quien los interprete, sino Él.) (Bereshit / Gén. 40:8)*

Eso es el mundo "Iosef", el mundo de la humildad. Y por eso mismo Iosef era *ivrí*, "del otro lado", porque era la contra-cara del mundo de la soberbia y la opulencia representado por el mundo "Egipto".

Cuando más uno orienta su vida en dirección al mundo "Iosef", tanto más cerca de la verdad se encuentra. En esa situación, ser un conocedor de los secretos y los misterios de la vida es una consecuencia lógica y natural.

En otro apartado volveremos sobre el mundo "Iosef" como actitud de auto-refinamiento, que en definitiva es la clave para comprender los secretos que de otro modo serían inaccesibles; tal como el Iosef bíblico obtuvo su don de interpretador a partir de su actitud de humildad y auto-control.

LOS SUEÑOS DE AVIMÉLEJ

El primer sueño que explícitamente menciona la Torá es el que experimentó Avimélej, rey de Guerar; en el cual el Supremo le advirtió que se abstuviese de aproximarse a Sará. De ese modo, el Supremo estaba resguardando no sólo la dignidad del patriarca Abraham y de Sará, sino también la dignidad de Itzjak, que nacería en el transcurso de ese año y de quien derivaría el Pueblo de Israel; pues de lo contrario su paternidad hubiera quedado cuestionada.

Textualmente, el versículo expresa así (Bereshit / Gén. 20:3 y ss.)

Avimélej, rey de Guerar, envió un mensajero y tomó a Sará. Entonces el Supremo se presentó ante Avimélej en un sueño nocturno y le dijo: "Mira, morirás a causa de la mujer que has tomado, porque está casada"... Y dijo Avimélej: "Con la honestidad de mi corazón la tomé (pensando que era soltera)". Y el Supremo le respondió en el sueño: "Yo sé que la tomaste con honestidad. Ahora, devuélvela"... Y en efecto, Avimélej devolvió a la mujer (sana y salva)...

La frase: "El Supremo se presentó ante Avimélej en un sueño" significa que el Supremo fue la fuente del sueño, y el mismo fue una experiencia onírica y no una profecía; y el hecho de que el Supremo sea mencionado en relación con el sueño viene a destacar que se trató de un sueño de orden superior, del tipo de sueños valederos y significativos. Esto último halla sustento en el hecho de que en el citado párrafo se mencionan dos veces los sueños, lo cual alude a que dos veces soñó Avimélej en relación con este episodio; y tal como ya hemos visto en el caso de los sueños del faraón, la reiteración de los sueños alude a la autenticidad de los mismos y a que están muy próximos a realizarse.

LA ESCALERA,
EL SUEÑO DEL PATRIARCA IAACOV

El segundo sueño que presenta la Torá es el del patriarca Iaacov (Bereshit / Gén. 28:12), en el que visualizó una escalera apoyada en el suelo con su cabeza llegando al Cielo, por la que los ángeles ascendían y descendían.

Textualmente, el versículo presenta el sueño en estos términos:

Entonces (Iaacov) tuvo un sueño. Resulta que una escalera estaba parada en la tierra y su cabeza llegaba al Cielo. Y los ángeles subían y bajaban por ella... Y Hashem le dijo: La tierra sobre la que yaces te la entregaré a ti y a tu descendencia... Te extenderás hacia el oeste y hacia el este, hacia el norte y hacia el sur... Yo estoy contigo y te protegeré donde quiera que vayas, y te haré retornar a esta tierra, y no te dejaré hasta haber cumplido todo lo que te he prometido. Iaacov despertó de su sueño y dijo: "Realmente Hashem está en este lugar y yo no lo sabía"

En opinión de Rabi Meir Lebush (Malbim), la escalera representa el gran Templo de Ierushaláim, en el que cielo y tierra se encuentran. Los ángeles que ascienden representan la energía ascendente de las ofrendas del ser humano al Supremo; y los ángeles que descienden representan la fuerza descendente proveniente de lo Alto para sustentar la materia.

Expone también Rabi Meir Lebush que la escalera representa la rueda de la vida, y los ángeles ascendiendo y descendiendo representan que en ocasiones uno puede estar en la cima, en la cresta de la ola; y al instante siguiente abajo. Ese movimiento ascendente y descendente es la imprevisibilidad de la existencia, porque a pesar de que todo indica que ya no hay esperanza, a pesar de que el destino parece sellado, no obstante la rueda de la vida puede dar la vuelta en cualquier momento y circunstancia; y así, los ángeles que estaban descendiendo, en un instante pueden nuevamente retomar su ascenso para iluminar nuestros pasos con la Luz Suprema.

Adám, el primer hombre, fue la primera criatura en reconocer la existencia del Creador. Hasta que Adám fue creado, la des-unión entre cielo y tierra era categórica. Adám, por medio de su reconocimiento, logró unir, conectar, esas dos entidades tan distantes y antagónicas como lo son la materia física por un lado y la realidad divina por otro.

El Libro del Zohar expone que Iaacov era expresión de la "armonía de Adám", por lo tanto, así como Adám, el primer hombre, fue un conector entre lo mundano y lo divino, también Iaacov lo fue. Una de las interpretaciones de este célebre sueño de la escalera es que Iaacov mismo era la escalera, la cual tenía su base en el suelo y la parte superior llegaba al cielo; y los ángeles —fuerzas espirituales— ascendían y descendían por ella. Iaacov era la conexión entre Cielo y tierra.

En otra lectura de esta interpretación, en que Iaacov mismo era la escalera, el Midrash toma la expresión "los ángeles ascendían y descendían por ella" en el sentido de "algunos ángeles lo exaltaban a Iaacov y otros lo disminuían". Los ángeles que lo veían conectado con el mundo superior eran los que lo alababan. En cambio, los que lo veían durmiendo lo rebajaban. Los primeros veían el carácter divino de Iaacov; en cambio, los segundos veían su faceta humana y como tal merecía ser humillado porque —en opinión de los ángeles— el ser humano es inferior a ellos. En rigor de verdad, expone el Midrash (Bereshit Rabá 8:5) estos ángeles que lo rebajaban eran los mismos que en su momento se habían opuesto a la creación del ser humano. Los ángeles cuestionaron al Supremo que no tenía sentido crear un ser materialista como el hombre, porque lo que realmente cuenta es el valor divino, como lo representan los ángeles. Pero el Supremo le respondió que el hombre que Se disponía a crear era la conjunción de materia y divinidad; y desde la materia él podría acceder a niveles divinos superiores aún a los de los ángeles. Y a ello aluden las palabras del versículo: "Oh Israel (en referencia a Iaacov), a través de ti, Yo (Hashem), seré glorificado" (Ieshaia / Is. 49:3); porque el hombre, aludido en el versículo como Israel–Iaacov, es la plenitud, pues a diferencia de los ángeles, que son sólo seres divinos, el hombre es la unión de dos entidades antagónicas como materia y divinidad. Los ángeles no están dotados de la capacidad de comprender que incluso un acto tan mundano y terrenal como el dormir puede servir al propósito de conectar la materia con lo divino. Y por eso el ser humano tiene la posibilidad de acceder al mayor grado de perfección, superior aún al de los ángeles, porque sólo a través de la interacción de esas dos realidades es posible acceder a la perfección absoluta.

Ésa fue la norma con que fue creado el ser humano: con los pies en la tierra y la cabeza en el cielo. El hombre debe constituirse, a través de sus actos, pensamientos y acción, en el conector que una lo físico con lo espiritual, un canal a través del cual fluya a su existencia la fuerza de lo divino.

En paralelo con dicha interpretación, Rabi Aharón Perlov de Karlin expone que la escalera apoyada en la tierra con su cabeza llegando al cielo es expresión del sentido de la existencia de la persona: Uno debe tener sus pies firmemente parados en la tierra en procura de su sustento y la realización de las cuestiones materiales que le permitan llevar una vida digna; pero su cabeza debe llegar al Cielo, debe comprender definitivamente que sólo una vida espiritual consagrada a la Torá y a las *mitzvot* es capaz de darle a la escalera de su vida el apoyo que debe tener en lo Alto.

Y sobre este mismo sueño el Midrash ofrece otra interpretación: El Supremo le mostró a Iaacov que el príncipe (ángel) de Babilonia ascendió y descendió por la escalera. Y luego le mostró que también el príncipe de Media ascendió y descendió. Y luego le mostró al príncipe de Grecia; y al de Roma... Y dijo el Supremo a Iaacov. "Iaacov, ahora asciende tú". Iacov temió y respondió: "Todos los que ascendieron, descendieron; y entonces también yo descenderé...". Y el Supremo le aseguró: "Si tú asciendes, no descenderás". Pero en su temor al descenso ulterior, Iaacov desconfió y no ascendió. A ello alude el versículo: "No confiaron en Sus Maravillas" (Tehilim / Salmos 78:32).

Cuando el Supremo había ordenado al patriarca Abraham que sacrificase a su amado hijo Itzjak, el versículo expone "Hashem *puso a prueba* a Abraham" (Bereshit / Gén. 22:1). En hebreo, "poner a prueba" es *nisá*, voz que deriva de *nes* y cuyo significado es "milagro" y "estandarte". En verdad, ¿qué necesidad tenía el Supremo de poner a prueba al patriarca, si Él todo lo sabe *a priori*? En verdad, no es que lo puso a prueba para saber cómo reaccionaría, sino para que Abarahm fuese consciente de su gran capacidad de entrega incondicional, de su excepcional carácter divino, y así elevarlo tal como un estandarte se eleva en las alturas.

En esta misma línea, el comentario Etz Iosef sobre el Midrash explica que en rigor de verdad, Iaacov no creía en sí mismo, en su capacidad. De acuerdo con esta explicación, el sueño del patriarca Iaacov fue un mensaje del Supremo animándolo a ser ambicioso y ascender la escalera hacia lo sublime. Iaacov requirió de tal estímulo porque había visto en ese sueño que todos los que ascendieron finalmente descendieron. Iaacov temía que procurar semejante elevación le haría perder su perspectiva de la humildad y sucumbiría a las ambiciones egoístas igual que su hermano Esav. Pero finalmente, Iaacov comprendió que su vida no podía ser guiada por la inacción, la pasividad no es un vehículo para alcanzar objetivo alguno de mediano alcance. Y en efecto, Iaacov aceptó el desafío y llegó a ser la gran personalidad que fue como patriarca del Pueblo de Israel. Iaacov comprendió el mensaje del sueño y supo aplicarlo en su vida.

EL SUEÑO DE IAACOV:
SIGNIFICADO DE LOS ÁNGELES ASCENDENTES Y DESCENDENTES

La descripción que expone la Torá sobre este sueño de Iaacov en que los ángeles ascendían y descendían por la escalera plantea un interrogante cuyo análisis será de gran ayuda para comprender la dinámica de los sueños como mensajes de lo Alto.

La cuestión a analizar es la siguiente: si se trataba de ángeles, debió haber expuesto primero "descendían" y sólo luego "ascendían", puesto que esencialmente los ángeles moran en el Cielo, de modo que para ascender primero deben descender.

Pero como sabemos, ninguna expresión de la Torá es aleatoria ni circunstancial, sino por el contrario, encierra un significado y una profunda razón de ser. Por consiguiente cabe cuestionar por qué el relato invierte el orden y expone "ascendieron" antes de haber expuesto "descendieron". Más bien, los sueños no deben evaluarse en función de nuestra lógica humana, sino del mensaje del cual son portadores. El patriarca Iaacov estaba huyendo de su hermano Esav por causa de las bendiciones de la primogenitura que recibió de su padre, y es en dicho contexto en el que experimentó este sueño. En opinión del autor de la obra Beit HaLevi, la escalera llegando al Cielo representa trascendencia, y específicamente en el caso de Iaacov representa que el Pueblo de Israel se elevaría en lo alto y prevalecería. De hecho, el ancestro del Imperio romano fue Esav, aquel enemigo-hermano de Iaacov que en generaciones posteriores, devenido en el Imperio romano, destruyó el Segundo Gran Templo de Ierushaláim y llevó a los israelitas al destierro a Roma.

En opinión del célebre comentarista Rashi, el significado de los ángeles que ascendían y descendían es que Iaacov no sería abandonado a su buena suerte, sino por el contrario, los ángeles que le venían acompañando dentro de la Tierra de Israel ascenderían, y de allí en más, desde la frontera de la Tierra de Israel hacia su destierro en Jarán, en la Mesopotamia asiática, sería acompañado por una comitiva diferente de ángeles que descenderían del Cielo específicamente para dicha misión; pues los ángeles de la Tierra de Israel no pueden salir de los límites de ella, ni los ángeles "extranjeros" pueden ingresar a ella.

Exponen los Sabios: "los actos de los padres constituyen un antecedente y catalizador de los actos de los hijos"; de modo pues que así como este sueño de Iaacov está refiriendo que los ángeles lo acompañarían en su destierro personal, sugiere con ello que también acompañarían a sus descendientes cuando a su momento, ellos mismos deberían marchar al exilio.

El Libro del Zohar (parte I, 134b) expone que el Supremo se fijó en la Torá y creó el mundo. Ello significa que primero creó la Torá, y luego, sobre la base de ella, dio lugar a la existencia física. La Torá es el plano maestro de la creación, y como tal es de carácter universal. Los eventos que ella relata, más que el valor histórico de los mismos, valen ante todo como guía para la humanidad, por ser ella, tal como lo hemos planteado, la fuente de todos los acontecimientos llamados a existir.

Por eso, no sólo el caso del sueño de Iaacov, sino todos los eventos que la Torá presenta, son una descripción de las situaciones propias y específicas de cada individuo. Así ya dejaremos de ver el sueño de Iaacov como una situación individual y personal de aquel patriarca, para pasar a verlo como una guía y una referencia para nosotros, aquí y ahora.

Este sueño de Iaacov nos da la pauta de que toda situación indeseable, extrema, que uno deba atravesar constituye un estado de exilio personal, y en tales circunstancias uno debe saber que hay una Fuerza Superior acompañándolo. El patriarca Iaacov tenía ante sí una misión sumamente difícil, sin un horizonte visible. Imagina un túnel de cuyo extremo opuesto no se atisba siquiera un mínimo haz de luz, nada que permita vislumbrar o siquiera imaginar un rayo de esperanza. En esa circunstancia se encontraba Iaacov. Pero él no se doblegó, la fuerza de su fe no se lo permitió; él ya había visualizado en el sueño que los ángeles lo acompañarían, hasta que finalmente, después de mucho tiempo pudo regresar sano y salvo a lo de su padre.

Cada personalidad en la Torá es la representación del ser humano o al menos de una faceta de él. En Iaacov debemos ver nuestra imagen, y en el sueño de Iaacov, nuestro sueño; y en los ángeles que lo acompañaron debemos ver a los ángeles que constantemente nos acompañan en nuestros ascensos así como en nuestros descensos. Y en toda situación apremiante, por más que no veamos una solución favorable, debemos tener la fe inquebrantable de Iaacov, quien a pesar del más sombrío panorama que tenía ante sí, pudo finalmente sobreponerse y superar exitosamente todos los escollos. El sueño de Iaacov es la trascendencia, y la vida de Iaacov es la superación y el éxito desde la adversidad. En definitiva, esos —trascendencia y superación— son los signos vitales del ser.

La escalera estaba apoyada en el suelo y su cabeza llegaba hasta el Cielo. "Escalera" en hebreo es *sulam*, cuyo valor numérico es el mismo que *mamón*, "dinero". Dicha equivalencia sugiere que a través del dinero, al igual que con una escalera, uno puede llegar hasta el mismísimo cielo, o bien puede descender hasta lo más bajo de la tierra; uno puede utilizarlo para obras de bien o para satisfacer sus placeres más inmediatos. Pero Iaacov, el hombre, en su función de conector entre cielo y tierra, sabe que la escalera está apoyada en el suelo no como un fin en sí mismo, sino para permitir el ascenso a las más elevadas alturas.

Rabi Israel Baal Shem Tov, padre de la escuela jasídica, expresa que la riqueza y la pobreza están representadas por la escalera apoyada en el suelo. La escalera no está fija en el lugar, sólo apoyada, temporariamente, tal como la riqueza y la pobreza también son estados temporarios pues en un instante pueden variar de una situación a la opuesta, así como por una escalera se asciende y al instante siguiente, por esa misma escalera, se desciende.

El libro Likutéi Diburim explica que la escalera representa la plegaria, cuyo objetivo es conectar el mundo inferior con el superior, la faceta mundana de la existencia con la realidad espiritual. Asimismo, la plegaria es un camino doble mano, que permite por un lado elevar la naturaleza corpórea de la persona, y a la vez hacer descender la espiritualidad desde lo Alto hacia la tierra.

En esta misma línea, el Libro del Zohar expone: "La escalera representa la plegaria", y el libro Or HaTorá manifiesta que la expresión "en la tierra" (del versículo "la escalera estaba apoyada en la tierra y su cabeza llegaba al cielo") alude a los niveles del alma que se envisten en el cuerpo. Y la expresión "al cielo" alude a la esencia del alma, su raíz, la cual no se enviste en el cuerpo físico, porque trasciende de ese nivel. Y la escalera de la plegaria conecta esos dos niveles del alma.

Y también el libro Séfer HaMaamarím 5708 expone que la escalera entre el mundo superior y el inferior es la Torá y la plegaria, pues por medio de ellas podemos "tocar" el mismísimo cielo. La plegaria nos eleva hasta las más elevadas alturas, mientras que el estudio de la Torá atrae hacia este mundo inferior la Sabiduría divina. Y así como por una escalera física se asciende peldaño por peldaño, del mismo modo el avance y ascenso espiritual debe ser ordenado y metódico, paso tras paso.

Los Maestros de la Sabiduría interior de la Torá explican este sueño de la escalera apoyada en el suelo y su cabeza llegando al Cielo, en el sentido de que el que se considera perfecto y como tal en la "cima del mundo", es una clara señal de que en realidad tiene un largo camino por recorrer aún. Porque sólo cuando uno se considera humilde y bien parado "en la tierra", sólo entonces tiene la llave para ascender a las más encumbradas alturas espirituales.

Y en esta misma línea, los Sabios ofrecen la siguiente explicación: Cuando Iaacov despierta de su sueño declara:

Hashem está en este lugar y yo no lo sabía.

Ello sugiere que los niveles más elevados, como cuando uno llega a reconocer "El Supremo está en este lugar", sólo pueden ser alcanzados por medio de un genuino estado de humildad, representado en la frase "yo no lo sabía". La sumisión de reconocer que uno no lo sabe, la modestia de admitir que uno no es la suma del conocimiento y menos de la perfección, es la llave para acceder a las alturas más excelsas.

Se cuenta que el Alter Rebe, gran Maestro de la Sabiduría Interior de la Torá, en una oportunidad en sus épocas de estudiante en que no lograba comprender una determinada cuestión que había estudiado, decidió dirigirse a la casa de su Maestro, el Maguid (Predicador) de Mezeritch, en procura de su explicación.

Eran ya las altas horas de la noche, pero la intriga era tal que necesitaba despejar su duda en ese mismo instante. Fue a lo de su Maestro y golpeó a la puerta.

—¿Quién es?", preguntó el Maestro.

—Soy yo —respondió el discípulo.

Y el Maestro no abrió. Al cabo de unos instantes el discípulo golpeó nuevamente la puerta, y nuevamente el Maestro preguntó "quién es".

—Soy yo —respondió otra vez el discípulo.

Y nuevamente el Maestro decidió no abrir.

Y la escena volvió a reiterarse por tercera vez. El discípulo golpeó la puerta, el Maestro nuevamente preguntó "quién es" y el discípulo otra vez respondió "soy yo".

Pero esta vez el Maestro decidió abrirle, hizo pasar al anonadado discípulo y le explicó el tema en cuestión.

Cuando el discípulo estaba por retirarse, el Maestro le pidió si podía hacerle un favor:

—En una aldea cercana se celebra un brit milá (circuncisión), yo no podré asistir, ¿quizás puedas ir tú representándome?

Y lógicamente, el discípulo aceptó.

La ceremonia se realizó en la casa de los padres del bebé, gente sumamente adinerada. Todo había salido a la perfección, de acuerdo a lo previsto. Sólo que a medida que la gente comenzó a retirarse, una persona del servicio doméstico notó que faltaba una cuchara de plata, e inmediatamente la sospecha recayó en aquel extraño.

—¿Usted ha tomado la cuchara? —le preguntaron con total desconfianza.

—No, no fui yo —respondió el discípulo.

¿De quién otro se podía sospechar más que de aquel ajeno, desconocido para todos? Y así, las acusaciones en su contra fueron in crescendo.

—¡Señor, usted ha tomado la cuchara, confiéselo por favor!

—No, no fui yo", exclamó el discípulo en toda su inocencia.

Hasta que en un momento lo agarraron y comenzaron a golpearlo gritándole: "¡Confiese que usted ha robado la cuchara, ladrón!"

El discípulo gritó una y otra vez "¡No fui yo, no fui yo!"

Hasta que inesperadamente, una criada avisó que había encontrado la cuchara en la cocina.

—¡He encontrado la cuchara; estaba adherida a otra. Fue un error haberlo acusado a usted. Le pido que me perdone!

Obviamente el discípulo perdonó el malentendido, se despidió y comenzó el viaje de regreso a lo de su Maestro. Al llegar le informó que asistió a esa ceremonia y le contó lo sucedido allí:

—Cumplí el encargo que usted me encomendó —dijo el discípulo— ¿pero por qué debí pasar por semejante humillación, la acusación de haber robado una cuchara de plata?

Y el Maestro le respondió:

—Aquella vez que habías venido por la noche a presentarme la pregunta que te afligía y golpeaste la puerta, cuando pregunté "quién es", respondiste "soy yo, soy yo, soy yo", tres veces. Por eso fue necesario que viajes a esa aldea para que rectifiques tu desmedido ego, reflejado en ese "soy yo", declarando a viva voz "yo no fui, yo no fui, yo no fui..."

Cuando la escalera está firmemente apoyada abajo, en la tierra, puede llegar bien alto, hasta el Cielo. La humildad es la llave para acceder a las más elevadas alturas. Esa es la esencia del sueño de Iaacov.

EL SEGUNDO SUEÑO DE IAACOV: LOS ANIMALES Y EL RETORNO

Al partir de la Tierra Prometida rumbo a Jarán, en la Mesopotamia, el patriarca Iaacov experimentó el sueño de la escalera, tal como lo hemos analizado. Y luego de dicho sueño, la Torá presenta un sueño adicional del patriarca. En verdad, la Torá no relata dicho sueño ni bien tuvo lugar, sino más bien nos informa del mismo cuando después de veinte años de haber permanecido junto a su suegro Labán, Iaacov les contó a sus esposas Rajel y Leá que ya era momento de regresar a la Tierra Prometida. En Bereshit / Gén. 31:10'13 leemos que Iaacov les dijo así:

Cuando era el momento de aparearse del ganado, levanté mis ojos y en un sueño vi que los machos cabríos que montaban (a las hembras del) ganado eran anillados, salpicados, y rayados. Y entonces me dijo un ángel de Elokim en el sueño: "Iaacov..."; y le respondí: "Aquí estoy". "Por favor", me dijo, "levanta tus ojos y observa que todos los machos ca-

bríos que montan al rebaño (a las hembras) son anillados, salpicados y rayados. Pues he visto todo el mal que te hace Labán. Yo soy Elokim de Bet El, donde ungiste un monolito y donde me hiciste una promesa". Levántate, vete de esta tierra y regresa a la Tierra donde naciste.

Iaacov había establecido un pacto con su suegro Labán: Iaacov debía cuidar el rebaño de aquél, y a cambio, los animales de coloración anormal que naciesen de ahí en más pertenecerían a Iaacov como parte de pago. A *priori*, el pacto favorecía ampliamente al suegro del patriarca, dado que las crías de coloración anormal eran inusuales. Pero en este sueño, el ángel del Supremo le dijo a Iaacov que milagrosamente Él había provisto que las crías de coloración anormal fuesen abundantes, para favorecer así al patriarca. Este sueño del patriarca Iaacov con el rebaño representa claramente el pacto comercial que selló con su suegro.

Sin embargo, resta comprender cuál es la relación entre el simbolismo del sueño y la conclusión del mismo de que debía regresar a la Tierra Prometida.

El comentarista Ralbag explica el sueño como una representación de la relación hombre-Supremo, en la que el Supremo complementa los esfuerzos del hombre por la auto-superación. Y así, en contra de toda predicción, las crías inusuales de coloración anormal resultaron ser milagrosamente abundantes, lo cual significó un beneficio para el patriarca. Y luego, los esfuerzos del patriarca por trabajar honrosamente fueron coronados con el mensaje de regresar por fin a la ansiada Tierra.

El comentarista Rashi (Ber / Gén. 31:10) explica dicho sueño en el sentido de la milagrosa protección que el Supremo concedió a Iaacov, cuando los ángeles traspasaron milagrosamente a su rebaño los animales de color infrecuente del rebaño de Labán.

En cambio, en virtud de la aparente inconexión entre el simbolismo y el mensaje-conclusión del sueño, (donde el simbolismo son los animales de coloración infrecuente y el mensaje-conclusión es el retorno del patriarca a la Tierra Prometida), el comentarista Rambán (Najmánides), sostiene que en verdad no se trata de un único sueño y su mensaje, sino de dos sueños independientes:

El primero de tales cuales tuvo lugar al comienzo del período de seis años (del total de veinte) que Iaacov trabajó para Labán (a cambio del ganado de coloración infrecuente). En opinión de Najmánides, el significado de dicho sueño es que el Supremo le informó a Iaacov que lo protegería de las malas intenciones de su suegro. Y el segundo de dichos sueños tuvo lugar al cumplirse veinte años de trabajo de Iaacov para Labán, cuando Iaacov informó a sus esposas que se le presentó un ángel en una visión informándole que debían partir de Jarán hacia la Tierra Prometida.

Por otro lado, el comentarista Malbim sugiere que se trata de un único sueño con su respectivo simbolismo y mensaje. ¿Pero entonces cuál es la relación entre ambos, entre el simbolismo y la conclusión? Y responde que dicho sueño es una clara comunicación del Supremo a Iaacov: "Ya no necesitarás más confiar en milagros para prosperar como hasta ahora, en que tus rebaños crecieron milagrosamente, y por consiguiente ya no necesitarás permanecer en este lugar. Por lo tanto, regresa a tu Tierra".

Los Maestros de la Sabiduría interior de la Torá, en cambio, entienden que se trata de un único sueño y un único mensaje, y la relación entre ambos es muy fuerte y clara. Y lo explican así: Al haber partido de su hogar paterno rumbo a Jarán, en la Mesopotamia asiática, Iaacov experimentó el sueño de la escalera por la que descendían y ascendían los ángeles. Y luego, después de haber permanecido tantos años en la casa de su suegro Labán soportando los engaños de aquel y conteniéndose de tomar revancha por cuenta propia, y por haberse consagrado al estudio de la Torá aún en esas condiciones tan adversas, Iaacov logró tal nivel de refinamiento personal que ya estaba capacitado para elevar incluso la materia más bruta; y entonces soñó con animales… (Primero soñó con ángeles, los cuales aportaron a su refinamiento. En cambio, después de haber trabajado tan profundamente con su propio ser, Iaacov ya no necesitaba del refinamiento que los ángeles podían ofrecerle, sino él mismo estaba capacitado para refinar la materia mundana y elevarla a un plano espiritual superior. Y por eso, sólo después de haber alcanzado tal nivel de excelencia soñó con animales).

De esa manera Iaacov elevó el carácter de la materia animal a un estado de santidad superior, por el solo hecho de haber constituido tales animales el sujeto del sueño de un hombre tan puro y sagrado como él.

Y más aún, elevó también el concepto "comercio" representado por los animales de ganado presentes en su sueño. Y de ese modo culminó de elevar todas las chispas de divinidad en Jarán, por lo que su servicio divino allí quedó finalizado, y por consiguiente —por lo menos desde el punto de vista espiritual— no tenía sentido que Iaacov permaneciese allí, sino debía regresar a su ansiada Tierra.

"Servicio" significa descender la fuerza de la divinidad hacia la materia, para elevar la materia al plano de la divinidad. Sólo cuando uno comprende el concepto y obra en consecuencia, sólo entonces estará orientado en la dirección adecuada; y de ese modo tendrá asegurado el regreso a su *Tierra Prometida*, a casa, al origen.

EL SUEÑO DE LABÁN:
LA MATERIA NO PUEDE LIMITAR LO TRASCENDENTE

A continuación la Torá presenta el sueño de Labán, cuando el Supremo se le reveló en un visión manifestándole que dejase a Iaacov ir en paz. Resulta que cuando Labán se había percatado de que Iaacov había partido con su familia y hacienda, salió a perseguirlo, y allí fue que experimentó este sueño (Bereshit / Gén. 31:24):

Pero Elokim se presentó ante Labán el arameo en un sueño nocturno y le dijo: "Cuídate de hablar con Iaacov ni bien ni mal (Déjalo hacer su camino hacia la Tierra Prometida)".

El objetivo supremo de Labán en la vida era amasar fortuna. Como tal, Labán representa el cuerpo, la materia; a diferencia del patriarca Iaacov que representa el alma. Labán salió a perseguir a Iaacov porque en definitiva el cuerpo sabe que sin el alma carece de sustento. Pero el objetivo del alma es no dejarse atrapar por el cuerpo, sino elevarse y elevarlo a éste a un nivel superior. Y por eso Iaacov, el alma, debía regresar a la Tierra Prometida, al más elevado nivel de santidad, para cumplir así su objetivo final de trascendencia.

Y en Bereshit / Gén. 31:44 leemos:

Dijo Labán a Iaacov: "Hagamos un pacto y que el Supremo sea testigo entre nosotros"

Es interesante señalar que la iniciativa del citado pacto con el patriarca Iaacov fue de Labán, el cuerpo, porque en última instancia el cuerpo reconoce que el que marca el rumbo no es la materia sino el alma. Y el cuerpo, la materia, debe atenerse a acompañar...

EL SUEÑO DEL HECHICERO BILAM: TROCANDO EL MAL EN BIEN

Cuando Balak, rey de Moav, vio que los israelitas avanzaban triunfalmente hacia la Tierra Prometida, temió caer derrotado ante ellos al igual que los demás pueblos vecinos, por lo que decidió contratar los servicios de un hechicero profesional, Bilam, para que maldijese al Pueblo de Israel. Con tal fin envió un grupo de emisarios para alentarlo y procurar sus servicios. Y a su ofrecimiento, Bilam les respondió (Bereshit/Gén. 22:8):

Pasen la noche aquí, les daré una respuesta de conformidad con lo que el Supremo me ordene

Esa noche, el Supremo se reveló ante el hechicero Bilam en un sueño profético prohibiéndole ir con esos hombres y maldecir a los israelitas. Ante la negativa de Bilaam, Balak decidió enviar otro grupo de emisarios, de mayor jerarquía que el primero, para tratar de convencer al hechicero de ir a su tierra a fin de neutralizar el poderío de los israelitas mediante el influjo de sus maldiciones. Y Bilam les dijo lo mismo que a los emisarios anteriores: que pasen allí la noche y que él les daría una respuesta conforme con lo que el Supremo le manifestase.

Esa noche el Supremo se reveló nuevamente ante Bilam en un sueño profético y le dijo (Bereshit/Gén. 22:20):

Si esos hombres vinieron a buscarte, levántate y ve con ellos.
Pero sólo lo que Yo te ordene harás.

Y en efecto, Bilam se levantó por la mañana, preparó su asna y marchó con los emisarios a la tierra de Moav.

Y en el trayecto ocurrió un extraño suceso. Al Supremo le había disgustado que el hechicero Bilam haya finalmente decidido ir con esos hombres, por lo que envió un ángel a interponerse en el camino. Y en palabras de la Torá (Bereshit/Gén. 22:23):

Cuando el asna vio al ángel del Supremo con su espada des-
envainada obstruyendo el paso, se apartó del camino.

De las palabras del versículo resulta evidente que fue el asna la que vio al ángel; ¡no Bilam, sino el asna!

Ante la reacción del asna, Bilam la castigó. Ello ocurrió tres veces, hasta que el asna se echó al suelo y el Supremo le confirió a ella —al asna— el don del habla. Y dijo entonces el asna a Bilam: (Bereshit/Gén. 22:28).

¿¡Qué te he hecho para que me hayas castigado estas tres
veces!? ¡Yo soy el asna en la que montaste toda tu vida hasta
hoy!, ¿¡acaso alguna vez te he hecho semejante cosa!?

Finalmente Bilam llegó a Moav, y cuando se dispuso a la tarea para la que había sido contratado, maldecir a los israelitas, milagrosamente, tales maldiciones devinieron en su boca bendiciones y profecías de la más profunda significación.

Lo expuesto es una breve exposición de los sucesos tal como los plantea la Torá. Ahora pasemos a su análisis.

Pareciera que el Supremo cambió de opinión, pues mientras en el primer sueño le comunicó a Bilam que no debía ir, en el segundo sueño le autorizó. Más bien, lejos de tratarse de un cambio de parecer, en verdad es la afirmación del libre albedrío. A ello se refieren los Sabios en el Talmud cuando expresan "A cada uno lo conducen de lo Alto por el camino por el que quiere ir". Y más dicen en este sentido: "Todo está en manos del Cielo, excepto la reverencia al Cielo".

Según una opinión citada por el comentario Malbim sobre Bereshit/ Gén. 22:20, toda esta narración —incluyendo la visión del ángel por parte del asna y la reprimenda del asna a Bilam— es parte del sueño del hechicero Bilam. Según otras opiniones, los sucesos ocurrieron literalmente.

De un modo u otro, esas imágenes merecen una explicación. En opinión de Rambán (Najmánides) el Supremo concedió al asna el don del habla como advertencia al hechicero Bilam de abstenerse de maldecir a los israelitas, pues así como Él puede hacer que las criaturas mudas hablen, del mismo modo puede hacer que los seres parlantes enmudezcan. En esa misma línea se manifiesta Rabí Ovadia Seforno en su comentario sobre la Torá, donde expone que si el Supremo puede lograr que los mudos hablen, con mayor razón puede lograr que los parlantes callen.

Rabí Shlomo Efráim de Luntchitz, autor del comentario Kli Iakar, expone que el fenómeno sobrenatural del asna parlante tuvo por objeto insinuarle a Bilam que no debía presumir de su don de profecía, pues incluso una simple asna gozó del privilegio de percibir al ángel y del don del habla; y no por mérito propio, sino en aras de evitar que aquel hechicero profiriese sus punzantes maldiciones. Del mismo modo, no por mérito propio el hechicero Bilam se hizo acreedor al don de la profecía, sino para que de ello surja un beneficio trascendente. De hecho —si bien en contra de su voluntad— Bilam bendijo a los israelitas, les dedicó las más encumbradas profecías acerca de la redención final, y expresó las más nobles alabanzas acerca de ellos, las cuales constituyen la apertura de nuestras plegarias diarias.

¡Ni siquiera en sus más terribles sueños y pesadillas Bilam imaginó jamás que sus propias palabras serían el sustento espiritual durante miles de años del mismísimo Pueblo al que tanto él odiaba y cuyo exterminio anhelaba!

Más bien, en esto radica la llave del éxito: No sólo nos negamos a caer derrotados, sino somos capaces de transformar lo negativo en fuerza positiva. Pero cuando uno pierde de vista aquel sustento espiritual y en cambio prefiere seguir su propio camino, al igual que Bilam, confiado en la tranquilidad que la materia pueda ofrecerle, aquella —la materia— pierde su capacidad de sustento y se desvanece, como el asna que cayó al suelo, producto de la dicotomía entre sentido y realidad, el hecho de no ser explotada con el sentido para el cual fuera creada.

Cuando uno logra captar y procesar debidamente las señales que los sueños y las circunstancias de la vida en general pretenden transmitir —cuando uno es capaz de evitar la actitud-Bilam— puede tener la certeza de que está orientado en la dirección correcta.

Bilam conocía muy bien el citado concepto, Bilam sabía muy bien que cuando uno toma al cuerpo, a la materia, como guía para su vida, semejante camino conduce a la perdición.

Finalmente, cuando Bilam se vio impedido de maldecir a los israelitas para neutralizar su poderío y detener su triunfal avance hacia la Tierra Prometida, dio un consejo al rey de Moav. Si su intención era debilitar físicamente y espiritualmente a los israelitas, debía enviar a las mujeres moavitas a seducirlos... Y así hizo el rey de Moav, y ellos cayeron...

Bilam sabía que entregarse a los placeres del cuerpo neutraliza el poder del alma; y fue ese conocimiento que le transmitió al rey de Moav

Se trata de una cuestión de perspectiva.

Una escuela de pensamiento entiende que el impulso primario del hombre es la búsqueda de satisfacción de sus deseos y la búsqueda de placer; y por ello mismo Bilam supo cuál era el estímulo capaz de debilitar la fe y neutralizar la espiritualidad de sus enemigos.

Otra línea de pensamiento, en cambio, entiende que la motivación primaria del hombre no es la búsqueda de placer, sino la búsqueda de sentido en la vida.

La cuestión es cómo uno elige encarar su vida. Se puede encararla considerándose un *homo sapiens*, un *animal* con inteligencia —pero animal al fin—, o se puede encararla considerándose un ser espiritual cuya existencia en esta realidad física no es aleatoria ni circunstancial, sino poseedora de un profundo significado. Es cierto, tenemos también un componente animal, pero el aspecto predominante en nosotros es nuestro alma divina.

La Torá (Bereshit/Gén. 2:7) lo manifiesta en las palabras:

El Supremo le insufló a Adam, en sus narices, el aliento de vida, y así Adam se transformó en un ser viviente

Sólo después de que le fuera insuflada el alma, la Torá lo denomina "ser viviente". Porque es el alma la que nos confiere nuestro status de "seres vitales", porque es el alma el aspecto predominante, es el alma la que establece la distinción, es el alma la que da sentido a nuestra existencia, más que la mera búsqueda de satisfacción de nuestros deseos primarios.

Viktor Frankl, célebre neurólogo y psiquiatra austríaco, en su obra El Hombre En Búsqueda De Sentido, lo plantea así:

No es la búsqueda de placer ni de poder la motivación prima-
ria del ser humano, sino la búsqueda del sentido de la vida.
El ser humano es el ser en busca de sentido.

EL SUEÑO DEL REY SALOMÓN

En el Libro de los Reyes, la Biblia presenta el sueño del Rey Salomón describiéndolo como una Revelación divina. El sueño es un diálogo entre el rey y el Supremo, una revelación onírica literal, directa, sin simbolismos. El Rey Salomón dialoga con el Creador..., pero es un sueño.

Surge así el siguiente interrogante: ¿cuál es, en la percepción del soñante, la línea divisoria entre realidad y sueño? Al menos en este caso, y lo mismo es válido para todos los sueños del tipo literal, dicha línea parece difusa, porque en tales casos la realidad constituye una extensión de la imagen onírica del inconsciente; es decir, el sueño genera consecuencias las cuales se prolongan en la vida real, hecho que por sí mismo da una idea de la profunda conexión entre el universo de los sueños y el mundo de la realidad consciente.

El Rey Salomón tenía apenas doce años cuando heredó el trono real de su padre, el Rey David, y estaba realmente preocupado por la responsabilidad asumida, por cómo debería dirigir al Pueblo de Israel con criterio Y fue en esas circunstancias que experimentó este sueño de la revelación del Supremo consultándole qué requería, a lo que el muchacho devenido rey respondió:

Sabiduría para poder gobernar equilibradamente.

Y el Supremo le dijo:

Puesto que eso has pedido en vez de larga vida para ti, o
riquezas, o la vida de tus enemigos... te concederé tu pedido:
te otorgo inteligencia y entendimiento, al punto de que no
hubo ni habrá nadie igual a ti en sabiduría. Y te concederé

además lo que no has pedido: riquezas y honor... (1 Melajim / 1 Reyes 3:11)

En un sueño, uno mismo puede ser el protagonista de los sucesos que en él acontecen, o un mero espectador de tales sucesos. Verse protagonista en una imagen onírica denota superación, como el caso de los sueños de Iosef; sencillamente porque un protagonista tiende a proyectarse hacia el futuro más que entregarse al devenir de los acontecimientos. En cambio, ser un mero observador estático de los sucesos que acontecen en el sueño denota pasividad y como tal decadencia; y es el caso del sueño del faraón, tal como lo hemos analizado. En cuanto al tema que nos ocupa, el Rey Salomón fue el protagonista de su sueño y no un mero espectador de los eventos que en el mismo se desarrollaban. Y luego expone el versículo:

Salomón despertó y resulta que fue un sueño... (1 Melajim / 1 Reyes 3:15)

Salomón estaba tan compenetrado de la acción de su visión onírica al punto de que le pareció una vivencia real, y sólo al haber despertado se percató de que fue un sueño.

Y luego tiene lugar la célebre expresión pública de la sabiduría que el Supremo le concedió, cuando se presentaron ante él dos mujeres con un bebé, cada una alegando ser la madre del mismo. El Rey Salomón propuso que, en vista de que no se ponían de acuerdo, no quedaba más solución que partir al niño y entregar una mitad a cada mujer. Una de las mujeres retiró su reclamo con tal de que no se sacrificase al niño, mientras la otra mujer exigió que se cumpliese el veredicto. Y así, el rey Salomón supo cuál era la madre verdadera y a ella le entregó la criatura.

En su sueño, el Rey Salomón no pidió nada para sí, sino tan sólo sabiduría para gobernar al pueblo con justicia y equidad. Seguramente, si hubiera pensado en sí mismo, la situación habría sido diferente. Los sueños permiten conectarlo a uno con su mundo interior, con la esencia, donde las almas se aúnan, pues las diferencias entre unos y otros son a nivel corporal, externo, pero a nivel de la esencia se revela la unión primordial, porque la esencia no se presta a divisiones de ninguna naturaleza. Los sueños constituyen el canal a través del cual la esencia se refleja en la realidad; y viceversa. Y sólo cuando uno es capaz de pensar en sus semejantes puede revelar lo más profundo de sí.

Y valga la siguiente anécdota, que en verdad se trata de una historia que se la cuenta muy a menudo, y tiene tantas versiones como individuos que la relatan una y otra vez; pero más que las palabras, lo que vale es el mensaje que ellas portan; y éste es universal.

Una vez, un maestro pidió a sus discípulos que explicasen la diferencia entre el Infierno y el Edén; y cada uno trató de responder exponiendo sus teorías, las cuales el maestro rechazó sistemáticamente. Hasta que les dijo que la diferencia era apenas una actitud.

En el Infierno, los comensales tienen la mesa servida con los más exquisitos manjares, y para servirse cuentan con tenedores sumamente largos, por lo que es imposible llevarlos a la propia boca.

Y en el Edén se presenta exactamente la misma imagen: la misma mesa, los mismos manjares y los mismos largos tenedores; pero la actitud es diferente, pues si bien también aquí es imposible llevar el tenedor a la propia boca, cada uno alimenta con él al compañero de enfrente. Si bien no puedo alimentarme a mí mismo, por lo menos puedo ayudar a mi semejante; uno deja de pensar en función de sí mismo para pensar en función del otro. Ésa es la diferencia entre el Infierno y el Edén.

A través de su sueño, el cual lo conectó con su esencia, el rey Salomón comprendió que pensar sólo en sí mismo no es la expresión del ser esencial, sino de lo superficial donde se establecen las diferencias entre unos y otros. ¿Pero acaso puede ése ser el sentido de la propia existencia? Salomón entendió que la respuesta radica en la esencia; y así, cuánto más uno tienda a la esencia, más cerca estará de la verdad absoluta.

A través de su actitud, el Rey Salomón hizo de su realidad física un Edén. Definitivamente, el rey Salomón era un hombre esencial.

LOS SUEÑOS DE DANIEL

Libro enigmático y estremecedor si los hay, el Libro bíblico de Daniel presenta gran número de sueños y profecías, donde a veces se torna muy complejo discernir entre unos y otras. Presentamos a modo de ejemplo el caso citado en el capítulo 2 (vers. 1 y ss.) del citado Libro:

El rey Nabucodonosor de Babilonia quedó perturbado por un sueño y no pudo seguir durmiendo. Entonces mandó llamar a los magos y a los encantadores, a los hechiceros y a los astrólogos para que se lo interpretasen.

Y les dijo el rey: "He tenido un sueño y estoy perturbado por conocer su significado". Y los asesores le respondieron: "Cuéntenos pues el sueño y nosotros se lo interpretaremos." Y el rey respondió: "He olvidado el sueño". Y no obstante, si no me ofrecen una interpretación, los mandaré a decapitar. Y en cambio, si me lo interpretan, recibirán premios y honores en recompensa"...

(Pero ante la imposibilidad de poder cumplir semejante deseo), el rey emitió el edicto de decapitación contra todos los sabios de Babilonia. Y cuando fue el turno de que saliesen en busca de Daniel (que oficiaba como asesor de la Corte), éste pidió al rey que le diese un plazo al cabo del cual él interpretaría su sueño adecuadamente. Y el rey aceptó. Entonces Daniel fue a su casa y pidió misericordia del Cielo para que

le fuese revelado el misterio del sueño y así evitar la decapitación.

Y entonces, en una visión nocturna, de lo Alto le revelaron el misterio... Y dijo Daniel: "Bendito sea el Nombre del Supremo pues Suya es la sabiduría y el poder..." Y dijo Daniel al rey: Hay un Supremo en el Cielo que revela los secretos, el Cual hizo conocer a usted, señor rey, qué habría de acontecer en el futuro. Y no por mi sabiudría me ha sido revelado este secreto, sino para que se de a conocer la interpretación al rey y conozca los pensamientos de su corazón. Y el sueño fue el siguiente:

"Usted, señor rey, vio una gran estatua de pie y de aspecto temible. La cabeza de la estatua era de oro fino, sus pechos y sus brazos, de plata, su vientre y sus muslos de cobre; sus piernas, de hierro; y sus pies, en parte hierro y en parte arcilla".

Y una piedra dañó la estatua haciendo pedazos sus pies, y luego, todo el hierro, la arcilla, el cobre, la plata y el oro, todo fue hecho pedazos y quedó cual paja al viento. Y la piedra que destruyó la estatua se transformó en una gran montaña que cubrió toda la tierra".

Ese fue el sueño del rey, que por inspiración divina Daniel interpretó en el sentido de que el reino caería a manos de otro, y este a su vez a manos de un tercero, el cual caería a manos de un cuarto reino.

Los Maestros de la Sabiduría Interior de la Torá ofrecen la siguiente interpretación: La cabeza de oro y el pecho de plata aluden a la preeminencia de la estructura racional sobre la estructura emocional y los sentimientos. Y los pies de hierro y arcilla aluden a la fortaleza o debilidad de uno conforme cómo esté arraigado en la realidad. Sobre este aspecto, la Sabiduría Interior de la Torá señala que cuando uno actúa según el orden

Razón (*Móaj, "*cerebro") — Emoción (*Leb,* "corazón") — Acción (representada por el *Kaved,* "hígado") es un *Mélej* ("Rey"), voz que constituye un acróstico de las citadas palabras hebreas. En cambio, cuando uno actúa en sentido inverso, en el orden Acción (*Kaved,* "hígado") — Emoción (*Leb,* "corazón") — Razón (*Móaj,* "cerebreo"), es un *Klum* ("nada"). (Las voces hebreas *Kaved, Leb, Móaj* forman en un acróstico la citada voz *Klum).*

De modo que el sueño puede tomarse como una indicación de lo Alto acerca del nivel que uno debe asignar en la escala jerárquica a su estructura racional, a su estructura emocional y a su accionar.

ESTADOS DE SUEÑO PROFUNDO

A continuación expondremos diferentes casos que sirven de paradigma de conductas que hacen a la condición divina del ser. Se trata de situaciones que fueron concebidas por medio de la inducción de sueños profundos, aunque no necesariamente se traten de experiencias oníricas específicamente; y las exponemos de todos modos por la afinidad que presentan con los sueños, y porque aportan en gran medida a la comprensión de la naturaleza de éstos.

EL PROFUNDO SUEÑO DE ADÁM, LA CREACIÓN DE LA MUJER: TOMAR CONCIENCIA DEL OTRO

La Torá presenta un episodio primordial en la historia de la humanidad que se manifiesta a través de un estado de sueño profundo, aunque no sea específicamente un sueño en el sentido de visión onírica

Se trata del sueño en que el Supremo sumergió a Adám cuando fue el momento de crear a la mujer (Bereshit / Gén. 2:18 y ss.). Relata la Torá que el Supremo tomó una de las costillas del hombre y de la misma la creó a ella. En hebreo, "costilla" es *tzela*, voz que también significa "lado", de modo que el versículo está indicando que el Supremo creó a la mujer a partir de uno de los lados de Adám; lo cual sugiere, tal como señala el Talmud, que originalmente Adám era un ser bisexual, hombre de un lado y mujer del otro; y luego, a través de aquel profundo sueño inducido, los separó.

¿Pero por qué fue necesario separarlos por medio del sueño? Responde el comentarista Malbím: Para evitar el dolor de la separación. ¿Es que el Supremo carece de poder para lograr la separación en estado de plena conciencia y aún así sin dolor?, ¿a qué clase de dolor se refiere entonces?

Más bien, se refiere al dolor de la pérdida de la unidad. A fin de que Adám tomase conciencia de la nueva realidad de la mujer a su lado como ser independiente, fue necesario que el Supremo lo elevase primero a un nivel de supra-conciencia, representado por el estado de inconsciencia inducido por medio del sueño profundo, porque sólo cuando uno es capaz de elevarse a un nivel superior que el de la mera conciencia, sólo así es capaz de aceptar la existencia de otro, sólo de ese modo puede aceptar la presencia de una realidad ajena a sí mismo, porque entonces adquiere una visión total y abarcativa, en vez de una parcializada y detallista, atomizada y fragmentada. Es como el ejemplo de una hermosa pintura, que cuanto más nos acerquemos a ella, más podremos apreciar cada detalle específico que el autor plasmó en el lienzo, pero jamás podremos comprender la relación de un detalle con otro, y menos aún comprender su relación con el todo.

En cambio, si nuestra intención es lograr una visión total de dicha pintura, debemos tomar distancia de ella y observarla como un todo; y así apreciaremos cómo cada detalle en particular es en verdad un componente imprescindible de la gran totalidad. Por medio de esa visión holística podremos apreciar cómo cada detalle de la obra interactúa con todos los otros detalles de la misma dando como resultado una sinergia, una obra que supera con creces la mera suma de los detalles que la componen.

Por eso fue necesario que Adám cayese en un sueño profundo al momento de la creación de la mujer, porque él, como padre de la humanidad, tenía el deber de transmitir el concepto de la abstracción del yo, un estado de supra-conciencia a partir del cual se genera un lugar para el otro.

LA VISIÓN DE ABRAHAM: SOBREPONERSE AL DESTINO

A continuación analizaremos la visión del patriarca Abraham en la que el Supremo le comunica acerca de la gran descendencia que tenía destinada.

Expone el Talmud (Moed Katán 28a) que gozar de una vida prolongada, hijos y sustento, no depende del mérito de uno, sino de la influencia de los astros, del signo zodiacal. Y el tratado Shabat (156a al pie) expone que, no obstante, a través de los actos meritorios uno puede sobreponerse al dictamen del zodíaco; y como ejemplo menciona el caso del Patriarca Abraham, cuando el Supremo le anunció que tendría descendencia.

Planteó Abraham a Hashem (Bereshit / Gén. 15:3):

"¿Quién me heredará, si no me has dado descendencia?"

"Alguien que saldrá de tus enrañas te heredará"

Y le sacó afuera y le dijo: "Mira hacia el cielo y cuenta las estrellas, si las puedes contar. Así será tu descendencia"

Y cabe preguntar: ¿Cuál es el sentido de haberlo "sacado afuera" y de haberle hecho mirar el cielo y contar las estrellas?

En sentido literal, el Supremo le insinuó que su descendencia sería como las estrellass, más en calidad que en cantidad. En cambio, el sentido interior de haberlo *sacado afuera* es que Él lo hizo salir a Abraham de sus pre-concepciones, le hizo entender que ni los astros ni la astrología, en última instancia, son los determinantes; y si bien de acuerdo a las derivaciones de ésta Abraham debía morir sin hijos —tal como el patriarca mismo había derivado de la posición de los cuerpos celestes— no obstante el Supremo tiene el poder de cambiar el curso de los acontecimientos incluso después de que los mismos estén sellados.

Y en palabras del Talmud (Shabat 156a):

Dijo el Supremo a Abraham: ¿Acaso porque has visto que Tzedek (Júpiter) —astro que ejerce influencia sobre ti— se encuentra en el oeste deduces que no tendrás hijos? ¡Pues entonces Yo tengo el poder de ubicar a Júpiter en el este!

Cuando todo parece perdido, cuando se torna imposible atisbar una salida, no obstante, aún en esas circunstancias límites, hay una Fuerza Superior capaz de alterar el curso de los acontecimientos incluso cuando éstos parecen ya definitivos. Siempre existe la posibilidad de una salida, sólo es cuestión de proponerse alcanzarla.

EL SUEÑO PROFUNDO DEL PATRIARCA ABRAHAM
EL SENTIDO DE LA EXISTENCIA

Hallamos en la Torá otro caso que también se presenta por medio de un sueño profundo, si bien no en el sentido estrictamente onírico. En palabras del versículo (Bereshit / Gén. 15:12):

Cayó sobre Abraham un sueño profundo; y el pánico de la oscuridad se apoderó de él. Y dijo el Supremo a Abraham: "Sabe con seguridad que tu simiente será extranjera en tierra ajena, donde la esclavizarán y oprimirán,..."

De ese modo el Supremo le informó al patriarca del descenso de sus hijos a Egipto, el cual, en un nivel interior representa el descenso del alma al cuerpo físico. De hecho, Egipto es *Mitzráim*, voz que denota "estrechez", "limitación", tal como el cuerpo contiene al alma limitando su poder de expresión. Y ése fue el pánico que experimentó el patriarca:

¿Cómo se entiende que el alma, una entidad espiritual suprema, descienda a envestirse en un cuerpo material, físico, opuesto a la divinidad representada por aquella?

Y a continuación el versículo mismo ofrece la respuesta:

(Si bien tu simiente será extranjera en una tierra ajena, no obstante) saldrá de allí con gran riqueza.

En sentido literal se refiere a que al momento del éxodo, los israelitas despojaron a Egipto de todas sus riquezas. Pero en sentido interior se refiere al trabajo espiritual del alma sobre el mundo físico, que sólo puede realizarlo cuando se enviste en un cuerpo mundano para a través de él darle a la materia corpórea un sentido realmente espiritual. Y a ello alude la "gran riqueza" referida en el versículo, la riqueza que el alma obtiene por medio de su interacción con el plano físico, riqueza que jamás podría lograr si permaneciese en su estado sublime en su encumbrado nivel espiritual original. Porque para que una entidad espiritual como el alma pueda interactuar con la materia y elevarla a un nivel superior, debe necesariamente envestirse en un medio físico, material, mundano: el cuerpo. Y ésa es la gran riqueza del alma a la cual alude la escritura: elevarse y elevar a la materia por medio de su trabajo sobre ella, sobre la realidad física, por efecto de su contacto directo con los aspectos más mundanos de la creación.

Y por eso el Supremo sumergió a Abraham en un profundo sueño, porque semejante visión de la realidad, semejante comprensión del mismísimo sentido de la existencia del hombre —que también lo corpóreo tiene un sentido divino— sólo puede lograrse por medio de un estado de supra-conciencia a través del cual sea posible apreciar la imagen abarcadora del todo en lugar de imágenes fragmentadas y parciales como la que ofrece la realidad consciente del estado de vigilia.

4.

DEFINICIONES

Hasta ahora hemos analizado los sueños bajo la óptica de la teoría, por lo que resta aún analizarlos a la luz de la realidad práctica. A ello nos dedicaremos en el presente capítulo.

LOS SUEÑOS, SUS ORÍGENES

Expone el Libro del Zohar (parte III, folio 222b) que al momento del fallecimiento, el alma asciende a las alturas celestiales donde pasa un proceso de purificación. El Talmud (Berajot 57b) expone que el acto de dormir constituye 1/60 parte de muerte, por lo tanto, al dormir, el alma pasa un proceso similar al que debe someterse al momento del fallecimiento. Así, ella asciende a las altas esferas en donde debe ser purificada de sus transgresiones antes de reingresar al cuerpo al despertar (Bereshit Rabá 17:7). Para ello, para liberarla de la carga negativa de sus acciones indeseables, el alma es *arrojada* de un lugar a otro a modo de purga, hecho que deriva en que uno sueñe hallarse en países lejanos o tierras extrañas (Zohar, ibid.)

Sin embargo, el alma es una entidad intangible, y por lo tanto es conceptualmente incorrecto expresar que "asciende" o "desciende" dado que para ella no rigen las limitaciones de tiempo y espacio como sí rigen para las criaturas físicas. El alma pertenece al nivel de la cuarta dimensión, aquella que nuestra razón no puede aprehender. El alma puede estar arriba y abajo al mismo tiempo, adentro y afuera a la vez; de modo que debemos comprender tales conceptos en el sentido de *estados* del ser: es el ser mismo el que a través de sus actos puede estar en un nivel ascendente o en uno descendente; y de acuerdo a ello será el nivel de rectificación que deberá pasar. En este sentido, los sueños bien pueden servir como orientación para el soñante respecto de su situación o estado personal en cuanto a su propio ser interior.

SHEELAT JALOM,
INVOCACIÓN DE SUEÑOS

El Talmud define a los sueños como "pequeñas profecías"; y en línea con ello, Rabi Iaacov de Marosh, célebre comentarista del Talmud, expuso ante el Supremo varios casos de *Sheelat Jalom* (preguntas o cuestionamientos sobre diferentes tópicos, cuyas respuestas se espera recibir por Inspiración divina a través de un sueño.) Y por ese medio recibió desde lo Alto ochenta y nueve respuestas, con las cuales compiló la obra *Sheelot Uteshuvot Min Hashamáim* ("Responsas del Cielo"). El citado, es un caso neto de inspiración profética.

Un relato nos ayudará a comprender el concepto. Por siempre, los relatos se han erigido como elementos de comunicación; y si bien ello es válido en todas las culturas, tanto más lo es en el judaísmo, como queda de relieve en la importancia que la Torá, alma máter del Pueblo de Israel, consagra a los mismos, como en el caso del relato de Eliézer, servidor de Abraham, referido a la tarea encomendada por su amo de buscar una novia para su hijo Itzjak, tarea que cumplió con devoción y entusiasmo sin par. Un relato semejante, sin valor descollante a simple vista, al menos para los no iniciados, la Torá lo narra dos veces, lo cual no es menos que llamativo si lo comparamos con ciertas cuestiones esenciales, las cuales la Torá las deja entrever apenas por insinuaciones. Algunos dicen por el mensaje de amor que dicho relato encierra, otros, por el mensaje de fidelidad que refleja, y otros por el placer que experimenta el Supremo por la abnegación altruista de Sus criaturas... Los relatos constituyen uno de los pilares de la Tradición oral y encierran en sí la sabiduría innata del pueblo. Por ello, en los relatos, cuenta tanto la imagen externa como la enseñanza que transmiten. En nuestro caso, el relato que presentamos a continuación constituye un ejemplo del sistema de *Sheelat Jalom*:

Sucedió cierta vez que en la ciudad de Cracovia se desató una terrible plaga sobre los niños del gueto judío, dejando un número de víctimas considerable día tras día. Los rabinos no sabían qué hacer ante semejante desdicha, ni eran capaces de determinar el origen espiritual de dicha desgracia. En vistas de ello decidieron instituir un ayuno público, con la esperanza de que en virtud a la renuncia a los placeres físicos las Puertas Celestiales se abriesen misericordiosamente. Todos, sin excepción, se encomendaron al ayuno, pero no fue suficiente... Ante ello, decidieron instituir un segundo ayuno; el cual nuevamente resultó infructuoso; por lo que los rabinos decidieron convocar a toda la comunidad en la sinagoga para orar juntos con gran fervor y poder revertir la situación.

Los días previos a dicha reunión, los Rabinos decidieron hacer una Sheelat Jalom, esto es, elevar la cuestión al Supremo para que posteriormente fuese respondida de lo Alto por medio de un sueño. El tema era determinar la actitud a tomar a fin de neutralizar la desgracia que los venía acosando hacía ya largo tiempo. Aquel día, los rabinos se prepararon espiritualmente, entregándose nuevamente al ayuno y al recitado de Salmos en procura de despertar la Misericordia divina.

Esa noche, todos los rabinos en cuestión experimentaron exactamente el mismo sueño: Aparecía ante ellos un hombre de barba blanca y decía: "¡Es el carnicero Shlomo quien debe dirigir las plegarias de la comunidad!".

A la mañana siguiente, se contaron los sueños unos a otros. Estaba claro qué debían hacer. Fueron inmediatamente a la casa del carnicero y le dijeron: "Hemos hecho una Sheelat Jalom para determinar los pasos a seguir respecto de la plaga, y como respuesta todos hemos experimentado el mismo sueño: un hombre que nos indicaba que tú dirijas las plegarias de la congregación".

En un principio el carnicero se negó rotundamente, justificándose en su falta de conocimientos para orar adecuadamente, pero luego de habérsele insistido varias veces, acabó por aceptar la petición.

Toda la comunidad acudió a la sinagoga, y llegado el momento el carnicero se envolvió en su manto de plegarias y se dirigió al frente para conducir la oración. Estaban todos expectantes, pues nadie lograba comprender porqué las plegarias serían dirigidas por ese hombre tan simple como poco ilustrado.

Y así, el carnicero, tembloroso, comenzó a pronunciar el primer párrafo de la plegaria, cuando de pronto, paró en seco y huyó por la puerta.

Nadie de los presentes entendía qué sucedía y comenzaron a preguntarse qué pudo haber ocurrido.

Luego de esperar una hora se oyó en la sinagoga el ruido de una rueda y fuertes pisadas que se acercaban. La puerta se abrió y por ella ingresó el carnicero con una carretilla cubierta por una tela. El carnicero se dirigió al centro de la sinagoga y descubrió la carretilla. En ella se encontraba la balanza que solía utilizar en su comercio. La levantó bien alto, y gritó: "Por favor, Supremo, llévate esta balanza! ¡Por esto quieres que yo dirija las plegarias! ¡Llévatela y cura a los niños!". Luego de dicha escena, prosiguió a recitar las plegarias frente a los anonadados concurrentes.

A partir de aquella noche, todos los niños comenzaron a sanar, y la plaga se extinguió. La alegría de la gente no puede ser descripta con palabras.

Al día siguiente los rabinos decidieron ir a hablar con el carnicero Shlomo para tratar de averiguar la explicación de lo acontecido y de su extraña conducta en la sinagoga. Todos los carniceros de la ciudad eran hombres honestos, temerosos del Cielo; ¿qué podría tener de especial, pues, la balanza de Shlomo?

El carnicero les respondió: "Cuando fueron inspeccionadas las balanzas de los demás carniceros, hallaron que no eran exactas, y a pesar de que no constituían un problema de ética comercial (porque la diferencia no era significativa), no obstante no eran balanzas perfectas".

Resultó ser que Shlomo revisaba su balanza dos veces por día, para cerciorarse de su exactitud, mientras que los otros carniceros la revisaban una vez cada tanto. "Y esa balanza era lo que el Supremo pretendía", concluyó Shlomo su relato.

Aquella balanza permaneció guardada en la sinagoga de Cracovia durante cientos de años en recuerdo de aquel milagro, pero lamentablemente la sinagoga junto con todos sus objetos fue destruida por la bestia nazi durante la Segunda Guerra Mundial.

En el mundo profesional de la terapia de interpretación onírica, el concepto de *Sheelat Jalom* se aplica como técnica conocida bajo la denominación de Invocación de Sueños. Es el caso de numerosos inventores, descubridores o artistas que reciben inspiración a través de los sueños, como por ejemplo Dmitri Mendeléyev, químico ruso que tomó de una visión onírica la inspiración para establecer la célebre Tabla Periódica de los Elementos.

Mucho tiempo llevaba Mendeléyev consagrado a su trabajo sobre química orgánica, y como solía acontecerle con frecuencia, una noche se quedó dormido en su laboratorio. Pero no fue una noche más... pues soñó con una tabla bidimensio-

nal de filas y columnas... Al despertar estaba tan maravillado
que volcó el sueño por escrito. Y tal fue la importancia de ese
sueño, que le permitió desarrollar y ordenar sistemáticamen-
te la información embrionaria que sobre el tema albergaba
en su mente producto de años de trabajo y dedicación a su
monumental obra. Ése fue el origen, y así quedó plasmada,
la célebre Tabla Periódica de los Elementos...

INDUCCIÓN DE SUEÑOS

Otro ejemplo similar, si bien más referido al tema de la inducción de sueños, es el de Rabi Shalom DovBer Schneerson de Lubavitch, que durante su estadía en Viena en enero de 1903 solía realizar largas caminatas junto a su hijo Rabi Iosef Itzjak, durante las cuales mantenían profundas conversaciones. El padre, desde siempre se quejaba ante su hijo de que lamentaba que su propio padre no haya pasado tiempo con él relatándole historias de sus predecesores y otros virtuosos... hasta que durante su permanencia en Viena, Rabi Shalom DovBer comenzó a visualizar a su padre en sueños relatándole tales historias, que él a su vez, en aquellos largos paseos, se las transmitía a su hijo, su futuro sucesor. El anhelo de Rabi Shalom DovBer obró como catalizador para recibir la visiones que comenzó a visualizar desde entonces.

Asimismo, reflejando otro nivel, los Sabios del Talmud (Berajot) explican que cuando uno se concentra en determinadas cuestiones durante un determinado tiempo; luego, en el período de descanso, la mente elabora tales pensamientos para manifestarlos a través de los sueños.

Y al respecto es interesante señalar el concepto que Rabi Schneur Zalman de Liadi vierte en su obra *Maamaréi Admur Hazakén*, apartado *Jalomot* ("Sueños"):

Los sueños son de la misma especie que los pensamientos.
Ello significa que cuando el alma se aparta del cuerpo al
dormir y éste queda apenas como un (ínfimo) contenedor de

vitalidad, todos los pensamientos —los cuales constituyen la faceta exterior del alma— pasan a revestir la esencia de ella. Durante el período de vigilia, el estado de conciencia le confiere a uno la capacidad de, por medio de las letras del pensamiento, administrar correctamente sus pensamientos en cuanto a lo que desea o ve. Pero al dormir, cuando la esencia de su alma se viste en el ropaje de las letras del pensamiento, la persona no se encuentra en poder de sus facultades racionales. Y hay un ángel encargado de introducir al alma en la imagen de las letras del pensamiento; y si dicho ángel es un ángel del bien, no alterará las combinaciones de las letras de los pensamientos que uno haya desarrollado durante el día, y ello resultará en un sueño verídico. Un ángel del mal, en cambio, sí alterará el orden de sus pensamientos y la combinación de las letras de los mismos, lo cual resultará en un sueño vano.

Y también, lo que uno haya pensado tiempo atrás podrá eventualmente sumarse a otro sueño que experimente mucho tiempo después, de lo cual resulta que los sueños bien pueden ser la suma de los pensamientos de la persona a lo largo de diferentes etapas de su vida. Se trata de una cuestión sumamente profunda que sólo los iniciados comprenderán. Y por ello decimos que los sueños son de la misma especie que los pensamientos, porque los sueños no son espontáneos, sino derivan más bien de aquello en lo que haya estado ocupada la mente durante el día, pues aún un sueño tan extravagante como el de un elefante pasando por el ojo de una aguja deriva de algún pensamiento o de una suma de pensamientos dispersos en el tiempo, tal como lo hemos explicado. Y lo expuesto es suficiente explicación para los iniciados.

LOS SUEÑOS, FUENTES Y CAUSAS

Por otro lado, no todos los sueños provienen de una fuente superior ni todos son por igual significativos. De hecho, en la antigüedad, la gente llevaba una vida mucho más apacible, el sistema de vida era más benigno. Por entonces, los problemas se circunscribían al círculo en el cual cada uno se desenvolvía, a diferencia de lo que ocurre en la actualidad, en que las nuevas tecnologías han traído consigo la problemática de una sobredosis de exposición a información que finalmente termina por hacer estragos en la psiquis de las personas. En la actualidad, los problemas del mundo se han globalizado, hoy estamos pendientes no sólo de lo que acontece alrededor de nosotros, en el mundo al alcance de nuestras manos, sino también de lo que ocurre a grandes distancias. Sin proponérnoslo, vivimos en estado de vigilia permanente y sin duda, semejante carga emocional va en detrimento de la calidad de vida. Los problemas de angustia e inestabilidad psíquica siempre existieron, pero jamás en las dimensiones que el arrollador estilo de vida actual provoca. Por ello, bien se puede suponer que los sueños que experimentamos hoy día están marcadamente influenciados por el entorno agresivo de las sociedades en que vivimos y por lo tanto carecen del valor que hubieran podido tener en épocas pasadas.

Los sueños responden a estímulos de diferentes orígenes, muy variados unos de otros. En algunos casos puede tratarse de estímulos más sublimes, tal como los casos que hemos analizado en las páginas precedentes. Y en otros casos bien puede tratarse de estímulos físicos, tal como expone la obra Nishmat Jaím acerca de los vapores de la digestión que "ascienden al cerebro" y provocan que durante la noche, la mente elabore imágenes inverosímiles que se manifiestan a través de los sueños.

Y en esa misma línea se expresa el autor de la obra Aruj HaShulján:

Los vapores de la digestión interfieren en el proceso imaginativo, lo cual afecta la manera en que la mente procesa los sueños; de modo que los sueños que uno experimente esa noche (al menos en el primer tercio de la noche, que es cuando tiene lugar la digestión) serán vanos y carecerán de signifi-cación (Oraj Jaím 210:1).

En general, en la simbología de los sueños que presenta el Talmud, soñar, por ejemplo, que se caen los dientes es una mala premonición; pero no obstante, el autor del Oraj Jaim expone que si uno tiene molestias en la dentadura debe considerar normal si por la noche sueña que pierde sus dientes; y por lo tanto, al menos en tal caso, debe considerarlo un sueño sin importancia antes que un mal presagio.

Del mismo modo, la obra Mishná Berurá expone que uno no debe preocuparse si experimenta un sueño negativo después de un ayuno pro-longado, porque es evidente que dicho sueño es consecuencia directa del estado de insatisfacción que naturalmente un ayuno provoca. Y lo mismo es aplicable a cualquier mal sueño que uno pudiese experimentar después de haber soportado alguna situación aflictiva o conflictiva durante el día. (Oraj Jaim 220; Mishná Berurá 7).

Tales sueños carecen de valor en sí mismos, porque es obvio que más que ser portadores de mensajes de lo Alto, son inducidos por el estrés propio de la tensión producida por semejante situación extrema.

Y de manera similar expone el célebre comentarista Abarbanel acer-ca de los malos sueños o pesadillas que suelen experimentar las personas alienadas o en grave estado de salud, y concluye que los mismos, más que sueños portadores de mensajes significativos, son ante todo expresiones de delirio producto de estados de inestabilidad física o emocional, caren-tes de valor para el análisis onírico.

Al respecto, Rabi Abraham Karelitz, conocido como Jazón Ish, ex-pone en sus Epístolas que en reiteradas oportunidades ha experimentado sueños malos, pesadillas, y no les prestó atención debido a que tales sue-ños pertenecen al tipo que los Sabios califican de "carentes de sentido" en virtud de que son el reflejo de los propios pensamientos del soñante o de situaciones por él vividas más que mensajes de lo Alto. (Berajot 55b).

Por ello, siendo que la mayor parte de los sueños no son de origen superior, desde las últimas generaciones los Sabios comenzaron a sugerir no dar a los sueños mayor importancia. Y si bien el Código de Leyes judío establece que se debe ayunar por un mal sueño incluso en Shabat (Oraj Jaim 288:5), los Sabios posteriores recomiendan evitar tal tipo de ayunos.

El comentarista Abarbanel (Bereshit / Gén. 40:24) expone que los sueños vanos son la manifestación de los pensamientos que durante las horas de vigilia permanecen dormidos para revelarse durante el tiempo de reposo. Y por eso tales sueños carecen de significación y efecto, ya que lejos de ser mensajes del Cielo, son un reflejo de dónde ha estado inmersa durante el día la mente del soñante.

Y en palabras del Talmud:

Dijo Rav Shemuel hijo de Najmeni en nombre de Rabí Ionatán: Los sueños que uno experimenta durante la noche son relativos a sus pensamientos durante el día, como expone el versículo "Estando en tu lecho, tus pensamientos (durante el día) ascendieron sobre lo que depararía el futuro, y el que Revela los secretos te hizo saber (a través de un sueño) lo que habría de acontecer" (Daniel 2:29).

Pero en rigor de verdad, tampoco se puede afirmar que tales sueños sean definitivamente vanos y carentes de sentido; al fin y al cabo, Rabi Shimon Bar Iojai, compilador del célebre Zohar, expone que uno puede evaluar su conducta en función de sus sueños, *justamente* porque —como lo hemos planteado— los sueños reflejan en dónde han estado indagando durante el día los pensamientos del soñante (Zohar I, 130a); y de ese modo, a través de tales sueños, puede conocer qué hábitos requiere rectificar (Shaarei Kedushá, cap. 4).

Como expresa Rabi Israel Baal Shem Tov, padre de la Escuela Mística del judaísmo:

Uno está allí donde están sus pensamientos:

Los sueños son de la misma naturaleza que el soñante, lo cual significa que si el soñante es un virtuoso, también sus sueños lo serán. Ello explica por qué uno puede tener visiones de los mundos celestiales en sus sueños y dialogar con personas fallecidas, y aún reconocerlas, las cuales revelan al soñante enseñanzas de aquellos mundos superiores.

OPINIONES CONFLICTIVAS SOBRE LA INTERPRETACIÓN DE LOS SUEÑOS

Nos hallamos frente a una gran paradoja. Por un lado hemos visto que los sueños son significativos; y más aún, sirven como guía para el soñante. Pero por otro lado también hemos visto que los sueños carecen de sentido y significación.

Por un lado hemos visto que los sueños son subjetivos y se realizan según se los interprete, y como tal a un mismo sueño le caben diferentes interpretaciones. Pero por otro lado hemos visto también que los sueños son absolutos, objetivos, tienen una sola y única interpretación que en definitiva es la que ha de cumplirse independientemente de cualquier otra interpretación que se ofrezca de ellos.

Y también hemos visto que los sueños son variables y su interpretación debe tomar en cuenta la personalidad y circunstancias del soñante.

CLASIFICACIÓN DE LOS SUEÑOS: LAS TRES VIGILIAS DE LA NOCHE

A los efectos de clarificar el citado panorama, el comentarista talmúdico, el Sabio Maharshá, presenta dos clasificaciones de los sueños en su obra *Jidushei Hagadot*. En *Berajot 3a* los clasifica según la parte de la noche en que se manifiestan los sueños, y en *Berajot 55b* los clasifica según la naturaleza de los mismos; e incluso plantea que las dos clasificaciones se articulan entre sí. Y en ambos casos clasifica los sueños en tres tipos.

Expone el Talmud Berajot, folio 3a:

> *Hay vigilias en el Cielo y hay vigilias en la tierra. Como expone Rabi Eliézer hay tres vigilias en la noche (la noche se divide en tres partes), y cada una de ellas tiene una señal. La señal de la primera vigilia es "asno que rebuzna". La señal de la segunda vigilia es "perro que ladra"; y la señal de la tercera vigilia, cuando la gente comienza a despertarse, es "bebé que se alimenta de su madre y la mujer que conversa en intimidad con su esposo".*

Esas enigmáticas palabras, el comentarista Maharshá *(Jidushei Hagadot Berajot 3a)* las explica de la siguiente manera:

La señal de la primera vigilia, el primer tercio de la noche, es *Jamor noer* en la lengua original, el hebreo madre, y su significado es *"Asno que rebuzna"*, que también puede leerse (en hebreo) como *"La materia, lo físico, se revuelve"*. A esta clase pertenecen los sueños que aceptan más de una interpretación, como los de Abaie y Raba que expone el Talmud presentaron ante el interpretador profesional Bar Hedia. Estos sueños, si no son interpretados, aunque sean potencialmente buenos o malos, en la práctica no producirán ningún efecto, ni bueno ni malo. A este tipo de sueños se refiere el Talmud cuando expone: "Un sueño que no se interpreta es como una carta que no es leída". Y a ello se refiere la declaración de Rab Banaá de que la realización de los sueños sigue la boca del intérprete (o sea, depende de su interpretación). A estos sueños el Talmud los llama "sueños vanos", porque los sueños por sí mismos carecen de valor, y sólo la interpretación es la determinante.

El Sabio Maharshá, en su obra *Jidushéi Hagadot* (Berajot 3a) expone que los sueños que uno experimenta en esta etapa están marcadamente influenciados por estímulos físicos y psicológicos, por los alimentos que haya ingerido antes de retirarse a descansar y por los pensamientos y acciones durante el día, los cuales "revuelven" la estructura mental del ser e interfieren en la simbología del sueño; y en Berajot 55b expone que estos sueños son inducidos por las fuerzas negativas denominadas "demonios".

La señal de la segunda vigilia, el segundo tercio de la noche, es *"Perros que ladran"*, lo cual alude a las fuerzas donde se originan estos sueños.

En su primera clasificación (Berajot 3a), Maharshá expone que las fuerzas que dan origen a estos sueños, fuerzas inductoras, son las que el Talmud denomina "demonios"; mientras que en la segunda clasificación (Berajot 55b) expone que las fuerzas que originan estos sueños son las constelaciones celestes. Independientemente de ello, estos sueños son casi literales —el símbolo es muy afín a la realidad— y como tales tienen una determinada interpretación que claramente es la más adecuada; y se cumplirán independientemente de si se los interpreta o no. Y si bien pueden ser considerados sueños positivos o negativos (buenos o malos) por propio derecho (independientemente de si se los interpreta para bien o para mal), no obstante, la interpretación que se le dé puede modificar el sueño de positivo a negativo o viceversa. Por ejemplo, el Talmud (Berajot 56b) expone que ver un río en un sueño es presagio de paz, pero si el soñante visualiza, piensa o expresa algo negativo relacionado con un río, el sueño puede tomar ese mismo rumbo y transformarse en negativo. En tal caso, expone el Talmud, lo ideal sería darle al sueño un sentido positivo para que se realice positivamente; y se debe hacerlo inmediatamente, antes de que aflore en la mente el sentido negativo del mismo.

Al respecto, Rabí Israel Baal Shem Tov, padre de la Escuela Mística del judaísmo, enseña una máxima tan simple como poderosa:

Piensa bien y estará bien

A esta categoría corresponden los sueños del Jefe de Coperos y del Maestro de Panaderos de la corte del faraón.

Y la señal de la tercera parte de la noche, próxima al alba, es la pureza de la mujer amamantando a su niño, que simboliza la pureza del que absorbe sabiduría (de la Torá) —como quien mama y se nutre de sus manantiales cual bebé de su madre— y simboliza también la conversación de la mujer con su esposo en intimidad, lo cual alude a la conversación de uno con el Supremo, la meditación. En esta etapa la mente está libre de interferencias, el proceso digestivo ya ha culminado por lo que la mente no se ve afectada por los estímulos físicos tan propios de los sueños de la primera parte de la noche. Las fuerzas físicas y espirituales negativas ya dejaron de actuar y el alma está dispuesta a entregarse a la intimidad con Él.

Los sueños que se experimentan en esta etapa, tanto sean proféticos o espirituales, tienen una única interpretación posible y no pueden ser alterados ni influenciados por ninguna otra interpretación que no sea la que específicamente les cabe; excepto si se trata de sueños negativos, cuyas predicciones aún pueden modificarse por medio del retorno a la senda del Supremo y por medio de los actos de bien. A este tipo corresponden los sueños con simbolismos específicos, como por ejemplo, un camello en un sueño sugiere salvación (Talmud Berajot, cap. 9). Asimismo, es el caso del sueño del patriarca Iaacov, de Iosef y los sueños del faraón. Estos son los sueños que se presentan hacia el final de la noche, antes del alba; son sueños inducidos por el ángel divino y como tales son portadores de mensajes desde lo Alto, desde la *otra* realidad, una dimensión que trasciende de lo corporal.

En su obra *Maamaréi Admur Hazakén*, apartado *Jalomot* ("Sueños"), Rabí Shneur Zalman de Liadi explica que estos sueños provienen de la esfera de lo metafísico, un nivel que trasciende del plano de lo racional, y los mensajes que portan son únicos, invariables e inequívocos, y como tales no se prestan a ser modificados por interpretación alguna. Estos sueños son los que sistemáticamente se materializan en la práctica en concordancia con la simbología de cada sueño en particular.

Como hemos visto, la parte de la noche en que se visualice el sueño reflejará el valor del mismo, valor que se incrementa progresivamente desde el primer tercio de la noche hasta el tercer tercio. Es decir, cuanto más temprano en la noche experimentemos el sueño, de menor valor será éste; y por el contrario, cuanto más tarde en la noche lo experimentemos, de mayor valor será, hasta que los sueños de mayor significación y mayor sentido son lo que experimentamos hacia el final de la noche, previo del alba. Ello es lo que expone el gran Sabio talmudista del siglo XVI, Maharshá.

Los Maestros de la Sabiduría interior de la Torá enseñan que el alma consta de cinco niveles: *Néfesh, Rúaj, Neshamá, Jaiá, Iejidá.* El *Néfesh* es el alma de la vitalidad física y se manifiesta en el hígado. El *Rúaj* es el alma emocional y se revela en el corazón, y la *Neshamá* es el alma racional y se revela en el cerebro. *Jaiá* es el alma de vida espiritual, mientras que *Iejidá* es el alma que establece la unión con lo Divino, y de allí su nombre que justamente significa "unidad". Estos dos últimos niveles, a diferencia de los primeros tres, no se envisten en el cuerpo, sino permanecen en su raíz en lo Alto.

Los sueños de la primera parte de la noche, dominados por los estímulos físicos y psíquicos, se revelan a través del espíritu vital, el *Néfesh.* Los sueños de la segunda parte de la noche, sueños de carácter emocional, se revelan a través del *Rúaj*; mientras que los sueños superiores —los más significativos, los de carácter profético y premonitorio, los que se experimentan en la tercera parte de la noche, próxima al alba— se revelan a través del alma racional, la *Neshamá.*

En cuanto a su estructuración y forma de manifestación, los sueños pueden ser de tres tipos: Literales, simbólicos y alegóricos.

Los sueños literales, como su nombre lo indica, son los que se manifiestan literalmente, tal cual son, y como tales no requieren de interpretación, pues la misma es la propia imagen del sueño. Es el caso del sueño de Avimélej, rey de Guerar, cuando el Supremo se le reveló en un sueño advirtiéndole que se abstuviese de hacer daño alguno a la matriarca Sará.

Los sueños simbólicos son aquellos que se presentan mediante símbolos que se han de interpretar. A veces, tales símbolos pueden tener una única interpretación; y otras pueden tener diferentes interpretaciones que podrá atribuirle subjetivamente el interpretador o el soñante mismo, transformándola de ese modo en el significado específico de ese sueño y de ese soñante en particular. Es el ejemplo de los sueños de Iosef, de los sueños del maestro de coperos y del maestro de panaderos, y de los sueños del faraón.

Y los sueños alegóricos son los que presentan una situación que puede compararse o relacionarse con otra que consta de elementos similares. Es el caso de los sueños de Nabucodonosor, rey de Babilonia, interpretados por el Profeta Daniel.

Así, mientras los sueños simbólicos transmiten el mensaje por asociación de conceptos, los sueños alegóricos lo transmiten por similitud.

PERSONAS BUENAS QUE SUEÑAN COSAS MALAS Y PERSONAS MALAS QUE SUEÑAN COSAS BUENAS

En el Talmud (Berajot 55b) expone Rav Huna que una persona buena no visualiza buenos sueños y una persona mala no visualiza malos sueños. En verdad dicha aseveración requiere de un profundo análisis, pues en la práctica muchas personas de bien experimentan sueños buenos, como el caso de Iosef que vaticinó su propia grandeza, sueño que se cumplió con el transcurrir de los años cuando devino virrey de Egipto.

El Talmud concluye que una persona buena sí visualiza buenos sueños, "sólo que no sabe qué soñó". Esta última aseveración, los comentaristas la explican en dos sentidos: 1) Al despertar no sabe la interpretación del sueño. 2) No recuerda lo soñado.

El comentarista Rashi (Berajot 55b) expone que para ambas explicaciones, de un modo u otro de lo Alto no le conceden la posibilidad de conocer lo que soñó para evitar que se alegre. Y ello por dos motivos:

Porque el exceso de confianza en uno mismo puede inducir a la auto-in-dulgencia; y por el contrario, al estar preocupado se aferrará aún más a la buena senda. Y el segundo motivo, porque el Supremo prefiere conceder a los virtuosos su total recompensa en el Mundo Venidero, que es incompa-rable con la efímera recompensa que puedan recibir en este efímero mun-do. Y por el contrario, los perversos sí experimentan sueños buenos y los recuerdan, porque el Supremo prefiere recompensarlos con una pequeña y efímera alegría en esta vida, a fin de reservar la recompensa del Mundo Venidero íntegramente para los virtuosos.

En cambio, el gran Sabio Maharshá explica el citado concepto en otro sentido: La gente buena experimenta sueños buenos, del tipo profé-ticos o premonitorios, por medio de ángeles, pero no experimenta sueños "buenos" relativos a los placeres terrenales, sueños que se manifiestan por medio de las fuerzas negativas denominadas "demonios". En cambio, la gente mala sí experimenta tales "buenos" sueños, cuyas consecuencias se vuelcan finalmente en su propia contra; ¿pues qué ser sensato puede espe-rar otra cosa de sueños semejantes? Y a su vez, desde lo Alto, a la gente mala no le permiten experimentar sueños malos, que en definitiva son los que inducen al arrepentimiento, para que de esa manera continúe en sus malas prácticas y reciba su recompensa íntegra en el Más Allá., después de su paso por esta vida terrenal.

Sobre esta cuestión expone el Talmud (Berajot 55a) que uno debe rogar por tres cosas: Por un buen gobernante, por un buen año, y por un buen sueño. Son cosas que dependen del Supremo, y sólo Él las puede conceder.

Una vez que hemos analizado la temática de la gente buena y la gen-ta mala en relación con los sueños, la analizaremos también en relación con la verdad y la mentira. En este sentido, enseña la Sabiduría Interior de la Torá, tanto el amor a la verdad como el odio a la mentira son virtudes destacadas, pero existe una diferencia abismal entre ellas. Cuando uno ama la verdad tiende a identificarse con las facetas genuinas y positivas de sus semejantes, lo cual induce a despertar genuinos sentimientos de afecto hacia ellos. En cambio, cuando uno odia la mentira, tiende a identificar los puntos negativos y de falsedad de sus semejantes, lo cual lo induce a despertar sentimientos de odio hacia tales personas y en conscuencia, a alejarse de ellas. El odio a la mentira propicia rencor y rechazo; el amor a la verdad, en cambio, propicia acercamiento y empatía..

TÉCNICAS DE INTERPRETACIÓN

Las técnicas disponibles para la interpretación de sueños son diversas. Una de ellas es la homonimia, que consiste en intercambiar el significado de los homónimos, que son palabras que toman distintos significados según el contexto en que se presenten. En el caso de la interpretación de sueños, ello es válido no sólo entre palabras de un mismo idioma, sino aún entre palabras de idiomas diferentes. Al respecto, se cuenta el caso de un hombre que en una oportunidad, aplicando la técnica de invocación de sueños, consultó cuántos años viviría; y en un sueño recibió la respuesta: *mil ans,* que en francés significa "mil años". El hombre lo tomó en el sentido más literal, pero sin embargo apenas vivió ochenta años. Y no es contradictorio, pues el valor numérico del vocablo *mil* en la lengua madre, el hebreo, es justamente 80.

Otra técnica de interpretación es la llamada *notarikón* que consiste en asociar dos o más palabras en una sigla que constituye una palabra significativa en sí misma; o en disociar una palabra en dos o más vocablos.

Por ejemplo, la voz *zera* significa "semen", "esperma", y como tal significa también "simiente", "descendencia", lo cual alude al mandamiento de procrear, loable porque hace a la continuidad de la especie humana. Pero también, la voz *zera* se puede explicar como contracción de dos palabras: *ze ra,* que traducido textualmente significa "esto es malo".

La antítesis entre las dos acepciones se explica así: Cuando el *zera* se manifiesta en el contexto del matrimonio debidamente concertado tiene el status de sagrado, de mandamiento divino, y constituye la virtud de procurar descendencia. En cambio, cuando se manifiesta fuera de dicho ámbito, en el que no está presente la mujer-esposa como receptáculo de esa fuerza denominada "esperma", se lee *ze ra*, "es malo" porque apunta sólo a la satisfacción de un insustancioso y efímero placer físico carente de todo valor trascendental. Es malo no sólo para uno mismo, sino para toda la creación, en virtud de que todas las criaturas somos pequeños engranajes de un gran sistema; y el mínimo fallo de un ínfimo componente afecta el funcionamiento del todo.

Otro caso: Expone el Talmud Berajot que soñar con dátiles sugiere que han cesado las transgresiones, porque "dátil" en hebreo es *tamar*, contracción de *tam mar,* cuyo significado es "cesó la amargura", en referencia a las transgresiones, que amargan el sentido de la vida.

Asimismo, el Talmud Berajot, folio 56b expone el caso de un hombre que experimentó un sueño en el que le decían que su padre le había dejado bienes en Kapodkia (Capadocia). El hombre se presentó ante Rabi Ishmael para que le interpretase el sueño; y éste, después de constatar con el soñante que era imposible que tuviera bienes allí, interpretó la palabra Kapodkia en otro sentido: "En griego, *kapa* significa 'viga' y *dokia* significa 'diez'. Ve a tu casa y busca en la décima viga y allí encontrarás el tesoro que te dejó tu padre". El hombre fue y buscó en la décima viga de su casa, y en efecto halló el tesoro que le fuera anunciado en el sueño.

Unos dos milenios después de su exposición en el Talmud, este sistema de juegos de palabras, asociación de conceptos y significados fue muy utilizado por Freud mismo como técnica de interpretación de sueños. Como ejemplo cabe mencionar el típico caso de la palabra *Autodidasker* que Freud visualizó en un sueño. A primera vista se trata de una palabra carente de sentido, pero que Freud supo darle valor disociándola en *Autor, Autodidacta* y *Lasker*, un nombre propio que para Freud tenía un significado.

Otra técnica consiste en asociar un sueño con algún versículo afín. Si tal asociación es posible, entonces ese versículo será la clave para la interpretación del sueño. Por ejemplo, soñar con trigo sugiere paz, como surge del versículo: "Ha establecido la *paz* en tus fronteras, con lo mejor del *trigo* te saciará" (Tehilim / Salmos 147:14).

Sobre la citada técnica cabe presentar la siguiente anécdota (Talmud Guitín 56a): El emperador romano había enviado a Nerón a someter la ciudad de Ierushaláim. Cuando Nerón estaba próximo a llegar disparó una flecha hacia el este, y ésta cayó en Ierushaláim. Entonces disparó una flecha hacia el oeste, y nuevamente cayó en Ierushaláim. Disparó hacia los cuatro puntos cardinales, y la flecha siempre caía en Ierushaláim. Así, comprendió Nerón que el destino de la sagrada ciudad era la destrucción. Luego, para determinar qué le depararía el futuro a él, pidió al primer niño que vio que le dijera cuál fue el último versículo que había estudiado ese día. Y el niño le respondió: "Descargaré Mi venganza contra Edom por mano de Mi Pueblo Israel" (Iejezkel / Eze. 25:14). Al respecto debemos recordar que Edom fue el ancestro del Imperio romano. Y Nerón quedó aterrado, porque así como las flechas le insinuaron que Ierushaláim sería destruida, ese versículo —que *causalmente* le dijo aquel niño— le insinuó que el Supremo lo castigaría a él por destruirla. En consecuencia decidió desertar de las filas romanas y se convirtió al judaísmo. (Ver Sefer Seder Olam) De este relato surge la importancia que Nerón atribuía a los versículos que aflorasen espontáneamente, por el mensaje profético de los mismos, y por eso pidió la intervención de un niño, por la cuota de espontaneidad que sólo un niño es capaz de aportar. (Como anécdota, la historia oficial suele presentar a Nerón como alguien que enloqueció, pero la verdad es tal como la hemos expuesto. Y además, vale acotar también que Rabi Meir, gran Sabio talmudista, fue descendiente de Nerón.)

Otra técnica es la interpretación por medio de asociación de la *guematriá* de palabras claves. La *guematriá* es un método de análisis del alfabeto hebreo basado sobre el valor numérico de las letras que componen al mismo. Concretamente, el concepto *guematriá* se aplica al valor numérico de las letras y las palabras hebreas, de modo que dos palabras que semánticamente resultan inconexas, pueden estar estrechamente vinculadas por el valor numérico de ellas, el cual actúa como puente entre ambas permitiendo intercambiar o asociar sus significados.

Por ejemplo, tal como lo hemos visto en el caso de la escalera en el sueño del patriarca Iaacov, el valor numérico de *sulam* ("escalera") es 136, exactamente el mismo que el de la voz *mamón* ("dinero"), de modo que podemos concluir que existe una relación entre ambos conceptos. Y en efecto, el comentario Baal Haturim los relaciona y explica que ese sueño de la escalera es un mensaje para nosotros, en el sentido de que el dinero puede llevarlo a uno hasta lo más bajo en la tierra, o puede elevarlo hasta las más sublimes alturas. Todo dependerá del destino que uno le dé.

Como ya lo hemos analizado, el hebreo es la lengua madre en virtud de que por su intermedio fue creado el universo, y como tal es la lengua esencial, la lengua por excelencia. Por ello suele ocurrir que los sueños estén signados por un mensaje en dicha lengua, por lo que otra técnica de interpretación consiste en hallar alguna relación entre los símbolos de los sueños y la lengua hebrea. Como ejemplo expone el Talmud que el que sueña que morirá en el mes de *Adar* (marzo) y no verá el mes de *Nisan* (abril) significa que morirá con honores (*Adar* significa "honor") y no caerá en la tentación (*Nisán* deriva de *nisaión,* que significa "tentación).

Otro ejemplo, lo hallamos nuevamente en los sueños del Jefe de coperos y del Maestro de panaderos de la corte del faraón. Al respecto, la Torá (Bereshit / Gén. 40:16) expone que cuando el Maestro de panaderos notó que Iosef había interpretado favorablemente el sueño de su compañero de prisión, le dijo a Iosef:

Af aní ("también yo") tuve un sueño (por favor, dime su interpretación).

Cuando Iosef escuchó que el Maestro de panaderos comenzó su exposición diciendo *Af* ("también"), enseguida comprendió, aún antes de escuchar el sueño, que el mismo no era portador de un buen mensaje, pues la voz *af* (que en sentido llano y literal significa "también") es el nombre de la fuerzas del mal, y como tal, no podía significar un buen augurio.

Asimismo, una herramienta indispensable e imprescindible para la interpretación de los sueños es el sentido común. Justamente de ella se valió Iosef cuando interpretó que los tres sarmientos en la misma vida representaban tres días, al cabo de los cuales el Jefe de coperos sería restituido a su cargo en la corte del faraón. ¿Pero cómo supo Iosef qué los tres sarmientos representaban tres días, y no tres años?

El comentario Gur Arié (sobre Bereshit / Gén. 40:12) explica que, sencillamente, si el significado hubiese sido tres años, el Jefe de coperos hubiera visto en su sueño tres vides independientes. Pero si vio tres sarmientos en una misma vid, el significado es tres días que corresponden a un mismo año. Y tampoco podemos decir que los tres sarmientos signifiquen tres meses ni tres semanas, pues así como la vid produce los sarmientos, del mismo modo el sol genera la sucesión de días, los cuales al llegar a la cuenta de 365 conforman un año completo (y por ello relacionamos la vid con el año solar). Es decir, el sol está relacionado con los años, y los días están relacionados con el sol; a diferencia de la sucesión de semanas y la sucesión de los meses, los cuales no guardan relación directa con el sol.

Y obviamente, como técnica de interpretación no se ha de obviar el lenguaje onírico, la simbología de los sueños. A tal efecto, el Talmud, en el capítulo 9 del tratado Berajot, presenta una fuente magnífica de símbolos y significados, la cual, muchos siglos después, fue sistematizada por el Rabino Shlomo Almoli en su obra *Mefasher Jalmin* ("Interpretación de Sueños").

DIFERENTES SIGNIFICADOS PARA SUEÑOS IDÉNTICOS

Sin embargo, los símbolos son relativos al soñante y no son absolutos. Ello significa que un mismo símbolo bien puede tener un significado para una persona y otro significado distinto para otra. Por ejemplo, el Talmud, en el capítulo 9 del tratado Berajot expone que si alguien visualiza vino en un sueño, si se trata de una persona honorable es un buen augurio; pero si se trata de una persona de hábitos de dudosa reputación, el vino no puede significar más que algo acorde con la calidad de la persona que lo soñó. Asimismo, dado que los sueños se moldean de los elementos del inconsciente, los símbolos de los sueños, las imágenes visualizadas, deben analizarse e interpretarse en función de la persona que haya experimentado el sueño. No sólo el simbolismo del sueño se ha de tener en cuenta, sino también la personalidad y las circunstancias y vivencias del soñante.

Regresemos al sueño del faraón en el que visualizó siete vacas saludables emergiendo del Nilo, sueño que Iosef interpretó en el sentido de siete años de abundancia, pues las vacas saludables representan abundancia, tanto como también el Nilo representa abundancia, en virtud de que es el sustento de la tierra de Egipto. De ello inferimos que si ese mismo sueño lo hubiese experimentado otro monarca en alguna otra tierra, en un entorno diferente con otra fuente de agua que no tuviese un papel tan primordial para el desarrollo de dicho lugar, seguramente el significado habría sido diferente; porque es en Egipto que el Nilo representa abundancia, pues constituye la fuente de abastecimiento natural de toda esa región.

De conformidad con la definición de Carl Jung citada previamente, el Nilo es un elemento propio del inconsciente colectivo del sub-grupo "Egipto", y como tal tiene ese valor de "abundancia" especialmente para dicho sub-grupo. Mucho antes que Carl Jung, los Sabios del Talmud dispusieron que para interpretar correctamente un sueño se debe conocer las características y los códigos propios del entorno en que el soñante se desenvuelve.

El acto de soñar constituye una vivencia que trasciende de la realidad física, a través de la cual uno se transporta a otros mundos y se conecta con otra realidad. De este modo, los sueños, independientemente de si los recordamos o no, constituyen el canal a través del cual el inconsciente se comunica con el ser-consciente; y tanto los sueños como el simbolismo que los representa pueden originarse en lo Alto junto con el mensaje que han de portar; o bien pueden formarse en el inconsciente y desde allí revelarse en visiones oníricas.

El citado proceso explica porqué un determinado simbolismo puede tener un significado para una persona y otro significado, aún radicalmente opuesto, para otra. Ello es porque, tal como lo hemos expuesto, los sueños pasan a través del inconsciente, donde toman la forma de las experiencias allí atesoradas, las cuales son propias y específicas de cada individuo.

Y así como soñar constituye un estado de conexión, el hecho de no-soñar constituye un estado de in-conexión. Enseñan los Sabios: "Dice Rabi Ioná en nombre de Rabi Zera: El que no experimenta un sueño durante siete noches seguidas es un transgresor, como surge del versículo: 'El que ha experimentado (un sueño) descansará *satisfecho* (*savea* en hebreo) y no le acontecerá mal alguno' (Mishlé / Prov. 19:23). En hebreo, en vez de *savea* se puede leer *Sheva* ('siete')", lo cual sugiere que el que no sueña por lo menos una vez en siete días es un transgresor. (Berajot 14a).

El comentarista Rashi explica que las transgresiones interrumpen el flujo de conexión con lo Alto, como señala el versículo: "Las transgresiones separan a vosotros de vuestro Padre celestial", y por eso el que no experimenta un sueño en siete días es un transgresor, porque significa que no es digno de recibir las revelaciones de los sueños; y ello es porque su alma se encuentra en estado de descenso; y en ese sentido, parafraseando al versículo, "es como los animales, que descienden a las profundidades del abismo" (Kohelet / Ecl. 3:21) (Reshit Jojmá).

Pero a no desesperar, pues en verdad ello es aplicable sólo al que no experimenta un sueño en siete días, pero no al que sueña y luego se olvida lo soñado, como es el caso en la gran mayoría de la gente.

LOS SUEÑOS Y LA SUBLIMACIÓN DE LA MATERIA

Para permitirnos escudriñar el universo de los sueños y las interpretaciones es necesario tener previamente una idea de la estructura del cosmos, del ser humano y de la interrelación entre ambos.

El ser humano es un reflejo micro-cósmico del universo; no nos estamos refiriendo sólo a la estructura física-química de ambos, la cual es muy similar, sino también comparten una idéntica macro-estructura donde la relación materia-espíritu y cuerpo-alma es la misma.

Expone la Torá (Bereshit / Gén. 2:5 y ss.)

Ningún arbusto silvestre existía aún en la tierra y ninguna hierba silvestre había brotado todavía, pues el Supremo no había hecho llover aún sobre la tierra y no había hombre para labrar el suelo. Un vapor ascendió de la tierra y regó toda la superficie del suelo. El Supremo formó al hombre del polvo del suelo e insufló en sus narices el aliento de la vida, entonces el hombre se transformó en un ser viviente.

En ese relato, las palabras claves son *hombre, tierra, vapor.*

Ed, "vapor", se escribe con las letras *Alef – Dalet.*

Adam, "hombre", se escribe con las letras *Alef – Dalet – Mem.*

Y por último, *Adamá,* "tierra", se escribe con las letras *Alef – Dalet – Mem – He.*

El valor numérico de la la letra *Alef* es 1 y de la letra *Dalet* es 4. El "uno" representa el aspecto divino; mientras que el "cuatro" representa la materia, en consonancia con los cuatro elementos fundamentales que constituyen la base de la existencia (agua, tierra, aire, fuego).

Y ese *ed* ("vapor") esencial ascendió de la tierra para regar el suelo, para *regar* la creación con el factor 1:4, es decir, para establecer el principio de la dualidad espíritu – materia en toda la existencia.

En el caso de *Adam,* "hombre", la raíz *Alef – Dalet* (la estructura 1-4) deriva en la letra *Mem,* última del vocablo *Adam,* letra cuyo valor numérico es 40. El "cuarenta" es en esencia el mismo concepto que el "cuatro", sólo que expresado en otro nivel: el "cuarenta" representa un mayor estado de materialidad que el 4.

Esta voz *Adam* presenta el citado concepto de manera muy clara en los dos elementos que la componen; y lo explicamos así: La palabra *Adam* se puede desdoblar en dos partes:

A-dam. A (letra Alef, valor 1) - dam ("sangre"), que consti-tuyen respectivamente el factor divino y el factor corpóreo, donde "sangre" representa la materia.

Y también en la voz *Adamá*, "tierra", está presente ese mismo concepto *Alef-Dalet,* 1-4. Sin embargo, en esta palabra, dicho concepto se orienta hacia un mayor grado de materialidad, representado por la letra *Mem*, cuyo valor numérico es 40. Pero dicha materialidad no alcanza su máximo grado de desarrollo, pues se desvía finalmente hacia la letra *He,* última del vocablo *Adamá,* letra cuyo valor numérico es 5 y que representa el Nombre Divino. Ello alude al objetivo existencial del hombre: llevar la "tierra", lo material, la creación, a un nivel de divinidad superior.

Asimismo, la palabra *Adamá* representa los diferentes estados del alma, tal como lo explicaremos a continuación. Previamente, vale recordar que las letras que conforman dicha voz son: *Alef, Dalet, Mem, He,* cuyos valores numéricos son respectivamente: 1-4-40-5. Analicemos pues esta palabra no en función de sus letras sino de sus valores numéricos. (En rigor de verdad, dicha aclaración carece de sentido, pues cada letra está estrechamente ligada con el valor numérico que representa.)

1) Letra Alef, valor numérico 1: Refleja la realidad del alma en las Alturas superiores.

2) Letra Dalet, valor numérico 4. Representa el descenso del alma al mundo, formado justamente por los cuatro elementos esenciales.

3) Letra Mem, valor numérico 40. Representa la presencia del alma incluso en los niveles más densos de la materia.

4) Letra He, valor numérico 5. Es la representación del Nombre divino; y refleja el regreso del alma a su origen en lo Alto después de haber culminado el proceso de refinamiento de la materia en el mundo.

Tanto en la voz *Adam* ("hombre") como en la voz *Adamá* (tierra"), si se quita la primera letra, la letra *Alef*, queda tan sólo el componente corpóreo, la materia inerte. Es decir, si de la voz *Adam* quitamos el componente divino representado por la letra A *(Alef)* queda tan sólo el componente *dam* ("sangre"). Este mismo concepto lo hallamos asimismo en la voz *Emet*; "verdad", que también está formada por dos componentes: *Alef – met,* y si se quita de la *verdad* el concepto "Uno" queda tan sólo *met*, "muerte", lo inerte.

Lo antedicho revela la estructura espiritual-material de la persona; y revela también la importancia de la materia, porque es a través de ella que la persona puede cumplir su objetivo de trascendencia en este mundo. Esto significa que cuando uno hace uso de la materia a su alcance para realizar algún acto de bien, eleva dicha materia a un plano superior y se eleva él mismo también. La persona eleva la materia, y la materia eleva a la persona, porque se transforma en el instrumento de ella para su objetivo de trascendencia espiritual.

En cuanto a esta estructura espíritu-materia de la persona en particular y de la creación en general, se debe tenerla muy presente si se pretende incursionar en el terreno de la interpretación de los sueños. Prescindir de alguno de esos dos elementos al analizar a una persona o sus sueños, puede llevar a resultados totalmente ajenos a la realidad.

En el próximo apartado analizaremos cómo se relaciona lo antedicho con los sueños.

SUEÑOS Y SEXUALIDAD

Previamente hemos analizado la estructura 1-4, la relación espíritu-materia, en palabras claves como *Adam* ("hombre"), *Adamá* ("tierra"), y *Emet* ("verdad"). Y también hay otra palabra asociada con *dam*, "sangre", el factor corpóreo de las citadas voces *Adam* y *Adamá*. Se trata de la voz *damím* (plural de *dam*, "sangres"), voz que designa "dinero" (y como tal comprende todo el universo de lo materialmente apetecible), al cual nuestra *imaginación* le confiere poderes especiales, si bien interiormente somos conscientes de la incapacidad del dinero de adquirir lo esencial. Y justamente, también la voz *dimión*, que puede traducirse como "imaginación" y "apariencia", está estrechamente vinculada en su estructura con *Adam* y *Adamá*, si bien en ella aparece sólo el factor *dam* —la materia representada por la sangre— y no el factor divino, el factor del *Uno*. Ello se debe a que por naturaleza, el poder de la imaginación puede arrastrar al hombre hacia su condición animal, de modo pues que es el *hombre* quien debe anteponer el factor espiritual orientando su facultad imaginativa hacia su ser divino e imbuir de divinidad a lo corpóreo. Desarrollamos el concepto a continuación.

De los doce hijos que tuvo el patriarca Iaacov, hubo uno que se destacó como soñante primero y como interpretador de sueños después, a quien sus hermanos arrojaron a un pozo y llegó a Egipto como esclavo, donde se desempeñó como asistente en la casa de un ministro egipcio, hasta que fue enviado a la cárcel... Resulta que su patrona constantemente le hacía insinuaciones indecentes, hasta que en una oportunidad, en venganza por su firme negativa, ella lo denunció ante su esposo alegando que había intentado someterla. Y así Iosef fue enviado a prisión.

Y en el Libro del Zohar (Bereshit / Gén. 194b), Rabi Shimón expone que justamente por haber dominado su tentación, por haber sabido disciplinar su inclinación instintiva, Iosef es conocido como Iosef *Hatzadik*, "*el* virtuoso". No un virtuoso más, sino "*el* virtuoso". También a Noaj (Noé), la Torá lo califica como "virtuoso", pero *el* virtuoso es Iosef.

Y allí, en prisión, demostró sus dotes como interpretador de sueños cuando interpretó los sueños de sus compañeros egipcios en la celda, para destacarse definitivamente cuando fue el único hombre capaz de interpretar correctamente los sueños del faraón.

En su rol de interpretador de sueños, Iosef representa la virtud de encausar la facultad imaginativa, la virtud de asumir el poder consciente sobre dicha facultad, para darle el sentido adecuado y orientarla en la dirección debida. En vez de dejarse llevar por su imaginación a la satisfacción del placer corpóreo, tan efímero e insustancioso, el hombre toma el poder de su facultad imaginativa para aplicarla como medio para dar un sentido a las imágenes que la imaginación onírica genere.

Como ya lo hemos expuesto, Iosef era *ivrí*, hebreo, que significa ante todo "del otro lado", porque así como el mundo "Egipto" es el mundo de la pasión desenfrenada, el mundo "Iosef" es lo opuesto, es la actitud del auto-control, el auto-dominio.

De esa manera, el hombre sublima dicha fuerza imaginativa —la cual por propia naturaleza tiende a lo físico— y la imbuye del don divino, lo cual en definitiva constituye el mismísimo sentido de la existencia del ser humano en esta realidad material: imbuir de sentido a lo físico, al cuerpo, asumiendo la actitud "Iosef". A las fuerzas del mundo que pretenden arrastrarlo a uno hacia abajo, se debe oponerles resistencia asumiendo la actitud opuesta, orientándose a lo divino y lo sublime, dándole de esa manera sentido a su existencia. Y fue de allí que Iosef obtuvo ese don especial y único de interpretador.

Hemos mencionado dos elementos fundamentales de los sueños: la imaginación y la imagen. La imaginación es el medio que genera las imágenes de los sueños; y las imágenes son el lenguaje de los sueños, la manera en que los sueños se expresan. Tales elementos no sólo son fundamentales respecto de los sueños, sino también respecto de la atracción que nos generan los placeres mundanos en general, donde el rol de la imaginación consiste en desviar nuestra atención del sentido esencial de nuestra existencia hacia la materia que ella, la imaginación, nos propone como primordial. Y así como la imaginación y las imágenes (apariencia) tienen un importante papel respecto de los placeres mundanos en general, son fundamentales especialmente en la dinámica de la psiquis en relación con el sexo, más en el hombre que en la mujer. Así, a través del poder de la imaginación, queda revelada la estrecha relación entre las fuerzas motoras de los sueños y el impulso sexual.

Explican los Sabios que en uno de los intentos de su patrona, Iosef logró evitar la caída cuando se le presentó en una visión la imagen de su padre. En vez de orientar su atención a la seductora apariencia de la mujer que pretendía conquistarlo, Iosef supo orientar su imaginación hacia la sagrada imagen de su padre añorado. De ese modo Iosef sublimó su impulso sexual, íntimamente relacionado con la fantasía y la facultad imaginativa, canalizándolo hacia otra facultad, también íntimamente relacionada con las imágenes y el don de la imaginación: la facultad de interpretar sueños.

Nuevamente debemos recurrir a la lengua madre, el hebreo primordial, para esclarecer el tema. La mujer que acosó a Iosef era la esposa de *Potifar*. Ese nombre *Potifar* lleva muy visible la estructura *"far"* tan propia de aquel Egipto. Basta tan sólo pensar en el rey de aquella potencia, el *Faraón;* y también en su sueño crucial, el sueño de las siete vacas, ya que "vacuno", en hebreo, es *par.* De modo que el concepto "Egipto" está fuertemente signado por la raíz *far* (vale aclarar que en hebreo, "p" y "f" son la misma letra). Dicha raíz *far* denota la fuerza del desarrollo, como lo vemos también en la voz "fruto", que en hebreo es *pri*, que tiene esa misma raíz. Pues bien, cuando esa fuerza del desarrollo evoluciona de manera desmedida, se obtiene un crecimiento desmedido de lo material, fuera de proporción con lo espiritual; y eso era Egipto, donde la norma era la ley del hedonismo. Y por eso mismo la esposa de *Potifar* representa la promiscuidad, el impulso sexual carente de todo límite; porque en Egipto lo que cuenta es el placer por el placer mismo.

Iosef, en cambio, supo dominar la tentación que le presentaba aquella mujer; y por ello Iosef representa el auto-dominio. Y justamente, como corolario de todo ese episodio, Iosef fue designado virrey de Egipto. Y no sólo eso: el faraón reconoció la grandeza de Iosef designándolo con el nombre de *Tzafnat Paneaj*, que literalmente significa "descifrador de sueños".

Potifar representa el impulso desmedido. *Iosef*, en cambio, representa la conducta, la auto-disciplina, el gobierno de la razón sobre la tentación.

Potifar representa la materia, el cuerpo. *Iosef* representa lo divino, el alma.

Y nosotros somos *Iosef*...

Sólo cuando uno es capaz de dominar su naturaleza instintiva, sólo cuando uno toma la conducta – Iosef como modelo de su vida, sólo entonces puede lograr el verdadero estado de pureza y sublimación necesario para acceder a un nivel de comprensión superior de los acontecimientos y circunstancias de la vida. Así tal cual fue con Iosef, que sólo después de haber sabido dominar su impulso instintivo se hizo acreedor a que desde lo Alto le concediesen el don superlativo de descifrar mensajes oníricos, impenetrables para otros.

Es una regla tan elemental como fundamental:

A medida que uno logra superar sus ataduras a lo material se refuerza su conexión con lo Trascendental.

Existen dos fuerzas dentro del ser que pugnan por conquistarlo; son la inclinación instintiva y la inclinación a lo sublime. No es el objetivo del hombre neutralizar esa inclinación instintiva, sino disciplinarla y orientar su vitalidad hacia lo espiritual y lo trascendente.

Explican los Maestros de la Sabiduría Interior de la Torá que todos los deseos y placeres del ser humano tienen una profunda razón de ser, e incluso la apetencia sexual, pues como expone el Talmud (Iomá 69b), si no existiese la apetencia sexual la procreación se vería seriamente amenazada, porque en definitiva, dicha apetencia es el motor del instinto de supervivencia de la especie humana, sólo que está en uno la opción de conferirle al mismo el carácter de instinto hedonista, o por el contrario, el carácter de don divino a través del cual uno es socio del Supremo en la magnífica facultad de crear.

Y evitamos referirnos al mismo como "instinto animal", porque a diferencia de los animales, en el género humano la función sexual está signada por un marcado componente hedonista, hasta el punto de que la cohabitación no necesariamente persigue el objetivo de perpetuar la especie. Y justamente, es ese componente hedonista el que debe ser refinado y elevado al status de divino. Ello no significa, de ninguna manera, que el impulso sexual deba ser reprimido, más bien, el sentido es asignarle el marco matrimonial adecuado para que halle expresión dentro del mismo y con los objetivos divinos para los cuales sólo el ser humano está dotado. De ese modo, una función vital como lo es el acto sexual se transforma en un acto supremo; y el mero acto de soñar se transforma en una experiencia enriquecedora cuando uno logra sublimar y canalizar la facultad imaginativa desde lo físico hacia lo espiritual.

Y ese mismo criterio es aplicable a todas las apetencias por más mundanas que pudieran parecer, pues si fueron llamadas de lo Alto a existir es porque tienen un objetivo, el cual no es otro que obrar como desafíos para permitirnos elevarnos y elevar la naturaleza de la materia mundana a niveles espirituales superiores.

SOBRE EL SENTIDO DE LOS SUEÑOS

Hemos planteado previamente que los sueños del faraón obraron como bisagra al haber alterado el curso de la historia; pues merced a tales sueños, Iosef fue citado a ofrecer su interpretación, merced a lo cual fue designado Virrey de Egipto, ante quien sus hermanos debieron finalmente prosternarse, tal como Iosef mismo se los había vaticinado por sus propios sueños. Y así, una vez que los hermanos de Iosef se asentaron en Egipto y la pequeña familia creció hasta formarse en un pueblo, otro faraón asumió al poder y los esclavizó con crueldad; hasta que al cabo de doscientos diez años salieron en libertad...

Todo ello sugiere que el sentido ulterior de esa cadena de eventos es poner de manifiesto el valor de las experiencias límites, extremas, que fuera de la dura huella que sin duda dejan en la persona que las experimenta, no obstante se constituyen en el catalizador capaz de revelar desde la profundidad del ser los poderes más brillantes de éste, que de otro modo permanecerían en el letargo *ad infinitum*, para con ellos experimentar los logros más importantes de los que el ser humano es capaz. En el caso citado, desde la crueldad de la esclavitud surgió la más sublime libertad. Y todo ello de una manera impensada, por medio de sueños y circunstancias, en aparente total in-conexión entre sí, pero que demostraron tener profundos vínculos ocultos al ojo humano.

Así son los sueños, si bien superficialmente pueden presentarse como imágenes desconectadas de nuestra realidad, en una capa subyacente se puede hallar el genuino valor de ellos, e incluso el mismísimo sentido de la existencia.

Como ejemplo tangible de lo expuesto analicemos la diferencia entre los sueños de Iosef y del faraón. En su primer sueño, Iosef estaba atando gavillas, como expone el versículo:

Soñé que estábamos atando gavillas en el campo...

Y luego soñó con cuerpos celestes, el sol, la luna, las estrellas...

Y en ambos sueños, Iosef fue el eje de los mismos: tanto las gavillas como los astros celestes se prosternaron ante él.

El faraón, en cambio, primero visualizó vacunos y luego espigas; y a diferencia de Iosef, en ambos sueños él fue un mero espectador: él estaba parado sobre el río *observando* la escena de las vacas y luego la escena de las espigas, pero sin involucrarse en el devenir de los acontecimientos.

Cuando uno se involucra personalmente en alguna cuestión y toma un rol activo en ella, seguramente ascenderá en su percepción de la realidad y también será superior el nivel de los resultados que de dicha acción surjan en relación con él. Por eso, después de haber soñado que estaba atando gavillas en el campo, después de haberse visualizado a sí mismo *trabajando*, Iosef adquirió una dimensión más elevada de la realidad, y por eso su segundo sueño fue relativo al sol y la luna, astros celestes, superiores en jerarquía al reino vegetal al que pertenecen las gavillas del primer sueño. Iosef no fue un mero espectador en sus sueños, sino el eje de los mismos; y como corolario fue designado virrey de Egipto.

Y por el contrario, cuando uno permanece pasivo ante determinados sucesos en vez de involucrarse activamente en ellos, las consecuencias resultantes toman un sentido decreciente, como en el caso del faraón, en que se aprecia un nítido sentido descendente: primero soñó con vacunos, reino animal; y luego con espigas, reino vegetal, inferior en jerarquía al primero. A diferencia de Iosef, el faraón fue un mero *espectador* en sus sueños como explícitamente lo menciona el versículo, cuando expone que, en su sueño, estaba *parado* en el río, *contemplando* desde su balcón de *espectador* las vacas y luego las espigas en el Nilo, pero sin involucrarse en dichas escenas, más bien estaba ubicado fuera de las mismas como quien se detiene a *observar* un cuadro o una imagen a cierta distancia.

Iosef y el faraón representan dos mundos diametralmente opuestos. Iosef representa el mundo de la *kedushá:* lo sagrado, lo sublime, la libertad de ser nosotros mismos en función de nuestros logros producto del *propio* trabajo y el *propio* esfuerzo. El faraón, en cambio, representa el mundo de la *klipá*. *Klipá* significa "corteza", lo que oculta al núcleo, lo que oculta la verdad, y como tal es el mundo del sometimiento, de la esclavitud, de la decadencia, donde estamos esclavizados a nuestras pasiones.

Al mundo de la *kedushá,* al mundo de Iosef, al mundo de la libertad y de lo sublime se accede por medio del trabajo con uno mismo. Todo trabajo que apunte a ser productivo requiere de una dosis de esfuerzo, el cual conduce en definitiva a las más elevadas alturas, como el caso de Iosef, que después de haberse visto atando gavillas en su primer sueño, en su segundo sueño visualizó el cosmos prosternándose ante él, hasta que en el mundo de la realidad llegó a ser virrey de Egipto con todos los honores.

En cambio, en los sueños del faraón, en los sueños del mundo del sometimiento y de las pasiones, no hay indicio de trabajo, apenas quietud y complacencia, porque para acceder a ese mundo no se requiere de trabajo ni esfuerzo, sino tan sólo dejarse llevar por las circunstancias, ser un observador pasivo del devenir de los acontecimientos, como el faraón que en su sueño estaba *contemplando* la sucesión de vacas y espigas, pero sin involucrarse, sin intervenir en los eventos, sólo contemplando. Cuando uno toma esta parsimoniosa y fácil postura de no-hacer, no puede más que esperar que los hechos tomen un sentido decreciente y negativo hasta alcanzar la decadencia absoluta, que en el caso del faraón halla expresión en los años de hambruna.

Por ello, cuando los hebreos estaban a punto de salir de Egipto debieron circuncidarse previamente, porque para acceder al mundo de Iosef y de la liberación se requiere de esfuerzo; trabajar con el propio ser, quitarse el prepucio, la *klipá,* para liberar al núcleo y éste pueda cumplir libremente su misión.

El mundo de Iosef, el mundo de la liberación del ser y lo sublime, es eterno y el único cambio que admite es uno ascendente. Se trata de un mundo con sustento propio y un sentido en sí mismo.

El mundo del faraón, en cambio, es circunstancial, carece de sustento propio y está en constante declive. Y no obstante tiene un sentido, si bien no en función de sí mismo, pero sí en función del objetivo final a cuyo servicio se encuentra, que no es otro que desafiar al hombre, seducirlo con todo tipo de tentaciones y provocaciones para inducirlo a superarlas y así superarse revelando sus poderes más interiores, sus más nobles fuerzas, aquellas de las cuales ni uno mismo es consciente. Sólo que uno debe darse cuenta de que la meta final es el mundo de Iosef, mientras que el mundo del faraón es un mero disparador para alcanzarla.

Y semejante diferencia halla expresión también en los nombres de estos dos protagonistas. La voz *faraón* es de la misma raíz que *par* ("vacuno"), que denota la materia representada en el concepto *faraón*. Asimismo, en *faraón* está presente la raíz *ra* ("malo"), que alude al carácter negativo de la actitud-faraón. Y en contraposición, la primera letra del nombre *Iosef* es la misma que la primera letra del Nombre Divino; y además el mismo nombre *Iosef* significa "incrementar": incrementar santidad, ascender en la escala de valores; conceptos todos que aluden al carácter sublime de esta actitud-Iosef.

Al respecto, valga la siguiente anécdota: En enero de 1903, Rabi Shalom DovBer Schneerson de Lubavitch viajó de Rusia a Viena acompañado de su hijo Rabi Iosef Itzjak para visitar al Dr. Sigmund Freud, neurólogo antes que psicoanalista, por una parálisis que sufría en su brazo izquierdo. Tanto el Doctor como el Rabí eran dos mentes brillantes y el intercambio que mantuvieron en sus encuentros fue de orden superior. En uno de tales encuentros, Rabi Shalom DovBer le explicó al Dr. Freud el fundamento de la escuela de la mística y al respecto mantuvieron el siguiente diálogo:

Rabí: *La Escuela de la mística demanda que la mente le explique al corazón qué es lo que el ser debe desear; y que el corazón implemente en la práctica lo que la mente comprende.*

Freud: *¿Y cómo se logra eso? ¿Acaso el corazón y la razón no son dos continentes independientes, separados por un gran océano?*

Rabí: Justamente, el trabajo consiste en tender un puente para unir esos dos continentes, o por lo menos unirlos con líneas telefónicas o cables de electricidad para que la luz de la mente, la luz de la razón, alcance también al corazón, los sentimientos. Y debo acotar que para los que siguen este sistema, la cuestión de la mente y la cuestión del corazón es materia de estudio y parte de su trabajo constante consigo mismos.

Por naturaleza, mente y corazón son dos mundos bien diferentes, pero el trabajo de toda persona consiste en unirlos y que el corazón acate los dictámenes de la razón. Ésa es la actitud-Iosef a la que nos hemos referido, el auto-refinamiento, el trabajo con el propio ser a través del cual se puede acceder a los más encumbrados niveles.

Y en este sentido, los sueños cumplen un rol esencial, pues a través de las imágenes de sus sueños el soñante puede conocer, o al menos atisbar, su estado espiritual.

HATABAT JALOM:
PROCEDIMIENTO DE RECTIFICACIÓN DE SUEÑOS
LIBERÁNDOSE DE LAS PESADILLAS

Si uno experimenta un mal sueño que lo angustia, esa misma mañana debe llevar a cabo el procedimiento denominado *Hatavat Jalom*, cuya traducción textual sería "endulzamiento de un sueño", que consiste en transformar los malos presagios del mismo en favorables. A tal efecto debe reunir a tres personas —que asumen la función de "jueces" para este efecto y como tales tienen el poder de neutralizar los malos sueños— ante quienes expondrá determinados textos y versículos. El autor del comentario Kaf HaJaim manifiesta que este procedimiento se debe llevar a cabo aún en Shabat, en que habitualmente están proscriptas las expresiones de congoja; Y ello para liberar al soñante del dolor de un sueño de esta naturaleza. Una vez finalizado el procedimiento, debe aportar una suma de dinero en caridad (si es Shabat o Festividad dicho aporte lo hará al día siguiente), para así neutralizar definitivamente los eventuales efectos dañinos del sueño.

Asimismo, expone el autor del Kaf HaJaim que al que se le solicite participar en el acto de *Hatavat Jalom* no debe negarse, pues brindar contención espiritual a un semejante y colaborar en mitigar su ansiedad a través de este acto constituye una gran *mitzvá*.

El procedimiento es el siguiente: El interesado debe exponer ante tres personas: "He soñado un *buen* sueño." (eufemismo de "pesadilla"). Y que ellos respondan: "Es bueno, que sea bueno y que el Supremo lo considere bueno. Que siete veces decreten en el Cielo que es bueno y será bueno."

Y luego exprese tres versículos de transformación, tres de liberación y tres de paz.

Tres versículos de transformación del mal en bien:
"Tú has transformado mi lamento en regocijo" (Tehilim / Salmos 30:12)
"Transformaré su duelo en alegría y los consolaré" (Irmeiá / Jer. 31:12)
"Hashem convirtió la maldición en bendición" (Devarim / Deut. 23:6)

Tres versículos de liberación de las aflicciones:
"Él redime mi alma en paz de la guerra contra mí" (Tehilim / Salmos 55:19)
"Los redimidos de Hashem volverán y vendrán a Tzión" (Ieshaiá / Is. 35:10)
"El pueblo rescató a Iehonatán, que entonces no murió" (1 Shemuel / 1 Sam. 14:45)

Tres versículos que denoten paz:
"Paz, paz, al lejano y al cercano" (Ieshaiá / Is. 57:19)
"Paz, paz sobre ti y paz sobre tus asistentes" (1 Crónicas 12:18)
"Vive largos años y la paz sea contigo" (1 Shemuel / 1 Sam. 25:6)

ACERCA DE SUEÑOS BUENOS

Expone el autor del comentario Kaf HaJaim, que a diferencia de los malos sueños o pesadillas, de los cuales uno debe procurar liberarse, cuando experimenta un sueño agradable debe esforzarse por recordarlo e incluso registrarlo por escrito. (Obviamente, si es Shabat o Festividad, en que está prohibido escribir, podrá registrarlo por escrito recién al día siguiente).

EL DOLOR Y LAS AFLICCIONES, CUAL MERO SUEÑO VOLÁTIL

En el Libro de Tehilim/Salmos (126:1) hallamos una descripción de nuestro estado ante alguna situación de aflicción que, D-os libre, nos toque vivir. Leemos allí: "Somos cual soñadores".

¿Y por qué como soñadores?

En un sueño, la realidad que "ve" el soñador puede cambiar de un instante al otro y de un extremo al otro. Y más aún, al despertar del sueño uno se encuentra con otra realidad, radicalmente diferente de la que haya experimentado en su sueño. Del mismo modo, por más que nuestra realidad pueda presentarse como muy angustiante y lejana de lo ideal, nunca debemos desesperar, ya que en un instante podemos "despertar" y en lugar de aquella realidad aflictiva nos encontremos frente a una realidad diametralmente opuesta, una realidad de pleno regocijo, en la que aquella apremiante aflicción parecerá haber sido una mera pesadilla de la que ya hemos despertado y superado definitivamente.

Porque nuestra vida en esta realidad física es como los sueños, llena de contradicciones y arbitrariedades como aquellos; pero cuando aprendemos a centrarnos en los valores espirituales, que en definitiva es en función de ellos que fuimos llamados a existir, logramos despertar y ver que todos esos padecimientos por los que nos toca pasar, en verdad son tan insustanciosos como volátiles son los sueños; y que lo que realmente cuenta como vida es la espiritualidad con la que logremos imbuir nuestra vida y la vida de nuestros semejantes.

5.

SEFER MINJAT IEHUDÁ
(SECCIÓN 47, MIKETZ)

ORIGINADORES DE SUEÑOS: ÁNGELES Y DEMONIOS

DIFERENCIA ENTRE SUEÑOS INDUCIDOS POR LOS ÁNGELES Y SUEÑOS INDUCIDOS POR LOS DEMONIOS

Rabi Iehuda Fatía (1859-1942) ejerció en Bagdad y luego en Ierushaláim. Supo ser uno de los más importantes discípulos de Iosef Jaim de Bagdad, más conocido como Ben Ish Jai. Rabi Fatìa fue el autor de una importante obra, Minjat Iehudá, que constituye su comentario sobre el Tanaj, Zohar, el Olam Habá (Mundo Venidero), el exorcismo, y los secretos de los sueños. En la última sección citada plantea la diferencia entre los sueños inducidos por un ángel y los inducidos por un demonio.

Y expone allí, al igual que el Sabio Maharshá en su clasificación de los sueños, tal como lo hemos expuesto, que los sueños inducidos por el ángel son mensajes simples y literales, y se manifiestan por intermedio del alma de algún ser fallecido o provienen directamente del Supremo Mismo. Cuando uno experimenta un sueño de este tipo permanece calmo, quieto, como quien presta atención al mensaje que está recibiendo. Y también su despertar es en plena paz y armonía, mientras su intelecto procesa el contenido del mensaje para determinar cómo proceder en consecuencia. El significado de dicho sueño queda así grabado en su mente, por lo que reconocerá muy fácilmente la veracidad de la interpretación que eventualmente le ofrezcan. Así fue como el faraón reconoció la autenticidad de la interpretación que le ofreció Iosef. Los sueños de este tipo son lo que se experimentan en el último tercio de la noche, próximo al alba, cuando el proceso digestivo ha cesado por completo y la mente se encuentra lúcida y dispuesta para captar estos mensajes.

En cambio, en el caso de los sueños inducidos por fuerzas negativas (denominadas demonios), uno se siente alterado, lo cual deriva incluso en sufrimiento literal. En estos casos, el mensaje del sueño es confuso y las imágenes del mismo son difusas. Los sueños de este tipo son lo que se experimentan durante el primer tercio de la noche, cuando el proceso digestivo se encuentra en pleno desarrollo e interfiere en la lucidez del poder imaginativo del soñante pudiendo de ese modo allanar el camino para la manifestación de pesadillas. Al despertar de un sueño así, uno se siente atemorizado y compelido a tomar alguna acción, pero no tiene claro qué acción debería tomar. El demonio responsable de semejantes sueños induce en la mente del soñante pensamientos paranoicos, los que a su vez pueden derivar en insania mental. Para evitar esas consecuencias indeseables, expone Rabi Fatía, es altamente recomendable elevar la plegaria del *Shemá* antes de retirasre a dormir, y cita al respecto las palabras del Talmud (Ierushalmi, Berajot 1:1) en el sentido de que dicha plegaria tiene el poder de brindar protección contra los malos sueños. Asimismo, expone Rabi Fatía que si uno experimenta un sueño en el que se pronuncia el inefable Nombre divino, es una señal de que ese sueño se cumplirá efectivamente.

Presentamos a continuación la sección Miketz (capítulo 47) del Libro Minjat Iehudá de la autoría de Rab Iehuda Fatía, donde expone sobre las diferencias entre sueños provenientes de ángeles y sueños provenientes de las fuerzas negativas (demonios).

Expone Rabi Iehuda Fatía:

Los sueños verdaderos, inducidos por el ángel, se presentan en estado de quietud y reposo; de modo que en estado de somnolencia, mientras está experimentando el sueño, uno no se siente alterado, sino sólo al despertar.

Ello surge del versículo que trata los sueños del faraón sobre las vacas y las espigas, el cual expone así:

"Y por la mañana, su espíritu estaba perturbado" (Bereshit / Gén. 41:8).

Y similarmente hallamos respecto del sueño del rey Nabucodonosor, de Babilonia:

"Su espíritu estaba perturbado por sus sueños y ya no pudo seguir durmiendo" (Daniel 2:1).

De la paráfrasis de ambos versículos se infiere que mientras los protagonistas dormían y soñaban no estaban perturbados, sino se perturbaron al despertar por la mañana, al tomar conciencia de la realidad de sus respectivos sueños.

Ello obedece a que no es intención del Supremo afligirlo a uno durante su descanso; no es ése el objetivo del sueño, sino hacerle saber los Decretos divinos relacionados con él o con su entorno. Y ello es para que el soñante tome conciencia de la necesidad de que se arrepienta de sus malos hábitos y se re-conecte a la Fuente de Vida. Por consiguiente, ¿cuál es la necesidad que desde lo Alto lo perturbasen durante el sueño? Ello es similar a la profecía que Ieshaiahu (Isaías) reveló a Jizkiahu, rey de Iehudá (Judea), acerca de que moriría y no viviría (2 Melajim / Reyes 20:1). Al respecto, los Sabios manifestaron que el sentido de la redundancia de dicha profecía era que Jizkiahu moriría en este mundo y no viviría en el Mundo Venidero.

Y entonces Jizkiahu preguntó a Ieshaihu (Isaías) el motivo de ello, a lo que el Profeta respondió:

"Porque no has contraído matrimonio y no tienes hijos".
Dijo Jizkiahu a Ieshaiahu: "¡Si es así, pues, permíteme ca-
sarme con tu hermana"; pero Ieshaiahu le respondió: "Ya es
demasiado tarde, pues el decreto contra ti ya ha sido emitido
en lo Alto". Furioso, replicó Jizkiahu a Ieshaiahu: "¡Guarda
silencio y retírate de mí!, pues he recibido por tradición del
padre de mi padre (el Rey David) que aún cuando la espada
pende sobre el cuello, uno no debe cesar de pedir Misericor-
dia divina. Pues si el Decreto ya ha sido emitido y no hay más
esperanza, ¿por qué el Supremo te ha enviado hacia mí? Por
consiguiente, dime qué buenas nuevas tienes para decirme".

De ello resulta que son los malos sueños los que se presentan a través del ángel (para que el soñante se arrepienta de sus malos actos y se reencamine en la senda del bien). Pues si no fuera posible anular los decretos negativos por medio de la plegaria, el ayuno y la caridad, así como por medio del arrepentimiento por las malas acciones, ¿por qué de lo Alto le revelarían semejante sueño? Y así enseñan nuestros Sabios (Berajot 55a) respecto del versículo: "Hashem ha hecho esto para que Le temas" (Kohelet / Ecl 3:14): Dicha frase se refiere a que los malos sueños que uno experimenta son para inducir a la reverencia a Él. Y por eso el soñante, al menos en este tipo de sueños, no se siente perturbado durante el sueño, ¿pues con qué finalidad habrían de perturbarlo de lo Alto en su tiempo de descanso?

La regla es la siguiente: Los sueños inducidos por un ángel se presentan de manera armoniosa y pacífica; y no como una amalgama de temas contradictorios o conflictivos. Tampoco son sueños de terror, pesadillas, al menos en el momento de experimentar el sueño. Y además, mientras está experimentando el sueño se ve a sí mismo como si estuviera despierto.

Si se cumplen todas esas condiciones, puedes estar convencido de que el sueño es verdadero y de que ha sido inducido por un ángel. Este tipo de sueños constituyen 1/60 parte de profecía.

Los sueños inducidos por el demonio, en cambio, se presentan de manera diferente. El demonio se ubica próximo al soñante mientras éste se encuentra en etapa de sueño ligero (sueño alfa) y le dice al oído cosas que le provocan espanto y cosas inconexas, e incluso incoherentes, sobre diferentes temas. Ello altera la mente del soñante y lo aterroriza, mientras su corazón comienza a latir con mayor fuerza y llega a despertarse atemorizado.

Ese demonio permanece allí, junto al soñante, riendo y regocijándose por haber logrado su objetivo de causarle pánico. Y cuando la persona se vuelve a dormir, nuevamente el demonio la perturba. Ese ciclo se reitera constantemente, a menos de que la persona eleve la plegaria de la lectura del *Shemá* para antes de retirarse a descansar.

Pero hay otra manera de evitar esas indeseables manifestaciones: Cuando la persona está despierta debe decir tres veces: "Impuro, Impuro, huye de aquí". Y entonces el demonio se irá y la persona podrá dormir en paz. Y si tiene un enemigo que diga: "Impuro, Impuro, huye de aquí. Ve a lo de tal y provócale preocupación." Y así, el demonio se irá y hará lo que se le ordene.

Y si quieres experimentar con esto, dile a un niño al oído, cuando se encuentre en la etapa de sueño ligero: "Tengo muchas golosinas para ti en esta caja". Y cuando el niño despierte preguntará por esas golosinas.

Por consiguiente, la mayor parte de las pesadillas, sueños que perturban o aterran, ocurren cuando la persona se encuentra en estado de sueño liviano (sueño alfa), que es al comienzo del sueño, pues en esa circunstancia es cuando el cerebro está más predispuesto a percibir las imágenes demoníacas; y no así cuando uno está profundamente dormido.

Pero debes saber que aun si recitaste la plegaria de la lectura del *Shemá* para antes de retirarse a dormir, si te despiertas súbitamente en medio de la noche, como por el llanto de un niño o la razón que fuese, los demonios tendrán nuevamente influencia sobre ti para perturbarte, a menos que recites esa plegaria del *Shemá* nuevamente.

Se debe recitar por lo menos el primer versículo: *Shemá Israel, Ado-nai E-lohenu, Ado-nai Ejad* ("Escucha Israel, Adon-nai es nuestro E-lohim, Ado-nai es Uno"), y luego: *Barúj Shem Kevod Maljutó Leolam Vaed* ("Bendito es el Nombre de Su glorioso Reino hasta la eternidad").

También debes saber que si a una persona se le ha adherido un demonio por causa de inmoralidad en materia sexual, ese demonio tiene el poder de atravesar el cerco protector de la plegaria del *Shemá* y así poder cumplir su deseo con esa persona. Y por eso, en un caso así, tampoco será efectiva la lectura día a día de la citada plegaria del *Shemá*, que se debe leer con gran devoción y esmero.

Asimismo, ahora te revelaré otros secretos: Los demonios conocen cuáles son las cosas que interesan a cada uno en particular; y (en tono provocativo) se las muestran en los sueños. Y así, alguien que visualiza que ha perdido sus dientes, o que sacrifican a un vacuno en su presencia, o que está ayunando, o que luce vestimentas negras, o que camina descalzo (lo cual son señales de duelo), no debe preocuparse por sueños de esa índole, a excepción de que sueñe que es llamado a la Torá por su nombre; e incluso así, el que no se preocupa por ello recibirá una bendición.

A veces, los demonios muestran en sueños cosas desagradables. Si esa persona es tonta y cree tales sueños, entonces los demonios mismos se encargarán de transportar el mal sueño a la realidad física, al cumplimiento efectivo. Y de esa manera el soñante se habitúa a creer en esos sueños perversos.

Otras veces, si una Voz celestial proclama en el Cielo alguna desgracia que ocurrirá en el mundo físico, los demonios se encargarán de revelarlo a la persona a través de sus sueños para habituarla a confiar en los mismos y así lograr apoderarse de ella. Pues bien, esa persona debe saber que si ayuna por tales sueños, o hace prácticas de expiación u ofrece caridad para quedar a salvo de los mismos en vez de consultar con un Rabino competente que sepa diferenciar entre sueños inducidos por los demonios y sueños inducidos por el ángel; ciertamente esa persona está destinada a experimentar horribles pesadillas; pues los demonios se regocijan por el hecho de que no han trabajado en vano sobre esa persona. Esa clase de demonios se denominan *Shedím Nujraín* ("Demonios de caracterización gentil").

Y hay otra clase de demonios, los que se denominan *Shedím Iehudaín* ("Demonios de caracterización judaica") (Zohar, Bamidbar / Núm. 253a). Estos son los que se presentan cual si fuesen los Profetas de antaño o Sabios talmúdicos. También los hay que se presentan como Jueces de Israel, o como conocidos Rabinos. Todos ellos se manifiestan con largas barbas y coronas sobre sus cabezas, como los virtuosos. A veces se presentan como Abraham, Itzjak, o Iaacov, o como el Profeta Eliahu, u otras personalidades destacadas. En tales casos se debe tener el cuidado de preguntarles directamente si son los patriarcas bíblicos o simplemente tienen el mismo nombre. Se debe prestar atención a las respuestas de ellos, pues si las mismas no son claras o son ambiguas, debes saber con certeza que se trata de meros demonios.

Esos demonios pueden hacer incluso cosas más grandes que ésas. Pueden mostrar a la persona imágenes de los Cielos, del Trono de Gloria y de los ángeles celestiales.

Esos demonios son muy cuidadosos en no causar pánico a la gente. Por el contrario, engañan a la persona induciéndola a estudiar obras profundas como el Zohar y a leer Salmos diariamente y por la noche la despiertan a orar *Tikún Jatzot* ("Plegaria de Rectificación de Medianoche"). Otras veces la inducen a sumergirse determinada cantidad de veces en la *mikve* (fuente de agua natural que sirve a los efectos de purificación), y a cambiar de vestimentas constantemente (para desprenderse de las impurezas). Le recomiendan también abstenerse de mantener relaciones (aun) con su esposa. Posteriormente, esos demonios inducen a la persona a la auto-mortificación y al ayuno. Y si la persona realiza todas esas cosas, los demonios le dicen que jamás revele a nadie ninguna de esas visiones. Así, los demonios se apoderan de la mente de la persona hasta que ésta comienza a padecer trastornos psíquicos de distinta naturaleza.

En un principio, estos demonios se revelan en sueños, para luego revelarse también en estado de plena vigilia.

EXORCISMO

Muchas veces, hombres y mujeres han acudido a consultarme por imágenes que visualizaron en estado de plena vigilia. No puedo relatar todos los casos, pero sí relataré una historia como ejemplo. En Tamuz 5671 (aprox. julio, 1911), después de la plegaria nocturna de Shabat, me fue presentado un niño de unos once años de edad que alegaba poder hablar con el Profeta Eliahu "cara a cara"; y que conversaban de manera fluida y articulada y no a través de meras visiones o artilugios esotéricos; y siempre que quería comunicarse con él, lo único que debía hacer el niño era invocarlo. La única condición era que el niño debía estar solo, no podía haber nadie más con él.

Acto seguido, le asigné al niño una habitación y le solicité que se recluyera allí y que convocase a Eliahu y que le preguntase si realmente era el Profeta Eliahu.

El niño así hizo y recibió la siguiente respuesta: "Sí, soy realmente Eliahu. ¿Por qué Iehuda (se refería a mí, el autor) duda de mí?"

Categóricamente dije al niño: "No es el Profeta Eliahu, sino un demonio que se presenta con un nombre idéntico al del Profeta. Ven, recitaré unas plegarias y Eliahu huirá de ti".

Pero el niño replicó: "Sin ninguna duda, no se trata de un demonio, sino es el Profeta Eliahu. Pero no importa, realice los procedimientos que usted crea necesario y veremos quién tiene razón".

Acto seguido le apliqué al niño las técnicas de exorcismo: elevé las plegarias contra los demonios, acción que reiteré tres veces. Luego, el niño se recluyó nuevamente en la habitación para verificar si Eliahu se le volvía a presentar o no. El niño lo invocó y Eliahu se presentó como habitualmente lo hacía. Y realmente me sorprendió, porque las técnicas de exorcismo debieron haber surtido efecto. Entonces llevé al niño a visitar a otro especialista, Rabi Shimon Agasi, quien después de haberlo examinado concluyó que no era un demonio el que hablaba desde dentro de él, sino el mismísimo Profeta Eliahu. Pero no concordé con él y seguí sosteniendo que, efectivamente, se trataba de un mero demonio.

Para dirimir la cuestión, nos pusimos de acuerdo en presentar el caso ante Rabi Iaacov, hijo de Rabi Iosef Jaim (autor del Ben Ish Jai), quien después de haber examinado al niño determinó que se trataba del Profeta Eliahu y no de un demonio.

Mi opinión difería de la de ambos y descalifiqué sus pruebas; y les pedí que me permitiesen analizar al niño nuevamente.

Así, instruí al niño para que le pidiese a ese espíritu (que se presentaba como el profeta Eliahu) que le tradujese el siguiente versículo del Libro de Irmeiahu (Jeremías): Kidna temrún lehom Ela-haia DiShmaya vearka lo avadú ievadú meará umin tejót Shemaiaa eleh. *("Entonces les dirán: los ídolos que no han hecho ni el Cielo ni la tierra perecerán de la tierra y de debajo del Cielo". Irmeiahu / Jer. 10:11).*

La idea era la siguiente: Si ese Eliahu podía traducir el versículo al árabe (que era la lengua que se hablaba en Bagdad, donde tuvo lugar el presente caso) muy probablemente se tratase efectivamente del Profeta Eliahu y no de un vil demonio; puesto que los demonios conocen el arameo, lengua que se hablaba en Babilonia y en la que está presentado el versículo en cuestión. Sin embargo, un demonio jamás querría escuchar semejante versículo ni menos traducirlo a una lengua popular (como era el árabe en aquel lugar y en aquel tiempo), puesto que el mismo se refiere a la destrucción de los demonios.

Cuando el niño pidió a Eliahu que tradujese el citado versículo, aquel le respondió:

"No puedo demorarme, debo registrar los méritos de los israelitas y debo irme".

Luego, el niño me refirió la respuesta de Eliahu; y le dije:

—Anda, invócalo nuevamente y dile así: "Es muy importante que me traduzcas ese versículo, para cerciorarme de que efectivamente eres el Profeta Eliahu (y no un demonio impostor)".

"Ya te lo he dicho, debo marcharme" —fue la respuesta de "Eliahu" al niño..

Dije entonces al niño que replicase a ese tal Eliahu lo siguiente:

—Has hablado mucho y has permanecido aquí mucho tiempo. ¿No sería más fácil para ti traducirme ese versículo que continuar con esta conversación? Pues los Sabios no quedarán satisfechos si no logras traducirlo.

Cuando el niño dijo esas palabras a Eliahu, éste juró:

—¡Así como Hashem vive, jamás volveré a revelarme ante ti, pues no me crees que soy el Profeta Eliahu!.

Y así, ese espíritu que se presentaba como el profeta Eliahu desapareció inmediatamente para jamás volver a presentarse en ese niño.

Luego del incidente, Rabi Agasi y Rabi Iaacov me dijeron:

—En nuestra opinión se trataba efectivamente del Profeta Eliahu, pues ésa era la fórmula con que él solía jurar "¡Así como Hashem vive!"; y en el Talmud (tratado Meguilá 3a), los Sabios exponen que ni siquiera los demonios pronuncian el Nombre del Supremo en vano.

Pero les respondí que ese Eliahu era un demonio; y que de ninguna manera hubo pronunciado el Nombre divino en falso, por dos motivos. Primero porque cumplió lo que prometió en el sentido de que desaparecería para jamás volver a revelarse en ese niño. Y segundo, en rigor de verdad no pronunció el Nombre divino, sino sólo una alusión al mismo, pues dijo 'Así como Hashem vive...'." (Dijo Hashem, que significa "el Nombre", cuidándose de no llegar a pronunciar el Nombre explícitamente). Finalmente, los otros dos Sabios concordaron conmigo.

PLAZO PARA EL CUMPLIMIENTO DE LOS SUEÑOS

Los sueños, todos los sueños, se presentan a través de imágenes encriptadas y símbolos; y cuanto más misteriosos sean tales símbolos —cuanto más apartado esté el significante soñado del significado real del sueño— cuanto más alejado de la realidad esté el simbolismo soñado, mayor será el tiempo que transcurra para que el sueño en cuestión se torne realidad. La verosimilitud del sueño está en relación directa al tiempo que transcurrirá para que ese sueño se concrete; por consiguiente, cuanto más verosímil y literal sea el sueño, más rápidamente se realizará.

CONCLUSIÓN DE LA OBRA MINJAT IEHUDÁ

GUILGULÍM, TRANSMIGRACIÓN DE ALMAS

El *Tzadik*, el virtuoso, el maestro, está dotado del don espiritual de la mirada trascendental. El *Tzadik* ve lo que el ojo de la gente simple ni logra percibir. El *Tzadik* tiene el don de ver el pasado, el presente y el futuro de la vida de toda persona, donde pasado involucra aún la vida anterior. A este fenómeno del resurgimiento de vidas anteriores en una vida presente, la Torá lo conoce con el nombre de *Guilgulim*, "transmigración de las almas".

Un ejemplo es el caso presentado por Rabí Iehuda Fatía, tal como lo hemos expuesto; y también es el caso de las almas que se encarnan en otros cuerpos a fin de rectificar determinadas acciones de vidas pasadas, o cumplir determinados objetivos que en las citadas vidas pasadas hayan quedado inconclusos.

Así, los Maestros de la Sabiduría Interior de la Torá entienden que los sueños, debidamente interpretados por un conocedor y practicante de la milenaria sabiduría hebrea, brindan orientación certera sobre cuáles son las *Mitzvot* —léase actos de bien o de conexión con el Supremo— que uno debe realizar para completar la misión de sus reencarnaciones anteriores.

Y en esa misma línea, la Sabiduría Interior de la Torá enseña que si uno quiere conocer el sentido de su existencia no tiene más que fijarse en los obstáculos que se le van presentando en la vida. Pues cuanto mayores sean tales obstáculos, mayor conexión tendrán los mismos con el sentido de su vida y de su capacidad de superarlos.

El *Tzadik* tiene el don de "ver" esas conexiones y de guiar en el camino a cada uno para que pueda cumplir el objetivo de su existencia en su vida presente.

6.

SUEÑOS Y PROFECÍA

Para lograr una idea cabal de la naturaleza de los sueños es necesario conocer la naturaleza de la profecía, ya que los sueños constituyen 1/60 parte de profecía, tal como declara el Talmud en el tratado Berajot (folio 57b).

A tal efecto debemos remitirnos al célebre filósofo, médico, teólogo, Rabi Moshé ben Maimón, conocido como Rambam, Maimónides, autor del *Moré Nevujim*, Guía De Los Perplejos, obra clave del pensamiento filosófico judío, en la que responde las aparentes contradicciones entre fe y razón y analiza cuestiones existenciales de la vida, tales como la esencia del Supremo, el sentido de la vida, el destino y otros.

Específicamente, presentamos a continuación los capítulos de dicha obra referidos al tema que nos atañe: la naturaleza de los sueños y la profecía, capítulos que corresponden al segundo volumen de la citada obra.

MORÉ NEVUJÍM, "GUÍA DE LOS PERPLEJOS"

MORÉ NEVUJIM, PARTE 2, CAPÍTULO 36

QUÉ ES LA PROFECÍA Y CÓMO SE ADQUIERE

La profecía es una emanación inducida por la Divina Presencia a través del intelecto, dirigida en primera instancia a la facultad racional del hombre y luego hacia su facultad imaginativa. El nivel más elevado y la perfección más absoluta que la persona puede lograr consiste en el desarrollo absoluto de su facultad imaginativa. La profecía es un don que no se puede adquirir ni lograr a través de las facultades mentales o morales, ya que incluso que éstas fuesen lo más perfectas posibles, no serían de utilidad alguna a menos que se combinen con la excelencia natural más elevada de la facultad de la imaginación. Es sabido que el desarrollo absoluto de cualquier facultad del ser, como la imaginación, depende de la condición del órgano del cuerpo por medio del cual dicha facultad actúa. Éste debe ser lo más perfecto posible en relación con su funcionalidad y tamaño y también en relación con la pureza de su sustancia. Cualquier defecto en la condición de dicho órgano jamás podrá remediarse o suplirse de manera absoluta, pues cuando un órgano es defectivo en su cualidad o funcionalidad, su función podrá ser restaurada, hasta cierto punto, por medio de las terapias adecuadas, pero jamás será un órgano perfecto.

Parte de las funciones de la facultad imaginativa es la de retener las impresiones de los sentidos, combinarlas y formar con ellas imágenes. La función principal de dicha facultad se presenta cuando los sentidos están en reposo y no actúan, ya que es entonces que se puede recibir, hasta cierto punto, inspiración Divina en la medida predispuesta por dicha influencia.

Ésa es la naturaleza de los sueños que son reales, y también de la profecía, siendo su diferencia cuantitativa y no cualitativa, pues al respecto afirman nuestros Sabios que el sueño es una 60ª parte de profecía.

LA FACULTAD IMAGINATIVA Y LA PROFECÍA

En *Bereshit Rabá* (cap 17) los Sabios exponen la siguiente enseñanza: "El sueño es el 'fruto verde' de la profecía". Esta es una excelente metáfora, ya que el fruto verde es en verdad un fruto, pero ha caído del árbol antes de completar su maduración.

De forma similar, la acción de la facultad imaginativa durante el sueño es la misma que en el momento en que se percibe una profecía, sólo que en el primer caso no se desarrolla por completo y no alcanza su nivel más elevado. Y sobre esa cuestión señala el versículo: "Si habrá entre ustedes un profeta, Yo, Hashem, Me daré a conocer a él por medio de una visión, en un sueño le hablaré" (Bamidbar / Núm. 12:6). De esa manera el Supremo está indicando cuál es la real esencia de la profecía, que es un don adquirido en un sueño o una visión. (Valga acotar que en hebreo, *maré*; "visión", es de la misma raíz que *raá*, "ver"). La facultad imaginativa adquiere tal eficiencia en su accionar que ve la imagen adquirida como si fuese un hecho real proveniente del exterior (y no una mera imaginación) y como si fuera que fue percibida por sus sentidos corporales. Estas dos formas de profecía, visión y sueño, incluyen todos esos niveles.

Es bien sabido que aquello que llama poderosamente la atención al hombre mientras está despierto y en pleno control de sus sentidos, es lo que en sueños constituye el objeto de la facultad imaginativa (es decir, por la noche, la facultad de la imaginación trabaja sobre lo que esa persona haya vivido y experimentado durante el día.) La facultad de la imaginación recibe influencia sólo del intelecto, en la medida en que esté predispuesta para tal influencia. Y no tiene sentido ilustrar el concepto con ejemplos ni explicarlo más en detalle, porque es algo evidente y todo el mundo lo sabe. Es como la acción de los sentidos, que nadie en su sano juicio podría jamás negar.

PROPIEDADES DEL PROFETA

Luego de esas notas introductorias se comprenderá que un profeta debe reunir los siguientes requisitos: La sustancia del cerebro debe estar, desde un principio, en la condición más perfecta en cuanto a su pureza y equilibrio, así como respecto de la composición de sus diferentes partes, tamaño y posición: Ninguna parte de su cuerpo debe sufrir dolencia alguna; y además debe haber estudiado y adquirido sabiduría para que sus facultades racionales pasen de un mero estado potencial a uno real. Su intelecto debe estar desarrollado y en estado de perfección, tanto como puede estarlo el intelecto humano; sus pasiones deben ser puras y balanceadas; sus deseos deben estar focalizados en obtener un conocimiento sobre las leyes y las causas ocultas que actúan en el universo; sus pensamientos deben estar orientados a cuestiones elevadas; su atención debe estar dirigida al conocimiento del Supremo, a la consideración de Sus obras, y a aquello en lo que él debe creer al respecto.

Debe haber también ausencia de los apetitos más bajos, como el placer por la comida, la bebida y la cohabitación; en resumen, ausencia de todo placer conectado con el sentido del tacto. Bien señala Aristóteles que este sentido es una humillación para nosotros, siendo que lo poseemos sólo por virtud de nuestro ser animal y no incluye nada específico del elemento humano; mientras que los placeres conectados con otros sentidos, como el olfato, el oído, la vista —a pesar de que también ellos son de naturaleza física— pueden a veces incluir placeres intelectuales, los cuales conciernen al hombre en carácter de ser humano. Esta observación, aunque no forma parte del tema en estudio, no está demás, pues los pensamientos de los más renombrados sabios están en gran medida afectados por los placeres de este sentido y llenos de un deseo por ellos. Y por eso la gente se sorprende de que esos académicos tan magníficos no proficen, como si profetizar fuese tan sólo un cierto punto en el desarrollo natural del hombre.

Por ello es necesario neutralizar todo pensamiento o deseo de dominio o de poder (ilegítimo), o sea de pretender la victoria, de pretender seguidores, de pretender honores y de ser servido por la gente sin ningún objetivo ulterior. Por el contrario, las personas deben ser valoradas de acuerdo con su valor real, pues hay algunas que son sin duda cual ganado domesticado, y otras, en cambio, son cual animales salvajes, y estos sólo ocupan la mente del hombre perfecto y distinguido en la medida en que desea resguardarse del perjuicio que podría ocasionarle un eventual contacto con ellos, o para derivar de ellos algún beneficio en caso de que fuese necesario.

Un hombre que satisface dichas condiciones, mientras que su imaginación está completamente desarrollada y en acción, influenciada por el Intelecto Activo de acuerdo con su entrenamiento mental, percibirá indudablemente cosas muy extraordinarias y Divinas. Una persona así no percibe más que al Supremo y a Sus ángeles; su conocimiento sólo incluye el conocimiento genuino, y sus pensamientos sólo estarán dirigidos a dichos principios generales, los cuales tienden a mejorar las relaciones sociales entre las personas.

MELANCOLÍA Y DEPRESIÓN, UNA BARRERA PARA LA PROFECÍA

Hemos descripto pues, tres tipos de perfección: 1) Perfección mental adquirida por medio del entrenamiento. 2) Perfección de la constitución natural de la facultad imaginativa. 3) Perfección moral por medio de la neutralización de todo pensamiento acerca de los placeres corporales, y cualquier ambición vana o perniciosa. Estas cualidades las poseen los hombres sabios en distintos niveles, y los niveles de su facultad profética varían de acuerdo a tales diferencias.

Las facultades del cuerpo son a veces más débiles y corruptas y a veces se encuentran en un estado más sano. La imaginación es ciertamente una de las facultades del cuerpo. Por ello, encontramos profetas que se veían privados de la facultad de profetizar cuando estaban encolerizados, o de duelo, etc. Nuestros Sabios dicen que un profeta no recibe inspiración cuando está deprimido o lánguido. Esta es la razón por la cual Iaacov no recibió revelación alguna durante todos los años que guardó duelo, mientras su imaginación estaba ocupada en la pérdida de su amado hijo Iosef.

Lo mismo fue en el caso de Moshé, que cuando estaba en estado de depresión por todos los problemas que le aquejaban, los cuales se extendieron desde el momento en que los israelitas murmuraron por el informe corrupto de los espías sobre la Tierra de Israel hasta la muerte del último de los guerreros de aquella generación, cuarenta años más tarde. En todo ese tiempo no recibió mensaje alguno del Supremo como solía hacerlo, ni tampoco recibió inspiración profética por medio de sus facultades imaginativas, sino directamente por medio de su intelecto.

Había personas que profetizaban durante cierto período de tiempo y luego dejaban de hacerlo, ya que ocurría algo que causaba el corte de la inspiración profética. La misma circunstancia, la tristeza frecuente, también ha sido una causa directa para la interrupción de la profecía durante el exilio, ¿pues acaso puede haber para el hombre una desgracia más grande que caer en la necesidad de venderse como esclavo para servir a amos ignorantes y voluptuosos, y sentirse impotente frente a ellos, los cuales suman a su carencia de todo conocimiento genuino todo el ímpetu de sus deseos animales? Dicho estado de perversidad nos ha sido profetizado en las palabras: "Correrán de un lado a otro en busca de la palabra de Hashem, pero no la hallarán" (Amós 8:12). "Su rey y su princesa están entre las naciones, no hay más leyes. Sus profetas tampoco tienen una visión del Supremo" (Ejá / Lament. 2:9).

Esto es un hecho real y la causa es evidente; los pre-requisitos de la profecía se han perdido. En la era mesiánica, (que sea pronto en nuestros días), la profecía volverá una vez más a ser parte de nosotros, tal como nos prometiera el Supremo.

MORÉ NEVUJIM, PARTE 2, CAPÍTULO 37

TRES TIPOS DE INFLUENCIA:
SABIO, PROFETA, GOBERNANTE

Es necesario considerar la naturaleza de la influencia Divina que nos permite pensar y nos concede los diferentes niveles de inteligencia. Esa influencia, a uno lo puede alcanzar en muy pequeña medida, y exactamente en esa misma proporción será entonces su condición intelectual; mientras que a otro lo puede alcanzar de una manera que, además de su propia perfección, puede significar la perfección de otros. La misma relación se puede observar en todo el universo. Hay algunos seres tan perfectos que pueden gobernar sobre otros, pero también hay seres que son perfectos sólo porque pueden gobernarse a sí mismos, aunque carecen de capacidad para ejercer influencia sobre otros.

Distinguimos entonces tres clases: En algunos casos, la influencia del Intelecto Activo alcanza sólo las facultades lógicas y racionales, pero no las imaginativas; ya sea por insuficiencia de dicha influencia o por un defecto de constitución de su facultad imaginativa, lo que se traduce en la ineptitud de dicho ser de recibir la influencia de su intelecto: esta es la condición de la gente sabia o de los filósofos, en que la influencia del Intelecto Activo alcanza sólo hasta sus facultades lógicas y racionales.

Pero, si la facultad imaginativa es por naturaleza perfecta en su condición, dicha influencia se extiende y alcanza las facultades imaginativas de la persona, como es el caso de los profetas.

Pero a veces sucede que la influencia sólo alcanza la facultad imaginativa, por causa de insuficiencia de la facultad lógica, ya sea por un defecto natural o por negligencia en su entrenamiento. Este es el caso de los estadistas, legisladores, pronosticadores del futuro, encantadores y hombres que experimentan sueños verdaderos, o hacen cosas maravillosas por medio de conjuros o artes secretas, a pesar de que no sean gente sabia.

Debemos comprender que algunas de las personas de la tercera clase perciben escenas, sueños, imágenes confusas, mientras están despiertas, en forma de visión profética. Por ello se creen profetas y creen que han adquirido sabiduría sin entrenamiento. Caen en graves errores sobre importantes principios filosóficos, y ven una mezcla extraña de cosas verdaderas e imaginarias. Todo esto es consecuencia del poder de su facultad imaginativa y de la debilidad de su facultad lógica, la cual no se encuentra desarrolada en ellos y no ha pasado del estado potencial al real.

DIFERENCIAS ENTRE LOS TRES TIPOS DE INFLUENCIA MENCIONADOS

Debes saber que los miembros de cada una de las tres clases mencionadas —sabio, profeta, gobernante— difieren en gran manera uno del otro. Cada una de las primeras dos clases se subdivide también en dos secciones: los que reciben su influencia sólo lo necesario para su propio perfeccionamiento, y los que la reciben en tal medida que es suficiente no sólo para ellos, sino también para otros.

Un hombre de la primera clase, un sabio, puede tener su mente influenciada sólo hasta aquello que él puede entender, saber, discernir, sin tener que ser un maestro o un autor, ni tener el deseo ni la capacidad de serlo; pero también puede recibir influencia de tal manera que puede convertirse finalmente tanto en maestro o autor. (Mientras el sabio absorbe la influencia, el maestro o autor imparten a otros de la influencia que han recibido.)

Lo mismo sucede en el caso de la segunda clase. Una persona puede recibir una profecía que le permita perfeccionarse a sí misma, pero no a otros; pero también puede recibir una profecía que la compela a dirigirse a otras personas, a enseñarles y a beneficiarlas a través de su propia perfección. Está claro que sin este segundo nivel de perfección, ningún libro se hubiese podido escribir ni ningún profeta hubiese persuadido a otras personas a conocer la verdad. Siendo que ; ya que el sabio no escribe un libro con el objetivo de enseñarse a él mismo lo que ya sabe; sino más bien, la característica de su intelecto es la siguiente: lo que el intelecto recibe debe ser transmitido a otro, y así sucesivamente, hasta que dicho conocimiento es alcanzado por una persona que sólo puede perfeccionarse a sí misma pero carece de la capacidad de transmitir el concepto a otros.

Además, la naturaleza de este elemento en el hombre es que el que posee un mayor grado de dicha influencia se ve compelido a predicar a sus semejantes en todas las circunstancias, tanto si es escuchado o no, e incluso si ello significase un perjuicio para él. Por ello, encontramos profetas que no cesaban de hablar a la gente hasta que eran golpeados para acallarlos. Era la influencia Divina la que movilizaba a tales profetas, la que no los dejaba descansar, y la que traía sobre ellos grandes males por su acción. Por ejemplo, cuando Irmeiá (Jeremías) fue humillado, como todos los otros maestros y eruditos de aquel tiempo, y él no podía, a pesar de que quería, desechar su profecía, ni cesar en sus esfuerzos por recordarle al pueblo las verdades que ellos no querían escuchar. (¿Pues a quién le gusta que lo reprendan, que le recuerden frente a frente las malas consecuencias a las que pueden inducir sus malas acciones?)

Y así expone el Profeta:

Pues la palabra de Hashem ha venido a serme un vituperio y una afrenta todos los días. Y dije: "No haré mención de Él ni hablaré más en Su Nombre. Pero (Su Palabra) estaba en mi corazón como fuego consumidor encerrado en mis huesos. Así, pues, me cansé de refrenarme y no pude callar" (Irm./Jer. 20:8-9).

Y en ese mismo sentido se expresa otro Profeta: "El Supremo ha hablado, ¿quién no ha de profetizar?" (Amós 3:8)

MORÉ NEVUJIM, PARTE 2, CAPÍTULO 38

EL PROFETA: COMBINACIÓN DE CORAJE E INTUICIÓN

Todo hombre posee cierto grado de coraje, ya que de lo contrario no podría lidiar contra nada que lo perturbe. Tal como todas las demás fuerzas, también ésta varía de un individuo a otro, siendo más fuerte en unos y más débil en otros. Hay, por lo tanto, personas que atacan como leones, mientras que hay hombres que corren aterrorizadas aun frente a la "amenaza" de un débil. Uno enfrenta a todo un ejército y pelea, mientras que otro huye despavorido al ver un ratón.

Este coraje requiere que en la constitución del hombre haya cierta disposición hacia el mismo. Si el hombre, de acuerdo a cierto punto de vista, utiliza esa fuerza con más frecuencia, la misma se desarrolla y crece; pero si la utiliza de manera esporádica, disminuye.

Lo mismo sucede con la facultad intuitiva, todos la poseemos aunque en diferentes niveles. El poder de intuición de la persona es especialmente fuerte en cosas en las que ha logrado comprender bien y en las que piensa constantemente. Por eso, puedes intuir correctamente que una persona a la que tú conoces debidamente, dirá o hará tal cosa ante determinada situación. Algunas personas son tan fuertes en sus facultades imaginativas e intuitivas que cuando asumen algo, la realidad confirma dicha postura de manera parcial o incluso total. A pesar de que las causas de tal postura sean numerosas, no obstante, por medio de las facultades intuitivas del intelecto uno puede ir más allá de todas esas causas y llegar a las conclusiones de manera sumamente rápida, casi de forma instantánea.

Esta misma facultad permite a ciertas personas predecir importantes sucesos. Los profetas deben de haber tenido estas dos fuerzas, la del coraje y la de la intuición, sumamente desarrolladas, las cuales se fortalecen más y más bajo la influencia del Intelecto Activo. Su coraje es tan grande, como por ejemplo Moisés, que apenas con un bastón en su mano se animó a dirigirse al gran faraón en su deseo de liberar a su pueblo de sus manos opresoras. No sentía temor, ya que le fue dicho de lo Alto: "Yo estaré contigo" (Shemot/Éx. 3:12). Los profetas no todos tenían el mismo nivel de coraje, pero ninguno de ellos tampoco lo carecía del todo. Por ello, dijo el Supremo a Irmeiá (Jer.): "No tengas miedo de ellos" (Irm./Jer. 1:8), y a Iejezkel (Ezequiel): "No tengas miedo de ellos ni de sus palabras" (Iejezkel/ Eze. 2:6). Otras veces, gracias a que eran excelsos en su facultad intuitiva, podían predecir rápidamente el futuro. Pero dicha excelencia, como es sabido, tiene diferentes niveles.

Los verdaderos profetas, indudablemente, conciben ideas que resultan de premisas que la mente humana no puede comprender por ella misma; por ello revelan cosas que el hombre común no podría decir basándose solamente en la lógica y en la imaginación; ya que la acción producto de la capacidad mental e intelectual de los profetas recibe influencia del mismo agente que induce a la captación de una idea por medio de la facultad imaginativa, lo cual le permite al profeta predecir un evento futuro con tanta claridad, como si pudiera percibirlo con sus sentidos; y sólo a través de ellos es que él lo puede imaginar. Este agente perfecciona la mente del profeta y ejerce tal influencia sobre ella que él concibe ideas que son confirmadas por la realidad, y son tal claras para el profeta como si las hubiera deducido por medio de su lógica.

Y lo que hemos expuesto sobre los poderes extraordinarios de nuestra facultad imaginativa es aplicable con una fuerza especial a nuestro intelecto, pues justamente, es a través del intelecto que la influencia alcanza la facultad imaginativa.

Se despierta entonces el siguiente interrogante: ¿Cómo puede la facultad imaginativa ser tan perfecta que nos permita representar cosas que no hayan sido percibidas anteriormente por ninguno de nuestros sentidos, si su mismo nivel de perfección proviene del intelecto, y éste no puede comprender cosas más allá de su manera usual, o sea, por medio de la lógica de premisas, conclusiones e inferencias?

En verdad, ése es el genuino significado de profecía y de las disciplinas para las cuales la preparación para la profecía debe dedicarse de manera exclusiva.

FENÓMENOS QUE CONLLEVAN A ERRORES Y A FALSAS INTERPRETACIONES. PERSONAS QUE SE CREEN PROFETAS

Hemos mencionado previamente a los verdaderos profetas para excluir a aquellas personas cuyas facultades mentales no están completamente desarrolladas y no poseen ningún tipo de conocimiento, pero tienen mucho poder inventivo e imaginativo. Puede ser que las cosas que esta gente percibe no sean más que ideas que hayan tenido previamente, y que hayan hecho tal impacto que quedaron grabadas en su imaginación; pero a pesar de que ciertas imágenes desaparezcan, hay otras que perduran y son vistas y consideradas como nuevas, como si provinieron del exterior. Dicho proceso es análogo al siguiente caso: Una persona se encuentra viviendo en una casa junto con mil personas; todos ellas se van excepto una. Cuando esa persona se encuentra a solas con este individuo, se imagina que éste ha entrado a la casa en ese momento, contrariamente al hecho de que en verdad, él jamás dejó la casa. Este es uno de los fenómenos que llevan a peligrosos errores y falsas interpretaciones.

Han habido personas que han apoyado sus opiniones en sueños que han experimentado, pensando que aquella visión que percibieron en sueños era algo independiente de lo que habían creído o escuchado o visto cuando estaban en estado de conciencia, despiertos. Personas cuyas capacidades mentales no están completamente desarrolladas, y que no han alcanzado una perfección intelectual, no deben tomar en consideración tales sueños. Aquellos que sí han alcanzado un estado de perfección, por medio de la influencia del intelecto Divino pueden llegar a lograr un conocimiento mientras duermen que no lo adquirieron anteriormente en estado de vigilia. Esos son los verdaderos profetas, como expone el versículo: "Y el verdadero profeta posee un corazón para la sabiduría" (Tehilim/Salmos 90:12).

MORÉ NEVUJIM, PARTE 2, CAPÍTULO 41

SUEÑO, VISIÓN, PROFECÍA

No tengo que explicar el significado de "sueño", pero sí explicaré el significado de *Maré*, "visión", como expone el versículo: "En una visión (*BeMaré*) Me doy a conocer a él" (Bamidbar/Núm. 12:6). Se refiere a algo impresionante que el profeta percibe cuando está despierto, como dijo el profeta Daniel: "Y tuve esta gran visión, y no me quedaron fuerzas" (Daniel 10:8). Y continúa: "Tuve un profundo sueño, y mi rostro estaba al suelo". Bajo esas circunstancias los sentidos dejan de actuar y el Intelecto Activo tiene una influencia sobre todas sus facultades racionales, y a través de ellas es que las facultades imaginativas entran en acción. A veces, la profecía comienza con una visión profética, el profeta comienza a sentir gran temor y a temblar, y queda muy afectado como consecuencia de la acción de su poder imaginativo. Y luego comienza la profecía.

Ése fue el caso del patriarca Abraham. El comienzo de su profecía dice así: "La palabra del Supremo se reveló a Abram en una visión". (Bereshit/Gén. 15:1); y luego expone el versículo: "Un sueño profundo cayó sobre Abram" (Bereshit/Gén. 15:12); y luego: "Dijo (el Supremo) a Abram..." (Bereshit/Gén. 15:13). Algunos profetas alegan haber recibido la revelación profética por medio de un ángel, y otros directamente del Supremo. Pero incluso en este último caso no cabe duda de que recibieron dicha revelación por medio de un ángel. En ese sentido, sobre el versículo: "Dijo el Supremo a ella", nuestros Sabios interpretan que Él le habló a ella por medio de un ángel.

Debes saber que siempre que la Torá expone que Hashem o un ángel le hablaron a cierta persona, ello aconteció en un sueño o en una visión profética.

CUATRO MANERAS DE RECIBIR COMUNICACIÓN DIVINA

Hay cuatro formas distintas en que la Torá relata que un profeta ha recibido comunicación Divina.

1) El profeta refiere haber escuchado la palabra de un ángel en una visión o en un sueño.

2) El profeta transmite las palabras del ángel sin mencionar que las recibió en un sueño o una visión, entendiendo que es sabido que una profecía sólo puede originarse de alguna de esas dos maneras.

3) El profeta no menciona ni dice en absoluto que fue por medio de un ángel, y en cambio dice que fue el Supremo, Hashem, Quien le habló, pero establece que fue por medio de un sueño o de una visión.

4) Introduce su profecía diciendo que el Supremo le habló, o le dijo que haga o diga determinada cosa, pero no explica que dicha profecía la recibió en un sueño o en una visión, ya que entiende que es sabido y que se ha establecido como principio, que toda profecía o revelación sólo se manifiesta en un sueño o en una visión y a través de un ángel.

Ejemplos del primer caso: "Y un ángel de Hashem me dijo *en un sueño*: Iaacov..." (Bereshit/Gén. 31:11), "Y un ángel le dijo a Israel *en una visión nocturna*" (Ibid, 46:2); "Y *un ángel* vino a Bilaam durante la noche"; "Y *un ángel* le dijo a Bilaam"(Bamidbar/Núm. 22:20-72).

Ejemplos del segundo caso: "Y Elokim *(un ángel)*, le dijo a Jacob, Ve, dirígete hacia Bet El" (Bereshit/Gén. 35:1). "Y Elokim le dijo, tu nombre es Iaacov..."(Ibid, 35:10). "Y *un ángel* de Hashem lo llamó a Abraham desde el Cielo una segunda vez" (Ibid. 22:15). "Y Elokim (por medio de un ángel) le dijo a Noaj" (Ibid, 6:13).

Ejemplos del tercer caso: "Y la *Palabra de Hashem* se reveló a Abraham en una visión" (Bereshit/Gén. 15:1).

Ejemplos del cuarto caso: "Y *Hashem* le dijo a Abraham..." (Bereshit/Gén. 18:13); "Y *Hashem* le dijo a Iaacov: regresa..." (Ibid. 31:3) "Y *Hashem* le dijo a Iehoshúa..." (Iehohúa/Josué 5:9). "Y *Hashem* le dijo a Gideón" (Shoftim/Jueces 7:2).

La mayoría de los profetas se expresan de manera similar: "Y Hashem *me* dijo" (Devarim/Deut. 2:2); "Y la palabra de Hashem *me* vino *a mí*" (Iejezkel/Eze. 30:1), y otros casos similares.

Todo versículo de las Escrituras que presente algunas de esas cuatro formas revela profecías enunciadas por profetas. En cambio, la forma: "Y Elokim (un ángel) vino hacia cierta persona en un sueño nocturno", no indica una profecía, ni que la persona mencionada tampoco sea un profeta; más bien, la frase sólo está indicando que el Supremo le llamó la atención a esa persona sobre cierto tema. Ya que así como el Supremo puede causar que alguien actúe de cierta forma para salvar o matar a otro, así también Él puede causar que la persona piense ciertas cosas mientras duerme.

No tenemos duda alguna de que Laban el arameo era una persona sumamente perversa e idólatra; lo mismo que Abimelej, a pesar de que era benévolo para con su gente. Al respecto expone el versículo que Abraham estaba preocupado por la tierra de Gerar, donde aquél reinaba, "Seguro que no hay temor a Hashem en este lugar", (Bereshit/Gén. 20:11). Y sobre esos dos personajes exponen sendos versículos: "Un ángel se le reveló en un sueño", y: "Elokim fue hacia Laban el arameo en un sueño nocturno" (Bereshit/Gén. 31:24).

DIFERENCIAS ENTRE "SUEÑO" Y "VISIÓN"

Es importante notar la diferencia entre los versículos "Y Elokim fue y "Elokim dijo", y entre "en un sueño por la noche" y "en una visión nocturna".

En referencia a Iaacov expone el versículo: "Y un ángel le dijo a Israel en una visión nocturna", (Bereshit/Gén. 46:2), pero en referencia a Laban y Abimelej expone el versículo: "Y Elokim *fue...*". Cuando un versículo expone: "Dijo Hashjem (o el Supremo) a cierta persona", significa que, en verdad, el Supremo no le habló a esa persona, ni que la misma siquiera haya recibido alguna profecía, sino que le informaron de cierta cosa a través de un profeta. Por ejemplo, sobre el hecho de cuando la matriarca Rivká fue a consultar a la Casa de Estudios de Eber sobre la cualidad de los bebés que llevaba en su vientre, expone el versículo: "Y Hashem le dijo", refiriéndose a que en verdad fue un ángel quien le dio una respuesta, en alusión a Eber, ya que a veces un profeta también es llamado "ángel". (Ver Bereshit/Gén. 25:23). Y el significado particular en este caso es el siguiente: O un ángel se le presentó a Eber; o bien, el objetivo de la citada explicación del Midrash es expresar que siempre que el Supremo se manifiesta hablando directamente a cualquier profeta común, Él le habla por medio de un ángel.

MORÉ NEVUJIM, PARTE 2, CAPÍTULO 42

LA REVELACIÓN DEL ÁNGEL; POR MEDIO DE UNA VISIÓN PROFÉTICA

Ya hemos establecido que siempre que la Escritura menciona que un ángel se reveló o habló, dicha revelación fue por medio de una visión o de un sueño. Y no hay diferencia si ello está especificado explícitamente o no. Se trata de una cuestión importante a tener en cuenta. Y en algunos casos, el versículo comienza exponiendo que el profeta vio un ángel, mientras que en otros comienza hablando sobre una persona, y finalmente resulta que esa "persona" era en verdad un ángel. Y no hay diferencia, ya que por más que al final sí lo aclara, uno puede estar seguro de que toda la historia desde el principio describe una visión profética.

En esas visiones proféticas o sueños proféticos, el profeta o bien ve al Supremo que le está hablando, o ve a un ángel que le habla, o escucha que alguien le habla pero no ve a su interlocutor, o bien sí lo ve, pero luego toma conocimiento de que se trataba de un ángel.

Este importante principio fue adoptado por uno de nuestros Sabios, Rabí Jiá el Grande (Bereshit Rabá, 48), cuando explica "Y Hashem se reveló en la planicie de Mamré" (Bereshit/Gén. 18), en referencia a Abraham.

Este principio general sobre que el Supremo se reveló ante Abraham es seguido por la descripción del modo en que Él se le reveló: Primero Abraham vio a tres hombres y corrió a hablarles. Rabí Jiá explica que estas palabras de Abraham; "Mi amo, si he hallado gracia ante sus ojos...", fueron pronunciadas por él en una visión profética a uno de esos hombres.

EL PATRIARCA IAACOV Y LOS ÁNGELES

Y lo mismo en referencia al patriarca Iaacov, sobre quien expone el versículo: "Y el hombre peleó con él" (Bereshit/Gén. 32:25); lo cual tuvo lugar en una visión profética, pues expresamente menciona luego que ese "hombre" en verdad era un ángel.

Las circunstancias en este caso son las mismas que en el de la visión de Abraham, en donde la frase general "Y el Supremo se le reveló", es seguida por una descripción en detalle. De manera similar, el relato de la visión de Iaacov comienza: "Y los ángeles de Hashem lo encontraron" (Bereshit/Gén. 32:2); y luego sigue una detallada descripción sobre cómo y qué sucedió en ese momento; y en ese mismo contexto expone el versículo que finalmente Iaacov "quedó solo...y un hombre peleó con él". Al decir "hombre", se refiere a uno de los ángeles del Supremo, de los mencionados en la frase "Y los ángeles de Hashem lo encontraron". Y resulta que la pelea mencionada y el diálogo citado tuvieron lugar en una visión profética.

DIÁLOGO DE BILAAM CON EL ASNA

Lo mismo sucedió con la historia de Bilaam y su diálogo con el asna, que en realidad tuvo lugar en una visión profética, siendo que antes, en el mismo relato, se le presentó a Bilaam un ángel del Supremo.

IEHOSHÚA Y EL ÁNGEL

Asimismo entiendo que lo que Iehoshúa (Josué) percibió cuando "levantó la mirada y vio a un *hombre* parado frente a él" (Iehosúa/Jos. 5:13), también se trató de una visión profética, siendo que después expone la Escritura (versículo 14) que ese hombre era "el príncipe de las Huestes de Hashem".

"ÁNGEL" SIGNIFICA TAMBIÉN "PROFETA"

En cambio, en el versículo "Y sucedió que el ángel de Hashem habló estas palabras a todo Israel", la palabra "ángel"; tal como lo explican nuestros Sabios, se refiere a un hombre, más específicamente a Pinjás, y el versículo se refiere a él como "ángel" pues cuando la Gloria divina se manifestaba en él, él era cual "ángel".

La palabra *ángel* es homónima, es decir, además de su significado literal también significa "profeta", como en el caso de los versículos siguientes: "Y Él mandó un *ángel* y nos sacó de Egipto" (Bamidbar/Núm. 20:16), "Y luego habló Jagai, el *ángel* de Hashem, y expuso Su mensaje" (Jagai 1:13), "Y ellos ofendieron a los *ángeles* de Hashem" (2 Crón. 36:16). Y similarmente hallamos en el Libro de Daniel: "El hombre Gabriel, a quien yo había visto en una visión volando arrebatadamente, me tocó como a la hora de la ofrenda de la tarde" (Daniel 9:21). (En este caso, también la voz "hombre" es homónima, y su significado, además del literal, es "ángel").

Todos los casos citados sucedieron en una visión profética, y no debes pensar que algún ángel haya sido visto literalmente o que sus palabras hayan sido escuchadas de alguna otra manera que no fuese por medio de una visión profética o de un sueño profético. Ello es de acuerdo con el principio mencionado previamente: "Yo me hago conocer a él en una visión y le hablo por medio de un sueño" (Bamidbar/Núm. 12:6).

De la regla que he mencionado, acerca de la preparación requerida para recibir una profecía, y de nuestra interpretación del homónimo «ángel», uno puede concluir que Hagar, la mujer egipcia, sirvienta de Sará que luego se casó con Abraham, relación de la que nació Ismael, no era una profetisa; ni tampoco fueron profetas Manóaj y su esposa (padres de Sansón); ya que lo que ellos oyeron o pensaron que oyeron, era en verdad como un eco profético (*Bat Kol* en hebreo), tan mencionado por nuestros Sabios; el cual puede ser experimentado por personas no iniciadas ni preparadas para recibir profecías, de modo que la homonimia de la palabra "ángel" (en el sentido de "profeta") puede inducir a error en este caso (pues como hemos visto, las personas citadas no eran profetas).

Así, pues, resulta que la homonimia es el principal método por el cual se dan a explicar la mayoría de los pasajes dificultosos de la Torá. Por ejemplo, las palabras "Y el ángel de Hashem la encontró al lado del pozo" (Bereshit/Gén. 16:7), en referencia a Hagar que fue hallada por el ángel cuando fue expulsada de la casa de Abraham, son semejantes a las palabras con las que el versículo refiere el episodio de Iosef (José), "Y un hombre lo encontró merodeando en el campo" (Bereshit/Gén, 27:15). Todos los *Midrashim* (comentarios) concluyen que el *hombre* mencionado en este último versículo se refiere a un ángel.

MORÉ NEVUJIM, PARTE 2, CAPÍTULO 43

LAS ALEGORÍAS EN LOS SUEÑOS
Y EN LAS PROFECÍAS

Muchas veces los profetas profetizan por medio de alegorías, cuyo significado queda revelado en la misma profecía. En nuestros sueños, a veces creemos que estamos despiertos y contamos el sueño a otra persona, quien explica el significado del mismo. Y todo esto sucede mientras estamos soñando. Ese caso, nuestros Sabios lo denominan "un sueño interpretado en el sueño mismo". En otros casos vemos su interpretación una vez que nos despertamos.

Y lo mismo sucede con las alegorías proféticas, algunas de las cuales son interpretadas en la misma visión profética. Es el caso de Zejariá (Zac.), que después de haber expresado las alegorías expone: "Y el ángel que me habló vino nuevamente hacia mí y me despertó como quien es despertado de su sueño. Y me preguntó: '¿Qué ves?'." (Zejaria/Zac. 4:1,2). Y a continuación expone el significado de la alegoría.

Otro ejemplo similar lo hallamos en el libro de Daniel. Primero expone: "Y Daniel vio un sueño..." (Daniel 7:1); y luego detalla la alegoría, cuyo significado Daniel no comprende y le pregunta al ángel, quien le da la respuesta en la misma visión profética. Textualmente, el versículo expone: "Me acerqué a uno de los ángeles y le pregunté sobre la verdad de todo eso; y entonces me dijo la interpretación" (Daniel 7:16). Toda la escena es referida como *Jazón* ("visión") (a pesar de que está presentado como un sueño), y ello porque expone el versículo: "*Vio* un sueño", pues como lo hemos expuesto, el ángel le dio la explicación en el mismo sueño, a modo de una visión profética. Ello es claro, puesto que la voz *Jazón* ("visión"), la cual deriva de *Jazá* ("ver"), es sinónimo de *Maré* ("visión"), que deriva de *Raá* ("vio"). Por ello, no hay diferencia si se utiliza la palabra *Maré*, *Majazé*, o *Jazón* —todas voces que significan "visión"— pues no hay otra forma de revelación que las dos que cita el versículo: por medio de una visión propiamente dicha o por medio de un sueño. No obstante, hay distintos niveles de capacidad profética entre ellos.

Hay otras alegorías proféticas cuyos significados no son revelados en una visión profética; sino el profeta las comprende al despertar de su sueño.

Debes saber que así como los profetas ven en sus visiones cosas que representan alegorías —como los candelabros , los caballos, y las montañas de Zacarías, o la olla hirviente de Jeremias, y objetos similares— cada uno de los cuales representa determinadas ideas; también ven en sus visiones cosas que no representan el objeto, el significado, de la visión, sino que el significado de dicha visión está aludido por medio de las denominaciones de tales cosas, ya sea por la etimología de la palabra o por su homonimia (diferentes significados de una misma palabra). De modo que la facultad imaginativa crea la imagen de cierta cosa cuyo nombre tiene dos significados, uno de los cuales denota algo distinto de su imagen. Eso también es una especie de alegoría (y visión profética).

HOMONIMIA COMO MÉTODO DE INTERPRETACIÓN DE SUEÑOS Y PROFECÍAS)

(La homonimia es un recurso que aplica a una misma palabra dos o más significados diferentes). Por ejemplo, la vara de almendras que Jeremías vio en su visión profética (Irm./Jer. 1:11,12) acerca de la destrucción del Templo no guarda relación con la profecía, sino que por su nombre en hebreo se puede comprender la alegoría oculta en dicha visión; pues *Shaked*, además de "almendra" también significa "apresurar"; y por ello el Supremo le respondió: "Bien has visto, pues Me *apresuro* a cumplir Mi Palabra". O como el *Kelub Kaitz* ("canasta de frutos de estación") que Amós vio en su visión, que simbolizaba la culminación de cierto período (Amos 8:2). Pues la voz *Kaitz* ("verano", "estación") también puede leerse como *Ketz*, "final".

INTERPRETACIÓN DE SUEÑOS Y PROFECÍAS POR MEDIO DE LA ETIMOLOGÍA (ORIGEN) DE PALABRAS CLAVE

Y más extraño aún es la manera de llamar la atención de los profetas sobre cierto objeto. Así, el profeta ve en una visión un objeto distinto, cuyo nombre no tiene ninguna relación con el primer objeto, sólo que sus nombres contienen las mismas letras, pero en distinto orden. Por ejemplo en el caso de las profecías alegóricas de Zejariá (cap. 11:7 y ss.), leemos que en una visión profética tomó dos bastones para apacentar el ganado. A uno de esos bastones lo llamó *Noam* ("Gracia") y al otro *Jobelim* ("Destructores"). Ello indica que primero el Pueblo de Israel estaría en gracia con el Supremo: ellos se regocijarían en el servicio divino a Él, y Él se regocijaría en ellos, tal como efectivamente ocurrió. Pero luego habría un cambio: el Pueblo aborrecería la obediencia a Él, y Él los aborrecería a ellos, designando como líderes del Pueblo a los *jobalim* (destructores) como Jeroboam y Menashé (que llevaron al Pueblo por el mal camino que conduce a su destrucción). La voz *jobelim* comparte su raíz *jabal* con *mejablim,* cuyo significado es "destructores", como en el versículo *Mejablim keramim* ("destructores de viñedos") (Cantares 2:15).

INTERPRETACIÓN DE SUEÑOS Y PROFECÍAS POR MEDIO DE TRANSPOSICIÓN DE LAS LETRAS DE UNA PALABRA

Pero en la palabra *Jobelim* el profeta halló también la indicación de que el Pueblo aborrecería a Hashem y viceversa. Y ello no está expresado por la voz *jabal* (de *jobalim*), sino por la transposición de las letras de *jabal* por *bajal,* voz cuyo significado es "aborrecer". Resulta que transponer el orden de las letras de una palabra o palabras es un método válido para hallar el significado de una visión.

MORÉ NEVUJIM, PARTE 2, CAPÍTULO 44

FORMAS DE MANIFESTACIÓN DE LA PROFECÍA

La profecía se puede manifestar en una visión o en un sueño, tal como lo hemos señalado tantas veces. Cuando un profeta se inspira con una profecía puede visualizar una alegoría (algo que represente el significado) tal como lo hemos demostrado; o bien, puede, en una visión profética, percibir que el Supremo le habla, como en el caso de Isaías (6:8), "Y oí la voz de Hashem que decía: '¿A quién enviaré, y quién irá por nosotros?'."

O bien el profeta puede escuchar a un ángel que se dirige a él, e incluso puede visualizar al ángel. Ello es muy frecuente, como por ejemplo en los siguientes casos: "El ángel de Elokim me habló..." (en referencia al sueño de la escalera del patriarca Iaacov, Bereshit/Gén. 31:11), o: "El ángel que hablaba conmigo respondió y me dijo: '¿No sabes qué es esto?'." (Zejariá/Zac. 4:5). "Escuché a un sagrado (ángel) que me hablaba..." (Daniel 8:13.). Los casos de este tipo son innumerables. El profeta a veces ve a un hombre que le habla, como en este caso: "Y resulta que había un hombre, cuyo aspecto era como aspecto de bronce, y el hombre me dijo..." (Iejezkel/Eze. 40:3,4). En dicho contexto, la voz "hombre" no debe tomarse literalmente como tal, pues al comienzo del pasaje expone el versículo: "La mano del *Supremo* se apoyó sobre mí"(ibid. vers. 1). (De modo que por "hombre" se debe entender "ángel").

En algunos casos el profeta no ve ninguna imagen en absoluto, sino sólo escucha en la visión profética las palabras dirigidas a él, por ejemplo, "Y oí una voz de hombre entre las riberas del Ulai" (Dan. 16:8). O como dijo Elifaz: "Hubo silencio y escuché una voz" (Job 4:15). O como dijo Iejezkel: "Escuché una voz de Aquel que me habló" (Iejezkel/Eze. 2:2).

UNA PROFECÍA O UN SUEÑO COMO
ESCUCHANDO UNA VOZ HUMANA

Después de dicha observación sobre los diferentes tipos de profecía, cabe decir que las palabras que el profeta escucha en la visión profética pueden parecerle que se manifiestan con la mayor claridad posible, como cuando uno escucha truenos poderosos en su sueño, o escucha una tormenta muy fuerte o un terremoto. Es de destacar que son muy frecuentes los sueños de ese tipo.

El profeta puede también escuchar la profecía cual si fuese una voz humana común, sin que mediase nada inusual. Tomemos por ejemplo el caso del profeta Shmuel (Samuel): Cuando fue llamado en una visión profética, él creyó que el que lo llamaba era el Sacerdote Eli, y que lo estaba llamando en la realidad; y eso sucedió tres veces consecutivas. Luego el texto explica la causa de su confusión y expone que Samuel todavía no sabía que el Supremo se dirigía a los profetas de ese modo (a través de visiones). Expone el versículo: "Y Samuel todavía no conocía al Supremo, y la palabra del Supremo no se había aún revelado a él" (1 Shmuel/1Sam. 3:7); es decir, Samuel todavía no sabía que la palabra Divina se revelaba de esa manera, pues jamás antes había experimentado la profecía. Pues respecto del profeta expone el versículo: "Me di a conocer a él en una visión, hablé con él en un sueño" (Bamidbar/Núm. 12:6). De modo que el citado versículo "Shmuel (Samuel) no conocía aún al Supremo", de acuerdo a nuestro criterio, bien puede interpretarse como: "Shmuel aún no había profetizado, ni tampoco sabía que ésa era la forma en que se manifestaba la profecía". Sábelo.

MORÉ NEVUJIM, PARTE 2, CAPÍTULO 45

NIVELES DE PROFECÍA

Luego de haber descripto qué es una profecía de acuerdo con la razón y las Escrituras, debemos ahora describir los distintos niveles de profecía de acuerdo con los dos criterios mencionados. No todos los niveles que enumeraremos califican a una persona como profeta. Los primeros dos niveles son solamente pasos que conducen a la profecía, y una persona que los posea no es considerada profeta aún; y si tal persona es llamada "profeta" se debe tomar dicha expresión en su sentido más amplio, es decir, no significa que realmente sea un profeta, sino que está camino de serlo.

A veces sucede que un profeta recibe una profecía en uno de los niveles que mencionaremos, y otras veces la recibe en otro nivel. Asimismo, puede ocurrir que a veces profetice en el nivel más elevado, y otras en el nivel más bajo; y ello es porque no profetiza de manera continua. Y puede suceder también que ese nivel tan elevado sea alcanzado por el profeta una sola vez en su vida, y luego nunca más pueda acceder a él, o también puede ocurrir que el profeta permanezca en un nivel intermedio de profecía hasta que pierda por completo la facultad de profetizar, porque los profetas ordinarios cesan de profetizar un período de tiempo antes de su fallecimiento, como expone el versículo: "Y la palabra de Hashem cesó de Irmeiahu (Jeremias)" (Ezra 1:1). "Y éstas fueron las últimas palabras de David" (2 Shmuel/2 Sam. 23:1). De dichos versículos podemos concluir que lo mismo sucede con todos los profetas.

Ahora pasaré a enumerar los distintos niveles de profecía:

ESPÍRITU DE DIVINIDAD

El primer nivel de profecía consiste en la asistencia Divina que de lo Alto se le confiere a una persona, asistencia que lo incentiva a hacer algo bueno, sobresaliente, como por ejemplo salvar a un grupo de hombres buenos de las manos de transgresores; o salvar a una persona noble, o causar regocijo a un número de personas, etc. Una persona de este tipo halla dentro de sí la causa que la moviliza a realizar dicha acción. Este grado de influencia Divina se denomina "Espíritu de Hashem", y sobre una persona así se dice que "el espíritu de Hashem está sobre ella", o que "se enviste en ella". Todos los Jueces de Israel se encuentran en dicho nivel, y sobre ellos exponen las Escrituras: "Y Hashem designó jueces sobre el Pueblo; y Hashem está con el juez, y Los salva" (Shoftim/Jueces 2:18). También los reyes de Israel pertenecen a esta categoría, como está escrito: "Y el espíritu de Hashem estuvo sobre Shaúl cuando él escuchó esas palabras" (1 Shmuel/1 Samuel 11:6).

Moshé siempre tuvo esta facultad desde su ingreso a la edad adulta: ella fue la que lo impulsó a matar al egipcio que estaba castigando a un hebreo, y a prevenir que dos hebreos peleasen entre ellos. De hecho, era tan fuerte en él esta cualidad, que una vez que huyó de Egipto en pánico por haber matado al egipcio y llegó a Midián, no se pudo contener de intervenir al ver que se estaba haciendo el mal, como expone el versículo: "Y Moshé fue y las salvó" (Shemot/Éx. 2:17). (Moshé vio a dos mujeres junto a un pozo de agua que estaban siendo molestadas por otros pastores).

De igual manera sucedió con el Rey David cuando fue ungido con el aceite de la unción. Expone el versículo: "Y el espíritu de Hashem cubrió a David desde ese día en adelante" (1 Shmuel/1 Samuel 16:13); y así pudo prevalecer sobre el león, sobre el oso y sobre los filisteos, y gracias a ese mismo espíritu logró llevar a cabo otras acciones similares.

Sin embargo, esta facultad por sí sola no causa que las personas que la posean, como los casos mencionados, digan ciertas cosas sobre determinadas cuestiones (como sí suelen hacen los profetas), ya que lo único que provoca esta facultad es incentivar a actuar; y ni siquiera lo incentiva a hacer todo, sino solamente, por ejemplo, ayudar a una persona o incluso a toda una congregación que se encuentra en estado de opresión, o a realizar alguna acción que conduzca a ese fin. Así como una persona que haya soñado algo verdadero no por ello es un profeta, no se puede decir que todos los que ayuden a otros lo sean, o que lo hagan porque fueron cubiertos por el espíritu de Divinidad.

Más bien, reservamos dicho adjetivo a las personas que hayan hecho algo realmente sobresaliente y bueno, por ejemplo, el mérito de Iosef en la casa de su amo egipcio, Potifar, que fue la primera causa que condujo a los grandes eventos que ocurrieron en consecuencia.

LA SENSACIÓN DE HABER EXPERIMENTADO UN CAMBIO

El segundo nivel es el de aquel que siente que ha experimentado algún cambio, como si hubiera recibido un nuevo poder que lo urge a hablar. Y entonces habla de temas científicos, compone himnos, exalta a sus semejantes, discute problemas teológicos y políticos; y todo eso lo realiza mientras está despierto y en total control de sus sentidos. Dicha persona es descripta como quien "habla con el espíritu Divino". David compuso Salmos, y Salomón el Libro de los Proverbios, Eclesiastés, y el Cantar de los Cantares; también Daniel, Job, Crónicas y otros fueron todos libros escritos por medio del espíritu de Divinidad; y por ello son llamados *Ketuvim* (Escritos, o Escrituras), porque fueron escritos por hombres inspirados por el espíritu de Divinidad. Nuestros Sabios mencionan este concepto en relación con el Libro de Ester.

En referencia a este espíritu Divino, el rey David expuso: "El espíritu de Hashem me habló, y sus palabras están en mi lengua" (2 Shmuel/2 Sam. 23:2), o sea, que el espíritu Divino fue el que causó que él dijera dichas palabras.

Esta categoría incluye a los setenta ancianos, sobre quienes expone el versículo: "Y fue que el Espíritu de Divinidad descansó sobre ellos, y ellos profetizaron" (Bamidbar/Núm. 11:25). Más aún, todos los Sacerdotes Principales consultaban al Supremo por medio de los *Urim* y *Tumim* (Pectoral del Sacerdote Principal); sobre quienes dicen nuestros Sabios que moraba la Gloria Divina y hablaban por medio del espíritu de Divinidad.

También Iajaziel, el hijo de Zacarias pertenecía a esta categoría. "El espíritu de Hashem moró sobre él en medio de la asamblea y dijo: Escuchen, todos los habitantes de Iehudá y de Iersushaláim, así dijo Hashem..." (2. Crón. 20:14,15); y también Zacarias mismo, hijo del sacerdote Iehoiadá.

También Bilaam pertenecía a esta categoría en su etapa de "hombre bueno", como indican las palabras: "Y Hashem puso las palabras en boca de Bilaam" (Bamidbar/Núm. 23:5), o sea, Bilaam habló por inspiración Divina; y por eso dijo sobre sí mismo: "Quien escuchó las palabras de Hashem" (Bamidbar/Núm. 24:4).

Debemos aclarar, no obstante, que David, Salomón y Daniel pertenecían a esta categoría y no a la de Isaías, Jeremías, Natán el profeta, Ajiá el Shilonita, y otros (quienes pertenecían a una categoría superior de profecía). Ya que David, Salomón y Daniel hablaron y escribieron por medio del espíritu de Divinidad, y cuando David dijo: "Hashem de Israel me habló y me dijo: la Roca de Israel" (2 Shmuel/2 Samuel 23:3) se refirió a que Hashem le prometió alegría a través de un profeta, a través de Natán o algún otro. (Es decir, él mismo, David, no era profeta).

Esta frase debe ser interpretada de la misma manera como en los siguientes versículos: "Y Hashem le dijo a ella" (Bereshit/Gén. 25:26): "Y Hashem le dijo a Salomón: Porque esto ha estado en tu corazón y no has cuidado mi pacto" (1 Melajim/1 Reyes 11:11). Este último versículo indudablemente contiene una profecía de Ajiá el Shilonita, o de otro profeta, quien previno al rey Salomón de que sobrevendría alguna calamidad.

La frase, "Hashem se reveló a Salomón en Gibeón en un sueño por la noche, y Hashem dijo..." (Ibid. 3:5), no contiene una verdadera profecía, porque no comienza con las palabras "Y la palabra de Hashem vino a..." o "Y Hashem le dijo a Israel en una visión nocturna..." (Bereshit/Gén.

46:2); o como en el caso de Isaías o Jeremías, que cuando recibían una profecía en un sueño, se les informaba que, en efecto, se trataba de una profecía y que habían recibido inspiración profética.

Pero en el citado caso del Rey Salomón, la historia concluye: "Y Salomón despertó, y vio que era un sueño" (1 Melajim/1 Reyes 3:15); y al relatar la segunda revelación Divina expone: "Y Hashem se reveló ante Salomón por segunda vez, como se había revelado en Gibeón" (Ibid. 9:2), y evidentemente, también este caso se trató de un sueño (y no de una profecía).

Este tipo de profecía es de un nivel inferior al que se refieren las Escrituras cuando exponen: "En un sueño le hablaré" (Bamidbar/Núm. 12:6). Cuando un profeta es inspirado en un sueño, no lo llama de ninguna manera "sueño", a pesar de haber recibido la profecía por medio de un sueño, sino declara haber recibido una profecía.

Por eso, el patriarca Iaacov, cuando despertó luego de haber experimentado el sueño profético, no dijo que fue un sueño, sino: "Seguramente está Hashem en este lugar" (Bereshit/Gén. 28:16); y "Hashem Tod-poderoso se reveló ante mí en Luz, en la tierra de Kenaan" (Ibid. 48:3), expresando así que se trataba de una profecía y no de un sueño.

Pero en el caso de Salomón expresa la Escritura: "Y Salomón despertó y vio que era un sueño" (1 Melajim/1 Reyes 3:15). Y lo mismo con Daniel cuando declaró que se trataba de un sueño. A pesar de haber visualizado un ángel y de haberlo escuchado (en la visión profética), Daniel se refirió a ello como un sueño. Y a pesar de de que en dicha visión Daniel recibió información (sobre los sueños del rey babilónico Nabucodonosor), lo cual pudo haberle dado a esa visión carácter de profecía, dijo él: "Este fue el secreto revelado a Daniel en una visión nocturna (o sea en un sueño)" (Daniel 2:19). Y en otras ocasiones expresa el versículo: "Él escribió el sueño", "He visto visiones (oníricas) durante la noche", "Y las visiones (oníricas) de mi cabeza me confundieron" (Daniel 7:1,2,15).

No hay duda de que el caso recientemente descripto se trata de un nivel inferior de profecía que el que es referido con las palabras: "En un sueño Yo le hablaré".

Por eso, el libro de Daniel forma parte de las Escrituras y no de los Profetas (Porque las Escrituras están en un nivel inferior al de los Profetas). Y por ello señalé que la profecía revelada a Daniel y al rey Shelomó (Salomón), a pesar de que ellos vieron un ángel en sus sueños, no se la considera como una profecía perfecta, sino como un sueño que contiene la información correcta; y pertenecen a la categoría en la que el hombre habla inspirado por *Rúaj Hakodesh*, el "Espíritu de Divinidad".

Asimismo, no hay diferencia alguna en el nivel de las sagradas Escrituras, entre los libros de Proverbios, Eclesiastés, Daniel, Salmos, Rut y Ester: todos ellos fueron escritos por inspiración Divina. Los autores de estos libros son llamados profetas, pero en el sentido general de la palabra (y no porque fueran profetas concreta y específicamente).

VISUALIZACIÓN DE UNA ALEGORÍA PROFÉTICA EN UN SUEÑO

El tercer nivel de profecía es el nivel menor de profetas, los que introducen sus profecías con las palabras: "Y la palabra de Hashem vino a mi", u otras similares. El profeta ve una alegoría en un sueño —bajo las condiciones ya mencionadas cuando hablamos sobre la profecía genuina— y la misma es interpretada en el mismo sueño profético. A este nivel corresponden la mayor parte de las alegorías del profeta Zacarias.

ESCUCHAR PROFECÍAS EN UN SUEÑO

El cuarto nivel es el del profeta que escucha algo en un sueño profético de forma clara, pero no visualiza a quién habla. Es el caso del profeta Shemuel (Samuel) cuando comenzó a profetizar, tal como lo hemos explicado.

HABLAR CON ALGUIEN EN UN SUEÑO PROFÉTICO

El quinto nivel es el del profeta que habla con alguien en un sueño profético, como sucede en algunas de las profecías de Iejezkel (Ezequiel): "Y me habló el hombre, hijo de hombre..." (Iejezkel/Eze. 40:4).

HABLAR CON UN ÁNGEL EN UN SUEÑO PROFÉTICO

El sexto nivel es el del profeta al que un ángel le habla en un sueño, tal como ocurre con la mayoría de los profetas. Por ejemplo. "Un ángel me dijo en un sueño de la noche..." (Bereshit/Gén. 31:11).

EL SUPREMO LE HABLA EN UN SUEÑO

El séptimo nivel es aquel cuando en un sueño profético al profeta le parece como que le estuviera hablando el Supremo. Por eso dijo Ieshaiá (Isaías): "Vi a Hashem y escuché Su voz diciendo..." (Ieshaia/Is. 6:18).

VISUALIZACIÓN DE ALEGORÍAS EN UN SUEÑO PROFÉTICO

El octavo nivel es el del profeta que ve representaciones alegóricas en una visión profética, como las que vio Abraham en su visión del "Pacto entre las partes" (Bereshit/Gén. 15:9,10). Abraham visualizó dichas alegorías en una visión diurna.

ESCUCHAR EN UNA VISIÓN PROFÉTICA

El noveno nivel es el del profeta que escucha cosas en una visión profética, como está escrito en referencia a Abraham: "Y la palabra fue a él diciendo..." (Bereshit/Gén. 15:4).

VISUALIZAR A ALGUIEN QUE LE HABLA EN UNA VISIÓN PROFÉTICA

El décimo nivel es el del profeta que ve a una persona que le habla en una visión profética, por ejemplo, Abraham en la planicie de Mamré (Bereshit/Gén. 18:1), y Iehoshúa en Ierijó (Iehoshúa/Jos. 5:13).

VISUALIZAR A UN ÁNGEL QUE LE HABLA AL SOÑANTE EN UNA VISIÓN

El undécimo nivel es el del profeta que ve a un ángel que le habla en una visión, como sucedió en el caso de Abraham cuando estaba a punto de sacrificar a su hijo Itzjak (Bereshit/Gén. 22:15). Exceptuando el nivel que alcanzó Moshé, este es el nivel más elevado que un profeta puede lograr. Cuando un profeta alcanza este nivel ya cuenta con sus facultades racionales totalmente desarrolladas.

NO ES DABLE VISUALIZAR NI ESCUCHAR AL SUPREMO EN UNA VISIÓN

Pero me parece improbable que un profeta pueda percibir en una visión profética a Hashem hablándole; pues la facultad imaginativa no puede llegar tan lejos, y no hallamos esa situación en el caso de los profetas ordinarios, ya que claramente expone el versículo: "En una visión (Yo, el Supremo) me haré conocer, en un sueño le hablaré". Este versículo conecta el habla con los sueños y la visión con la acción del intelecto ("Me haré *conocer*"). Pero no dice que en una visión se pueda *escuchar* el habla del Supremo.

Y sin embargo, ciertos versículos dan fe de cosas que escucharon los profetas en visiones. La explicación, en mi opinión, es que lo que escucharon fue en un sueño —pues, como expusimos, no es posible que ello ocurra en una visión— sólo que el Supremo induce que a esos profetas les parezca que Él les habló en una visión. Esto es de acuerdo con la explicación simple.

También es posible que cuando un profeta escuchó algo en una visión significa que primero tuvo la visión, y luego experimentó un sueño. De modo que la voz del Supremo que escuchó fue en el sueño y no en la visión. Y por ello expone el versículo: "Un sueño profundo cayó sobre Abram" (Bereshit/Gén. 15:12); y nuestros Sabios explican que se trató de un sueño profético. De acuerdo a esta explicación es solamente en un sueño que un profeta puede escuchar palabras dirigidas a él; sólo en un sueño, y no en una visión, como surge del versículo: "En un sueño le hablaré" (Bamidbar/Núm. 12:6).

En una visión profética, en cambio, lo único que se perciben son metáforas, alegorías o verdades racionales que conllevan a cierto conocimiento, tal como se puede acceder al mismo por medio del razonamiento. Este es el significado de las palabras: "En una visión, (Yo, el Supremo) Me daré a conocer a él".

De acuerdo a esta segunda explicación, los niveles de la profecía se reducen a ocho, siendo el más elevado de ellos el de la visión profética, cuando profetisa en la visión.

Uno puede preguntarse: Entre los distintos niveles de profecía, hay uno en el que al profeta le parece que es el Supremo Quien se dirige a él; ¿pero cómo se explica que el Supremo se dirija al profeta directamente, si los profetas reciben sus profecías por medio de ángeles, a excepción de Moshé, sobre quien expone el versículo: "Boca a boca Yo (el Supremo) hablo con él" (Bamidbar/Núm. 12:8)?

La respuesta es que en el caso de los profetas ordinarios, el profeta escucha en su visión por medio de su facultad imaginativa, excepto Moshé, pues él escuchaba la voz del Supremo literalmente, la cual provenía, como declara el versículo: "desde arriba de la cubierta del arca, de entre los dos querubines" (Shemot/Éx. 25:22). Es decir, en el caso de Moshé, él escuchaba la Voz divina de manera literal y directa, sin intervención de su facultad imaginativa.

CONCLUSIÓN SOBRE LOS CAPÍTULOS DEL MORÉ NEVUJIM, GUÍA DE LOS PERPLEJOS, RELACIONADOS CON LA PROFECÍA

Rambam (Maimónides) expone los fundamentos de la fe judía en sus célebres Trece Principios de la Fe. Uno de tales principios, el sexto, plantea la creencia en la profecía. La profecía es esencial en la estructura del judaísmo, pues sin ella no sería posible la existencia de los mandamientos del Supremo, pues la profecía es la manera del Supremo de comunicarnos Su voluntad.

En general, la profecía es el don de poder anunciar de manera cierta, por inspiración divina, algún acontecimiento cuya realización depende de la libre voluntad del Supremo o del hombre, acontecimiento que no puede ser conocido de manera natural por ninguna inteligencia creada. Por consiguiente, por la condición divina de la profecía, el conocimiento de ciertos acontecimientos futuros al cual el hombre pueda acceder de manera natural, no es ni puede llamarse profecía.

¿Y de dónde proviene la profecía? Al respecto cabe señalar que el Supremo, Conocimiento infinito, es la suma de todos los tiempos. Desde la perspectiva de Él no existe diferencia entre pasado, presente y futuro, pues en Él, todos los tiempos convergen en el presente. Él corresponde a una dimensión que trasciende de la dimensión de tiempo y espacio; porque en definitiva Él es el tiempo y Él es el espacio. Él tiene un conocimiento esencial de las cosas y acontecimientos como ningún ser creado puede tener, pues Él es el Conocimiento en sí y la suma de todo conocimiento. Y cuando él lo considera necesario, transmite al hombre dicho conocimiento por medio de revelaciones, que son justamente las profecías. En esa línea, en la obra *Derej Hashem*, Rabi Jaim Moshé Luzzatto expone que la profecía es un estado del ser ligado al Supremo.

En su obra *Mishné Torá*, en la que recopila todas las normas de la Torá y las analiza sistemáticamente, Rambam expone que las personas que llevan una vida pura y obran de conformidad con la Voluntad divina, tienen la posibilidad de acceder al nivel espiritual superior de *profeta* (Iesodéi Hatorá 7:1). No es una condición que se adquiere de manera espontánea, sino más bien se accede a ella por medio de un profundo trabajo con el propio ser. Y expone (ibid. cap.7:2,3) que hay numerosos niveles de profetas como niveles de intelecto de las personas. Y plantea que todos los profetas reciben la revelación en sueños, que puede ser nocturnos o diurnos, como expone el versículo: "Yo me daré a conocer a él en una visión y le hablaré en un sueño" (Bamidbar / Números 12:6). Los mensajes que se le revelan al profeta por medio de la visión profética se presentan a través de parábolas; y la explicación de las mismas se graba en su corazón y así él conoce su significado.

Una de las condiciones que debe respetar todo profeta para ser considerado tal, es que no ha de modificar, ni agregar, ni quitar ninguna de las leyes de la Torá. Y si llegase a hacerlo es una evidencia de que no es un profeta. La Torá explícitamente lo expone en Devarim / Deut. 13:1-5:

"Deben cumplir cuidadosamente todo lo que Yo les ordeno, sin agregar ni quitar nada. Cuando se presente un profeta o una persona que haya tenido visiones en su sueño y haga alguna señal o prodigio; y sobre la base de dicha señal o prodigio diga: 'Vayamos tras los dioses de otros y sirvámoslos', no deberás escuchar las palabras de tal profeta o soñador. Será una prueba de Hashem, tu Elokim, para verificar si realmente Lo amas con toda tu alma y con todo tu corazón. Seguirás a Hashem, tu Elokim. Le temerás, observarás Sus mandamientos. Le obedecerás y Le servirás, y te apegarás a Él".

Y también el Talmud (Meguilá 14a) se expresa en esa misma línea:

Los profetas no han de agregar ni quitar, ni alterar ninguna palabra ni interpretación de la Torá. Enseñan los Sabios: En el Pueblo de Israel ha habido cuarenta y ocho profetas y siete profetizas; y ninguno de ellos osó jamás agregar o quitar o distorsionar nada de lo que explícitamente plantea la Torá ni del espíritu implícito de ella.

Rambam expone que a los efectos de derivar el significado de una profecía, sin duda la lógica y la razón son factores importantes, pero lo esencial es el sentido de reverencia al Supremo y un conocimiento y apego a la divinidad por medio de la Torá y de la tradición (Torá Oral, el Talmud y sus obras derivadas). Rambam enumera once niveles diferentes de profecía, siendo el más elevado el nivel de profecía de Moshé, redentor de Israel. Cuanto mayor es el nivel de profecía, mayor es el grado de interacción entre el Supremo y el profeta; y viceversa. Ello significa que mientras Moshé recibía del Supremo una comunicación directa y certera, a medida que desciende el nivel de profecía, más difusa se torna la visión onírica a través de la cual ésa se revela al profeta, y más ambiguo se torna su significado.

Expone el Talmud (Babá Batrá 12a):

Dice Rab Abdimi de Haifa: A partir del día en que fue destruido el Gran Templo de Ierushaláim, la profecía ha sido quitada a los profetas y entregada a los Sabios (de la Torá).

Y el Talmud (ibid.) cuestiona:

¿¡Pero qué significa que la profecía fue quitada a los profetas y entregada a los Sabios!?, ¿¡es que acaso los Sabios no eran profetas!?

Y responde el Talmud:

En verdad, Rab Abdimi quiere decir que si bien la profecía fue quitada a los profetas, no fue quitada a los Sabios (lo cual significa que si bien la profecía fue quitada a los profetas iletrados, no fue quitada a los profetas sabios, quienes mantuvieron su don de profecía aun después de la destrucción del Gran Templo). Ameimar enseña que un Sabio está en un nivel superior al de profeta, como surge del versículo: "El profeta tiene un corazón de sabiduría" (Tehilim/Salmos 90:12). ¿Pues quién se compara a quién?, ¿acaso no se compara al inferior en relación con el superior? Y justamente, ése es el criterio que se aplica en relación con el citado versículo, en el que el inferior (el profeta) se compara al superior (el sabio).

Más bien, el concepto que refiere la mencionada cita del Talmud es que la destrucción del Gran Templo marcó el cese de la *era* de la profecía, lo cual significa que en la actualidad, los profetas y la profecía no son tan habituales como lo eran en épocas pasadas, pero la profecía no cesó. De hecho hay grandes *Tzadikim* (hombres virtuosos consagrados al estudio y observancia de la Torá) que aún en la actualidad tienen el don de la profecía. Y de hecho, Rambam señala que los sueños (incluso actualmente) son el medio a través del cual se revelan las profecías. Tal como ya lo hemos planteado en otros apartados en esta obra, ello no significa que todos los sueños de todas las personas sean revelaciones proféticas, pero sí significa que por lo menos algunos de los sueños de los mencionados *Tzadikim* tienen valor profético.

De los escritos de Rambam surge que un profeta no necesariamente es alguien que transmite su visión espiritual a otras personas. De hecho, dar a conocer públicamente las comunicaciones divinas que uno pueda recibir no lo transforman a uno en profeta; ello no es una condición del profeta, sino un *acto* de profecía. Y en la práctica, hay profetas que pueden recibir tales revelaciones sólo para su propia superación espiritual, sin que ello implique que deban transmitirlas y darlas a conocer a terceros.

7.

INTERPRETACIÓN DE SUEÑOS EN LA PRÁCTICA

En capítulos anteriores hemos tratado sobre la validez de los sueños en sí mismos, pero aún queda por analizar la validez de la interpretación de los sueños. ¿Cuál es, concretamente, el status que el saber judío confiere a la interpretación de sueños en la práctica? ¿Los sueños son válidos y como tal relevantes de modo que merezcan la debida atención, o son meras elucubraciones de la mente que no requieren de mayor análisis e interpretación?

Por un lado hemos visto que los sueños carecen de importancia, y por consiguiente no habría lugar a interpretaciones posteriores. Por otro lado hemos visto que los sueños son significativos, al punto de que son considerados profecías de menor grado, y como tales es menester analizar e interpretar. ¿Cuál es, pues, el punto de equilibrio entre ambas posturas?

Rabi Iaacov ben Asher, autoridad rabínica de la Edad Media, en su mayor obra, el *Tur* —Código *halájico* (legislación hebrea), que posteriormente Rabi Iosef Karo utilizó como fuente para la composición del *Shulján Aruj*, el Código *halájico* definitivo— expone (capítulo 569) que en la actualidad carecemos de la habilidad para interpretar sueños, dado que ha cambiado el significado de los símbolos desde la época de los Sabios del Talmud.

Pero ello es válido en tanto interpretaciones generales sobre la que los Sabios no han expuesto su opinión, pero en lo referente a las interpretaciones explícitas que ofrecen los Sabios en el Talmud, como ser en el capítulo noveno del tratado Berajot (que presentamos al comienzo de este volumen), las mismas son válidas y relevantes, a diferencia de las interpretaciones que no constan en la Torá, ni en el Talmud, ni que fueran mencionadas por Sabios reconocidos, las cuales carecen por consiguiente de sustento y valor. Por ello, sueños que no fueron analizados explícitamente por los Sabios, carecen de sentido y uno no debe preocuparse por sus eventuales interpretaciones negativas. Y no obstante, en tales casos, se debe llevar a cabo el proceso de *Hatavat Jalom* (rectificación de sueños malos, o interpretación positiva de pesadillas o sueños de mal augurio).

Y expone el comentario Lebush que, trascendiendo del debate de si los sueños son significativos o fútiles, o de si la interpretación de los sueños tiene valor o no, siempre que uno experimenta un mal sueño o pesadilla debe acudir a lo de un guía reverente del Cielo para neutralizarlo o rectificarlo.

La obra Séfer HaJasidim expone que no se debe contar un (mal) sueño a nadie, sino sólo a un Sabio temeroso del Cielo. Y jamás se debe contar un mal sueño a alguien con quien se está enemistado (para evitar que lo interprete negativamente) pues se debe tener presente la regla de que determinados sueños se cumplen según cómo se los interprete, por lo que se debe procurar una interpretación favorable antes de que sea interpretado para mal, para que sea la primera la que se cumpla efectivamente.

De lo expuesto resulta que aún las opiniones más reluctantes en conferir mayor relevancia a los sueños y a las interpretaciones coinciden en la necesidad de tomarlos con la debida consideración.

A continuación presentaremos casos concretos sobre sueños e interpretación y su aplicación práctica.

VALOR HALÁJICO DE LOS SUEÑOS
IMPLICANCIAS DE LOS SUEÑOS EN LA LEY DE LA TORÁ

Mientras se pone gran énfasis en el estudio y análisis de la interpretación de los sueños y sus símbolos como medio para penetrar en la profundidad del ser, se deja relegado el estudio y análisis del alcance legal de los mismos, es decir si los sueños tienen el poder para forzar al soñante a obrar de determinada manera, o en qué medida el soñante está forzado a acatar una disposición revelada en un sueño.

En este sentido, en cuanto a la legitimidad de los sueños en referencia a su valor y alcance *halájico* (legal), cabe clasificarlos en tres ramas. 1) Los sueños que revelan situaciones o eventos desconocidos, en cuyo caso se debe evaluar cómo debe proceder el soñante. 2) Sanciones que uno sueña que se la han impuesto, en cuyo caso se debe evaluar si se debe tomar tales sueños literalmente y obrar en consecuencia. 3) Compromisos o restricciones que uno asume en sueños, si tienen valor cual si los hubiese asumido en estado de plena conciencia.

Un ejemplo de la primera rama citada sería el caso del que sabe con certeza que su finado padre ha dejado una suma de dinero destinada al diezmo; y el ángel de los sueños, o el padre mismo, se revela en un sueño y le dice: "La suma de dinero que tu padre ha dejado asciende a tanto y se encuentra en tal lugar; y pertenece al diezmo". Y el hijo encuentra dicha suma exacta en el lugar exacto, tal como le fuera revelado en el sueño. (Caso referido en el Talmud, Sanhedrin 30a; Ierushalmi, Maaser Shení 55b.)

La cuestión a resolver es si el dinero hallado debe entregarlo al diezmo tal como ha soñado que pertenece, o dicho dinero pasa a formar parte de su patrimonio particular. Y los Sabios responden que en tal caso se aplica la norma "los sueños no agregan ni quitan" y por lo tanto dicho dinero no debe considerarse diezmo, por lo que el soñante se lo puede quedar para sí. (Rambam, *Maaser Shení* 6:6). La explicación es la siguiente: el sueño no tiene poder para neutralizar el estado de presunción de que el dinero hallado pertenece efectivamente al soñante que lo halló (y no al diezmo, como lo sugiere el sueño en cuestión). Es decir, el hecho de que el sueño haya resultado ser genuino en cuanto a la suma de dinero y al lugar exacto donde dicho dinero fue hallado, no es justificativo para alegar que ése sea el dinero que su padre ha dejado para diezmo.

Y la misma regla es aplicable para el caso de que alguien sepa con certeza que su finado padre tenía a su cuidado, en su propiedad, una suma de dinero perteneciente a un tercero, pero desconoce en qué lugar su padre dejó dicha suma. La cuestión es la siguiente: Si se le presenta su padre en un sueño y le revela que tal suma de dinero se halla oculta en tal lugar y pertenece a tal persona; y el hijo halla la suma exacta en el lugar indicado en el sueño, ese dinero pertenece al hijo y no al depositante (Joshen Mishpat 255:9). Tales casos son válidos en tanto el padre no haya revelado *en vida* el lugar en que ocultó el dinero, pues entonces el dinero tendría el status que su padre haya declarado ante su hijo o ante testigos. Y el criterio es el mismo que en el caso anterior: Los sueños no tienen poder para neutralizar la presunción de titularidad del dinero en cuestión.

En cuanto a la validez de los sueños como medio para determinar una *halajá* (dictamen de la ley de la Torá), hallamos que muchos Sabios confiaban en tal procedimiento; y dictaron sentencias o revocaron otras en función de soluciones halladas en sueños.

En el caso de que alguien haya soñado que determinado alimento es no-kosher, el mismo queda prohibido por el manto de duda que ha echado el sueño sobre aquél. Según otras autoridades, en cambio, también en este caso se aplica el criterio de que los sueños no agregan ni quitan, y por lo tanto ese alimento sigue manteniendo su status original de kosher mientras no se demuestre de manera fehaciente y consciente lo contrario (quedando exceptuada la revelación por medio de un sueño).

En cuanto a la segunda rama de la presente clasificación de los sueños, se debe analizar qué actitud se ha de tomar en caso de haber soñado que fue sancionado. Por ejemplo, si alguien soñó que fue excomulgado, debe considerar tal sueño literalmente, lo cual significa que requiere que un Tribunal Rabínico le rescinda su estado de excomunión (Nedarim 8a). Ello es porque un sueño es una forma de profecía, de modo que cabe interpretar un sueño semejante como una revelación de la Voluntad divina. Es de destacar que en este caso no es aplicable el criterio de que los sueños no agregan ni quitan, pues si bien dicho criterio es válido para restar poder a los sueños y evitar que reviertan el status de presunción original de determinada cosa o persona —ya que bien se podría considerar que los sueños pertenecen a la categoría de intrascendentes y carentes de fundamento— este caso es diferente, por la gravedad del tema del sueño en cuestión, siendo que viene a establecer una condición tan severa como lo es una exclusión; y en definitiva, no es mayor inconveniente tomar a un sueño tal como verdadero, pues por medio del acto de rescisión se puede neutralizar el status de excomunión que dicho sueño declara. Por ello, hasta tanto lleve a cabo el citado acto de rescisión, rigen para él todas las normas que rigen la conducta de todo excomulgado (Comentario Ran sobre Nedarim 8b).

Y no hay diferencia entre que uno mismo haya soñado su excomunión u otros lo hayan soñado por él: en ambos casos requiere del acto de rescisión. Y más enseñan los Sabios: Lo que un tercero sueña sobre otro pertenece a la categoría de "sueños que se cumplen efectivamente" (Berajot 55b).

En opinión de ciertas autoridades, un sueño semejante de excomunión es una mala señal de lo Alto.

Si soñó que fue excomulgado, y luego —en el mismo sueño o en otro— soñó que fue rescindida su condición de excomunión, requiere realizar efectivamente el acto de rescisión; porque —parafraseando al Talmud— "así como no hay cosecha que no tenga entremezclada paja, no hay sueños que no tengan entremezcladas banalidades". Y bien podríamos suponer que la rescisión que soñó haya sido de las banalidades que todos los sueños llevan consigo. (Nedarim 8b. Rashi ibid. Rosh ibid.)

Para el acto de rescisión de la excomunión se requiere un Tribunal de diez hombres (Nedarim 8ab), maestros de la Torá; para que a través de ellos se revele la Divina Presencia, de modo que sea absuelto por un Tribunal de la misma calidad del que lo haya excomulgado en sueños desde lo Alto.

Si el sueño de excomunión lo experimentó en la noche de Shabat, no se debe postergar el acto de rescisión, el cual debe ser realizado el mismo Shabat, pues no existe acto necesario para la paz del Shabat más que éste, a fin de neutralizar cuanto antes el dolor que significa saberse en semejante condición. (Responsas de Ridbaz, vol. 4, cap. 1171, edición Vilna, año 1881).

Y en cuanto a la tercera rama de la presente clasificación halájica (legal) de los sueños, el tema de análisis es el siguiente:

Si uno soñó haber asumido compromisos o haberse auto-impuesto restricciones o haber realizado algún juramento, los Sabios discrepan acerca del status legal de dicho sueño. Según una vertiente, sueños de ese tipo se consideran banales y no requieren ser rescindidos, pues en este caso se aplica el criterio citado previamente de que los sueños no quitan ni agregan. Y no es como el caso del sueño de excomunión, y por lo tanto no corresponde equiparar el status de ambos tipos de sueños (Ran sobre Nedarim 8b), pues en este último caso (el sueño de excomunión) se trata de una mala señal de lo Alto y como tal se debe rescindir a la brevedad, incluso en Shabat mismo.

Una de las normas para que un juramento o un voto de imposición o auto-restricción tengan efecto es que la verbalización de tal juramento o voto sea de total acuerdo con la intención que el interesado abrigue en su corazón. Y por eso es que un sueño de este tipo carece de valor *halájico* (legal), por el simple hecho de que en un sueño no existe ni la expresión verbal ni la voluntad consciente del soñante, por más que haya visto en el sueño que la verbalización era expresión fiel y real de su voluntad. (Comentario Prishá sobre Ioré Deá, cap. 210).

Y según otra vertiente, se debe rescindir el voto o juramento efectivamente tal como si los hubiese formulado en pleno estado de conciencia (Responsas Rashbá, vol. 1, cap. Cap. 668). Y ello, porque se puede disipar toda duda al respecto por medio del sencillo acto de rescisión. (Responsas Tashbetz, vol. 2 cap. 128. Ver también Responsas Shivat Tzión, cap. 52). O también, porque los sueños que uno experimenta durante la noche responden a los pensamientos durante el día, de modo que si soñó haber realizado algún juramento o un voto de compromiso o restricción, es porque evidentemente ha estado pensando en ello (Responsas Jatam Sofer sobre Ioré Deá, cap. 222).

Según una opinión alcanza un tribunal de tres hombres para el acto de rescisión. Y según otra opinión se requiere un tribunal de diez eruditos.

Y tal como en el caso del que soñó haber sido excomulgado, si soñó que fue liberado del voto o juramento, cabría considerarlo como una banalidad propia del tipo que se hallan en todos los sueños; y por consiguiente debe realizar el acto de rescisión de manera real y efectiva.

8.

DICCIONARIO DE SUEÑOS

A continuación presentamos un Diccionario de Símbolos, basado sobre la obra *Pitrón Hajalomot* ("Interpretación de Sueños") de Rabi Shlomo Almoli, que fuera Rabino, médico y filósofo, obra publicada por primera vez en Constantinopla en el año 1515, basado a su vez sobre la Torá y el Talmud, cuyos criterios de interpretación hemos presentado y analizado en el transcurso de este libro.

La obra *Pitrón Hajalomot* consta de tres partes, la primera de las cuales Rabi Almoli dedica a la exposición de los principios para la interpretación de los sueños; la segunda, a las maneras de transformar un mal sueño para que se cumpla positivamente; mientras que en la tercera presenta un listado alfabético de símbolos con sus correspondientes significados.

En cuanto a los símbolos vale aclarar que las palabras y las imágenes son simbólicas cuando representan un significado ulterior que trasciende de su significado evidente y literal. Es decir, dichas palabras o imágenes-símbolos tienen un aspecto "inconsciente" más amplio de lo que definen o significan por sí mismas. Y así, cuando la mente se encomienda a la tarea de explorar los símbolos oníricos se ve transportada a ideas y conceptos que trascienden del alcance de la razón.

Ya hemos expuesto en la introducción de la presente obra que la interpretación de los símbolos y sus significados presentados en ésta corresponden al inconsciente colectivo del saber hebreo y a las pautas que marca la lengua hebrea, la lengua original con la que el Supremo creó el universo, y como tal es llamada "lengua madre".

Ello significa que, dependiendo del soñante y del interpretador, muchas veces, más que la lógica, la que marcará el sentido de las interpretaciones de los diferentes símbolos será la lengua hebrea y el saber hebreo, por lo que el significado de los símbolos podría resultar, para el no-iniciado, sencillamente un absurdo.

Así, el no-iniciado esperará que un sueño de características perversas tenga un significado de características perversas también; pero como lo hemos expuesto, los sueños deben analizarse en el escenario del saber hebreo, que es donde cobran real valor. Por ejemplo, soñar que mantiene relaciones con su madre es señal de inteligencia. Si bien *a priori* un sueño semejante denota perversidad, no obstante no se debe buscar la relación significante-significado en la razón, sino en el saber hebreo: expone el versículo "pues 'madre' llamarás a la inteligencia" (Mishlé/Prov. 2:3), de modo que "mantener relaciones con la *madre* significa relacionarse con la *inteligencia*. Para el iniciado en Torá y Talmud, la derivación es natural e incluso lógica.

Una regla a tener presente para el análisis e interpretación de los símbolos de los sueños, es que tales sueños sean espontáneos, que el soñante no haya pensado en esas cosas durante el día, pues en tal caso es obvio que por la noche tales pensamientos se cristalizarán en sueños, y como tales carecerán de valor para el análisis onírico, excepto para conocer a través de ellos en dónde han estado inmersos sus pensamientos durante el día.

La base del siguiente listado es la obra de Rabi Shlomo Almoli, que a su vez está basada sobre el Talmud. Por ello, muchos de los símbolos que presentaremos a continuación ya los hemos mencionado en el apartado "Talmud" del presente libro y los hemos analizado en el transcurso del mismo. La diferencia radica que en los apartados anteriores hemos mencionado tales símbolos a los efectos de su análisis, mientras que en el presente apartado los presentamos en orden alfabético y sistemático para su rápida localización.

Asimismo, a fin de facilitar la tarea del lector, en algunos casos, un mismo símbolo lo hemos presentado en entradas diferentes. Por ejemplo, la imagen "rojo" aparece en la entrada "rojo" y también en la entrada "colores".

Aclarado lo expuesto, presentamos el listado alfabético de símbolos oníricos.

ABEJA. El que visualiza en sueños miel mezclada con abejas, los enemigos lo rodearán. (Las abejas se comparan con los enemigos, como señala el versículo en Devarim/Deut. 1:44: "Como hacen las abejas y los golpearán".

El que sueña con abejas, sus enemigos se alzarán sobre él.)

Soñar que es atacado por abejas significa que desde el Cielo lo increpan por ser arrogante, o por alguna transgresión cometida con la palabra. Se trata de una indicación para que rectifique su conducta a fin de que su alma no deba reencarnarse nuevamente en este mundo. (El célebre cabalista *Arizal* explica al respecto que el alma del arrogante se reencarna en una abeja).

ACEITE. El que sueña con aceite de oliva que aguarde la luz de la Torá, como surge del versículo: "Que traigan para ti aceite de oliva puro". (La Torá es comparable al aceite, porque así como el aceite impregna todo lo que entra en contacto con él, del mismo modo la Torá impregna sus enseñanzas en todos los que se conectan con ella. Y específicamente se compara con el aceite de oliva, porque es el más refinado de todos los aceites.)

El que sueña con aceite de oliva, o que bebe aceite de oliva, tendrá el privilegio de recibir la luz de la Torá; o algo bueno le sucederá. (El aceite representa lo bueno. El aceite tiene la cualidad de permearlo todo, tal como el conocimiento de la Torá desciende hacia quien la estudia y se impregna definitivamente en él.)

AGUA. El que visualiza en sueños una tierra con cursos de agua, enriquecerá. (Así como Zevulún, hijo del patriarca Iaacov, enriqueció porque su tierra estaba a las costas del mar, lo que le permitió desarrollar el comercio exterior.)

El que sueña con un río que fluye con gran caudal, que se cuide de sus enemigos. (Las peligrosas aguas de un río semejante representan los enemigos).

El que sueña con un río que fluye lentamente tendrá paz.

El que sueña que bebe agua fría, su dinero se incrementará. (Explica Rabi Jaim Vital que el agua es la base de todos los placeres físicos, los cuales se adquieren con dinero. Alternativamente: Tanto el agua como el dinero representan el don de la "bondad".)

El que sueña que cae al agua tendrá ganancias.

El que sueña que el agua lo está por alcanzar y se hundirá, caerá en manos de enemigos que lo dañarán. (La impetuosidad de las aguas representa al cruel enemigo).

Soñar que se ahoga es un mal indicio.

El que sueña que toma un baño de agua caliente sufrirá una desgracia. (El agua caliente representa el fuego de la destrucción, del *Guehinom*, "purgatorio").

El que sueña que se sumerge en agua fría, sus padecimientos disminuirán y recibirá buenas noticias.

El que sueña que se sumerge en el mar tendrá paz y armonía. (El agua, en general, representa bendición, porque ella es la fuente de vida; y en ese sentido, la Cabalá compara al agua con la manifestación divina de *Jesed*, bondad).

El que sueña que nada en el mar, en un río o en una piscina se juntará con buenas personas.

AGUA (CONT.) El que sueña que nada y las olas lo levantan obtendrá grandeza; o gozará de un gran monarca (o gobernante). (En general, el agua representa bienestar).

El que sueña que se sumerge en un río tendrá ganancias.

Soñar que bebe agua caliente es una buena señal. (Explica Rashi en Pesajim 116a que el agua caliente es sana y tiene el poder de neutralizar las toxinas de las verduras).

Soñar que el mar se vacía augura que un dignatario o ministro fallecerá.

Soñar que toma un baño en un manantial de agua es una buena señal. Significa que se unirá a una persona de bien.

ÁGUILA. El que sueña con un águila o un ave volando tendrá gran riqueza, o bien será enaltecido. (El águila era el símbolo del imperio romano, paradigma de riqueza material.)

El que sueña que caza un águila será rico y vencerá a sus enemigos.

El que sueña que faena un águila tendrá una posición de liderazgo.

El que sueña que ingiere carne de águila necesitará de las personas. O bien, no necesitara de nadie.

El que sueña que tiene en su mano un águila es algo bueno para él.

AGUJA. El que sueña con una aguja, su esposa dará a luz hijas. (En el Talmud, las agujas son referidas como *Majat Nekuvá*, que significa "aguja perforada" (por el ojo de la aguja). Y *nekuvá* es de la misma raíz que *nekevá*, "mujer").

AHOGARSE. Soñar que se ahoga en el agua es un mal indicio.

AJAV. El que sueña con el rey Ajav (tanto si visualiza en su sueño al Rey Ajav o si visualiza la palabra "Ajav") debe cuidarse de la desgracia. (Ajav fue uno de los reyes negativos del Reino de Israel que condujeron a su perdición).

AJENJO. Soñar que bebe ajenjo es indicio de que enfrentará una controversia. (El ajenjo se prepara con hierbas amargas).

ALABANZA. El que sueña que alaba al Supremo enfermará y luego sanará.

El que sueña que lee el *Halel* le sucederá un milagro (El *Halel* es una plegaria de alabanza al Supremo, en la que se describen los grandes milagros por Él realizados).

ALIENTO. El que sueña que tiene buen aliento, irá a juicio y no aceptarán sus argumentos.

ALIMENTO. El que sueña que ingiere un alimento dulce disfrutará de una alegría.

El que sueña que ingiere un alimento salado sufrirá enfermedades. ("Sal" en hebreo es *melaj*, voz que tiene las mismas letras que *majalá*, "enfermedad").

Soñar con una espiga de trigo verde anuncia ganancias.

Soñar que ingiere alimentos agrios es una mala señal. (En cambio, soñar que ingiere alimentos dulces es una buena señal). Por eso en Rosh Hashaná se procura evitar la ingesta de alimentos agrios.)

ALMENDRAS. El que sueña con almendras sufrirá dolencias. (Porque cuando el Supremo anunció al Profeta Irmeiahu, Jeremías, la destrucción del Gran Templo mencionó a la almendra. El Zohar explica que las almendras representan cosas negativas.)

El que sueña con una almendra rota o partida significa que su pedido fue concedido (pues entonces el fruto, que hasta ahora estaba cubierto por la dura cáscara, queda revelado y disponible libremente).

ALTURA. El que sueña que asciende a una terraza será enaltecido. Si sueña que desciende será degradado. En opinión de Abaie y Raba, Sabios del Talmud, si sueña que asciende será enaltecido, sin importar si luego sueña que desciende).

El que sueña que es alto vivirá muchos años.

El que sueña que observa desde un lugar elevado o hacia un lugar elevado, tendrá una larga vida. (la altura es longitud, lo cual denota longevidad).

El que sueña que se halla en un lugar elevado significa que es apreciado por gente importante.

AMAMANTAMIENTO. El que sueña que un vacuno lo amamanta experimentará una gran satisfacción y comenzará para él un muy buen año.

AMÉN. El que sueña que (en las plegarias) responde *Amén* y *Iehe Shemá Rabá* ("Sea Su gran Nombre bendecido") tiene asegurada su parte en el Mundo Venidero.

AMPUTACIÓN. El que sueña que le amputaron las piernas viajará a un lugar lejano. (Las piernas indican que se trasladará a un lugar cercano, pues para viajar a las lejanías, más que de las piernas se requiere de un medio de transporte). O bien enriquecerá.

ANCIANO. Verse en sueños como anciano es una señal de que perderá su comercio. (Porque en general, un hombre mayor carece del dinamismo de un joven para hacer prosperar un negocio).

ÁNGEL DE LA MUERTE. El que sueña que el ángel de la muerte está junto a su cabeza, morirá. (Explica el Tamud, tratado Avodá Zará, que ésa es la manera de proceder del ángel de la muerte.)

El que sueña que habla con el ángel de la muerte enfermará y luego se curará. (El encuentro con el ángel de la muerte representa "muerte" obviamente: Pero dado que en el sueño está *conversando* con él significa que sobrevivirá. Es decir, enfermará y su vida estará en serio peligro, pero finalmente quedará a salvo.)

ANILLO. El que visualiza en un sueño un anillo con un sello de plata se enaltecerá tanto que provocará la envidia de ajenos. (Plata en hebreo es *Kesef*, que también significa ansias, algo que todos ansían como a la plata.)

El que sueña con un sello o un anillo sin piedra preciosa, hará una acción gracias a la cual progresará. (En la antigüedad, a quien realizaba un acto meritorio, el rey lo distinguía extendiéndole su anillo).

El que sueña que se coloca un anillo en sus dedos accederá al gobierno. (El anillo es uno de los atributos de la máxima autoridad de un estado).

El que sueña que se pone en su dedo un anillo de oro o plata tendrá ganancias.

Soñar con un anillo de metal denota algo muy bueno: el soñante recibirá una gran ganancia de manera inesperada.

Soñar con un anillo de plata o de estaño es algo bueno para el soñante.

Soñar que encuentra un anillo o que le regalan un anillo es algo bueno, o bien encontrará un anillo efectivamente. ("Anillo" en hebreo es *Tabaat,* cuyas letras se pueden intercambiar para formar la palabra *Et Tov*, que significa "Buenos tiempos".)

ANIMALES. El que sueña con un animal caminando recibirá buenas noticias.

El que sueña que monta sobre un animal de oro o plata, será enaltecido a una posición inesperada.

ANIMALES (CONT.) El que sueña con un asno verá la Redención. (El Mashíaj vendrá montado en el mismo asno que estuvo al servcio de Abraham.)

El que sueña que monta en un asno sin montura perderá su dinero o enfermará. (La montura representa estabilidad; y la falta de ésta, lo opuesto.)

El que sueña que monta un asno blanco recibirá dinero en el corto plazo.

El que sueña que monta el asno o mula del rey será enaltecido.

El que sueña que un asno lo patea recibirá un regalo de una persona importante.

Soñar que cae de un asno indica pobreza, o que le vendrá un mal.

Visualizar un camello en un sueño puede significar que el soñante someterá a sus enemigos; o que será parte de una sociedad que le rendirá ganancias. (La voz *gamal*, "camello", significa también "dar", "conceder", "redimir".)

Soñar con un camello significa que en lo Alto decretaron que debía morir, pero el decreto fue anulado y se salvará. Y un versículo da fe de ello: "Yo (el Supremo) descenderé contigo a Egipto y te haré ascender de allí" (Bereshit / Gén. 46:4). (La expresión "Te haré ascender de allí", que denota "redención", en hebreo es *Gam aló*, cuya fonética es muy similar a *gamal*, "camello"). Y asimismo da fe el versículo: "También, Hashem ha perdonado tu falta, no morirás" (2 Shmuel / 2 Samuel 12:13). (El gran comentarista Maharshá explica que la expresión "También, Hashem...", en hebreo es *Gam Hashem...*", que suena como *gama*, la letra del alfabeto griego que equivale a la letra hebrea *guimel*, la cual en su forma se asemeja a la joroba de un camello. Asimismo, *guimel* es una voz muy similar a *gamal*, "camello".)

ANIMALES (CONT.) Soñar que monta un camello significa que viajará lejos. (Por la resistencia física del camello y su capacidad para recorrer terrenos inhóspitos.) Y si sueña que monta el camello y cae significa que enfermará gravemente. (La voz *gamal*, "camello", significa también "redimir", de modo que "caer del camello" significa que su redención *cayó*.)

El que sueña que arrastra a un camello, su suerte se fortalecerá para bien.

El que sueña que mata a un camello terminará con su enemigo.

Soñar con un grupo de camellos es algo malo para el soñante.

Soñar con ovinos es una buena señal.

El que sueña con un carnero o un ciervo que lo persigue, temerá pero sin sufrir daño alguno. (Ni el carnero ni el ciervo son animales salvajes, por ello pueden provocar temor, pero no daño real).

El que sueña que degolla a un carnero o a un ciervo derramará sangre inocente. (Porque cuando el ángel le dijo al patriarca Abraham que no sacrificase a su hijo Itzjak, Abraham ofrendó un carnero en su lugar, y pidió al Supremo que considerase como si hubiese sacrificado a Itzjak mismo. Por eso, la sangre del carnero se compara en este aspecto a la del ser humano; y por extensión, ello es aplicable no sólo al carnero, sino también a los animales de ganado menor, que es el grupo al que —tal como el carnero— pertenece también el ciervo de conformidad con la clasificación que ofrece el Talmud).

El que sueña que dirige a un carnero o a un ciervo tendrá un hijo virtuoso. (El carnero es un animal blanco y puro, y por eso el Libro del Zohar explica que se encuentra en el nivel de *Tzedek* y *Tzadik*, "rectitud" y "virtuoso". Y también el ciervo pertenece a dicho nivel).

ANIMALES (CONT.) El que sueña que le regalan un carnero o un ciervo será enaltecido y recibirá, o le acontecerán, cosas buenas.

Soñar que copula con un carnero o con un ciervo significa que cometió una transgresión por la que el Supremo está enfadado.

Soñar que monta un carnero o un ciervo significa que cometió una transgresión por la que ha despertado la ira del Supremo. (El carnero y el ciervo son animales pacíficos, por lo que montar alguno de ellos significa limitar la paz, lo opuesto de la Voluntad divina).

Soñar que bebe leche de cabra, cierva, vaca u oveja indica que tendrá un hijo, bienestar y grandeza. O bien tendrá ganancias o un año muy próspero. (La leche es saludable y por eso representa cosas positivas. Y más en el caso de las especies citadas, por ser animales pacíficos su condición de animales *kosher*, puros, y pacíficos).

El que sueña con un elefante con su montura le sucederá algo maravilloso. Y si sueña con varios elefantes le sucederán maravillas de maravillas. ("Elefante" en hebreo es *pil*, voz que a su vez constituye la raíz de *pele*, "maravilla". Y "maravillas de maravillas" en hebreo es *pilei plaím*, cuyo significado literal bien podría ser "elefantes").

Visualizar en un sueño un elefante sin su montura es una mala señal. (La falta de montura representa desequilibrio).

El que sueña que monta sobre un elefante será enaltecido.

El que sueña con un gato, si se encuentra en un lugar donde "gato" se dice *shunra* el sueño se realizará como un canto placentero. En cambio, si se encuentra en un lugar donde "gato" se dice *shinra,* sufrirá un cambio para mal. (La voz *shunra* es parónima de la expresión *shirá naá*, "canto placentero". Y la voz *shinrá* es parónima de *shinúi ra*, "cambio para mal").

El que sueña con un gato tendrá vestimentas finas; o bien, del Cielo decretaron que debería morir, pero se salvará.

ANIMALES (CONT.) El que sueña que cae mientras monta una mula, morirá pronto. (Así sucedió con Avshalom, *hijo del Rey David*).

El que sueña que ingiere carne de mula tomará dinero prohibido. (La mula es un animal híbrido, resultado de una cruza que la Torá proscribe.)

El que sueña que monta sobre una mula sufrirá una desgracia. O bien la pobreza lo acosará. ("Mula" en hebreo es *pered*, voz relacionada con *pirud*, "separación" y *redifá*, "persecución", lo cual representa cosas negativas).

El que sueña que dirige a un perro vencerá a sus enemigos.

El que sueña que ingiere carne de perro se mudará a un lugar de paz.

El que sueña que mata a un perro, su enemigo se mudará de ciudad.

El que sueña que muerde a un perro vencerá a sus enemigos.

El que sueña que un perro le ladra, sus enemigos le tramarán una emboscada. Y si el perro lo muerde, sus enemigos lo vencerán.

El que sueña que juguetea con perros se reconciliará con sus enemigos. (Los perros representan a los enemigos, por lo tanto soñar que juega con ellos es indicio de reconciliación.)

El que sueña que perros le ladran, la malicia de sus enemigos se concretará.

El que sueña que perros lo persiguen será víctima del gobierno o de enemigos.

Soñar con perros corriendo significa que hablan calumnias sobre él. (La relación entre "calumnias" y "perros" es conforme a la afirmación del Talmud en el sentido de que el que habla calumnias o las escucha, será arrojado a los perros).

ANIMALES (CONT.) El que sueña con una rata o que ingiere carne de rata tendrá un muy buen año.

Soñar con reptiles es algo muy bueno para el soñante. (Pues el Supremo concedió una bendición especial a los reptiles para que se reproduzcan en abundancia).

El que sueña que mata a un tigre vencerá a sus enemigos.

El que sueña que tiene la cabeza de un tigre vencerá a sus enemigos.(Antiguamente, como señal de victoria en una guerra, se tomaba la cabeza del enemigo, de modo que la imagen «tener la cabeza de un tigre» significa tener la cabeza del enemigo.).

El que sueña que un tigre lo persigue, un mal hombre lo perseguirá.

El que sueña con toros verá la caída de sus enemigos. ("Toro", en hebreo, es *shor*, que a su vez es una palabra relacionada con enemigos. Y siendo que los toros indican abundancia y bienestar, soñar con ellos significa que sus enemigos caerán.)

El que sueña con un toro cobrará muy buena fama. O bien será enaltecido. (El toro representa fuerza y vigor).

El que sueña que ingiere carne de toro enriquecerá. Y si ya es rico, enriquecerá aún más.

El que sueña que monta un toro tendrá grandeza.

El que sueña que muerde a un toro perderá algo en el camino. (El vacuno indica "abundancia", y "morder al vacuno" indica merma en la abundancia, por ello es un indicio de que perderá algo.)

El que sueña que un toro lo cornea tendrá hijos varones que se consagrarán a la Torá con el mismo ímpetu que un toro cornea.

El que sueña que un toro lo muerde sufrirá desgracias; o bien vivirá muchos años.

ANIMALES (CONT.) El que sueña que un toro lo patea viajará lejos. (Porque la patada provoca que caiga lejos de donde se encuentra).

El que sueña que un toro monta sobre él morirá ese mismo año.

Soñar con toros durmiendo denota pereza y anuncia tiempos difíciles.

Soñar con vacunos engordados es indicador de años de abundancia. (Como en el caso de los sueños del faraón).

Soñar con vacunos flacos es indicador de años de hambruna.

Soñar con vacunos pastando en el campo anuncia alegría y abundancia.

El que sueña que una vaca lo amamanta experimentará una gran satisfacción y comenzará para él un muy buen año.

Soñar que monta un vacuno y cae es un indicio de que le vendrá la muerte. O bien, la pobreza. O bien, alguna otra cosa mala. (Una caída en general es algo malo. Y caer del vacuno significa que caerá de la abundancia representada por éste).

El que sueña que bebe leche de yegua hallará dinero.

El que sueña con un zorro tendrá un muy buen año. De acuerdo a otra opinión, enfermará.

El que sueña que ingiere carne de zorro quedará a salvo de todo causante de temor. (Pues el zorro se alimenta y se mantiene sin mayores dificultades).

ARAR. El que sueña que ara con un asno sufrirá pérdidas.

ÁRBOL. El que sueña con árboles de alta talla tendrá abundancia y paz.

El que sueña con árboles estériles (que no dan frutos) o árboles secos, tendrá hijos perversos que morirán. (Los árboles frutales representan a los virtuosos, porque todos se benefician de sus acciones; en cambio, los árboles estériles y secos representan a los perversos, que no aportan beneficio a nadie).

ÁRBOL (CONT.) Soñar con árboles plantados es indicador de algo bueno para el soñante.

El que sueña con un árbol colmado de frutos tendrá buenas ganancias.

El que sueña que trepa a un árbol tendrá honor y grandeza.

El que sueña que trepa a un árbol y luego cae, confiará en un hombre importante pero no tendrá provecho de él.

El que sueña que asciende o trepa a un árbol de frutos y no come de ellos, un hombre rico lo honrará.

Soñar que un árbol cae denota algo malo para el soñante, quien se verá estremecido por una persona importante, un ministro o un gobernante. Y que no se traslade a otra ciudad, ya que corre peligro de muerte. Y si sueña que son varios los árboles que caen, es un indicio de que sus hijos fallecerán.

El que sueña que crece un árbol, se multiplicará y se enaltecerá la gente de su ciudad.

El que sueña que de un árbol crece un fruto, un mal muy grave le acontecerá.

El que sueña que duerme bajo un árbol, el Supremo lo ayudará. Y si son varios los árboles, indica que tendrá hijos.

El que sueña con muchos árboles o que está rodeado de ellos, tendrá hijos (son varios los versículos en el libro de *Tehilim,* Salmos, que toman los árboles como metáforas de hijos).; o bien tendrá muchos hijos y fallecerán. (La opinión prevaleciente es que los árboles denotan "hijos", "vida" y cosas buenas en general. La opinión de que árboles en un sueño son indicio de que los hijos fallecerán se sustenta en el hecho de que los árboles están destinados a la tala, lo cual representa "truncar vidas". Sin embargo, esta segunda opinión es minoritaria y no debe tomarse en cuenta.)

ÁRBOL (CONT.) El que sueña que los árboles se prosternan ante él tendrá muchos hijos. (Los árboles que se prosternan son una metáfora de los hijos que honran al padre.)

El que sueña que toma un fruto de un árbol recibirá dinero proveniente de diferentes lugares.

El que sueña que un árbol muda de lugar significa que el soñante se trasladará a otro sitio; o bien deberá vender sus bienes.

Soñar que duerme debajo de varios árboles es un indicador de que tendrá hijos.

Soñar que planta un árbol indica que realizó una buena acción; o bien, que el Supremo aceptó sus plegarias.

Soñar que tala árboles es malo para él y para su familia. (Pues la Torá proscribe la tala de árboles frutales. Asimismo, "talar árboles" equivale a "truncar vidas").

El que sueña que en su casa crece un árbol de duraznos tendrá un hijo con problemas que fallecerá prematuramente. ("Durazno" en hebreo es *afarsek*, que es de la misma raíz que *lerasek*, que significa "triturar", lo cual podría asociarse con "truncar" la vida).

El que sueña con una higuera, toda la sabiduría de Torá que haya adquirido perdurará en él. (El higo se compara a la Torá, porque se puede ingerir por completo, a diferencia de otros frutos de los que se debe eliminar las semillas).

El que sueña que en su casa crece un manzano tendrá dos hijos, uno sabio y uno ignorante. (Los árboles en general representan hijos. Antiguamente, cuando nacía un niño, se plantaba un árbol. Las manzanas dulces representan al hijo sabio y las ácidas, al ignorante).

ÁRBOL (CONT.) Soñar con un árbol de manzanas ácidas alude a una mala persona.

Soñar con un árbol de manzanas dulces alude a una persona buena y rica.

El que sueña con una vid, su esposa quedará encinta. (La vid, por ser que se reproduce en abundancia, constituye el símbolo de la fertilidad).

Soñar que camina por un viñedo sin uvas, o simplemente visualizar un viñedo desprovisto de uvas, es indicador de duelo. (Así como la vid cargada es el símbolo talmúdico de la fertilidad, una vid desprovista de frutos no puede más que significar ausencia de vida).

ARVEJAS. El que visualiza arvejas en un sueño tendrá ganancias. (Se cuenta en el Talmud Ierushalmi que una persona plantó una *seá,* medida, de arvejas, de las cuales obtuvo un rinde de 300 *seá.* Y cuando la gente se acercó a felicitarlo, él respondió: "¡Váyanse, el rocío dañino afectó a esas arvejas, pues de lo contrario el rinde hubiera sido el doble". De Ello se deriva que las arvejas representan buenas ganancias).

ASNO. Ver entrada "animales".

ATAÚD. El que sueña que está dentro de un ataúd sufrirá una desgracia. Y tal vez se salve de ella.

AVES. Ver "Seres voladores"

AVELLANAS. El que sueña con una avellana rota o partida significa que su pedido fue concedido (pues entonces el fruto, que hasta ahora estaba cubierto por la dura cáscara, queda revelado y disponible libremente).

AXILAS. El que ve axilas en un sueño tendrá hijos. (Porque los hijos están bajo su protección).

AYUNO. Soñar que ayuna es algo malo para el soñante. (Explica el Talmud que éste es de los peores sueños, pues del Cielo le están indicando que debe ayunar por sus transgresiones).

AZÚCAR. El que sueña que ingiere azúcar blanca tendrá un hijo varón, o bien enriquecerá.

BALANZA. El que sueña con una balanza y que corta el soporte sobre el cual están fijados los dos brazos de ella, del Cielo le están indicando que carga con la transgresión de difamar y debe hacer *Teshuvá* (arrepentirse de sus malos actos y reconectarse con el Supremo).

BAÑARSE. Soñar que toma un baño en un manantial es algo bueno para él.

BARBA. Soñar con una barba es señal de que el soñante es un virtuoso. (Porque la barba es la representación de los virtuosos).

El que sueña que se rasura la barba a navaja es una mala señal para él. (La Torá proscribe explícitamente esta forma de rasurarse).

El que sueña que se rasura la barba a tijera es una buena señal para él. (La Torá autoriza esta forma de rasurarse).

Soñar que se lava la barba y la cabeza es algo bueno.

BARCO. Soñar con una embarcación es señal de abundancia y jerarquía. (Los barcos sirven al transporte de mercancías y por eso representan abundancia. Asimismo, antiguamente los pasajeros de los buques eran hombres de negocios o gente adinerada en general, y por eso el barco representa también jerarquía).

El que sueña con una embarcación de mástil quedará a salvo de toda desgracia y sufrimiento. (El que viaja en barco, cuando llega a destino debe agradecer al Supremo por haberlo salvado de cualquier eventual desgracia. El mástil en un barco indica que el mismo no está a la deriva y por lo tanto provee tranquilidad a los viajeros. Un sueño semejante indica protección.)

BARCO (CONT.) El que sueña que aborda una embarcación viajará a un lugar lejano (pues ésa es la finalidad de los barcos). O bien es merecedor, junto a su descendencia, del Mundo Venidero. O bien, si la embarcación es de grandes proporciones, tanto él como su descendencia serán merecedores del Mundo Venidero. Y si es pequeña, sólo él será merecedor del mismo. (Ya que los marinos y la gente de mar en general suelen ser serviciales, pues el hecho de hallarse en constante estado de peligro les induce a ser buenas personas).

El que sueña que cae de una embarcación, caerá en manos de enemigos y sufrirá tormentos.

El que sueña que cae dentro de una embarcación quedará a salvo de toda desgracia y sufrimiento.

Visualizarse en un sueño a bordo de una embarcación, pequeña o grande, que navega por aguas profundas, significa que el soñante se ha hecho un buen nombre. (Cuando las aguas son más profundas se ven más claras porque es menor la cantidad de sedimentos mezclados en ellas. En el caso de este sueño, ello significa que se ha hecho un buen nombre, libre de cosas oscuras).

Visualizarse en un sueño a bordo de una embarcación grande significa que tiene asegurado el Mundo Venidero.

Visualizarse en un sueño a bordo de una embarcación pequeña es indicador de algo bueno, y el soñamte asumirá una posición de liderazgo sobre sus semejantes.

Visualizarse en un sueño sentado en el mástil de una embarcación, indica que el soñante incrementará su renombre y riqueza en gran medida.Visualizarse en un sueño descendiendo de una embarcación es una señal de que deambulará de lugar en lugar.

BARCO (CONT.) Soñar que se encuentra a bordo de un barco anclado en alta mar es un mal indicio. (Ya que el estancamiento, estar anclado, no es algo bueno para una persona, pues por el contrario, se debe estar en continuo avance y crecimiento).

El que sueña que se encuentra a bordo de una embarcación en el puerto, le aguarda un gran bien.

El que sueña que su barco se hunde pero él logra salvarse, significa que de lo Alto le perdonan todas sus transgresiones. (Las transgresiones acortan la vida espiritual de las personas, por eso, soñar que se salva significa que sus transgresiones le han sido perdonadas).

El que sueña que su embarcación pasa próxima a la costa de algún país, se salvará de una desgracia. (Porque el mayor peligro para un barco es cuando se encuentra en alta mar, en cambio cuando se encuentra próximo a la costa, el peligro es menor).

El que sueña que una embarcación se hunde quedará a salvo de todas sus transgresiones, las cuales se hunden en las profundidades del océano (junto con la embarcación), y de ese modo quedará libre del *Guehinom* ("purgatorio").

BARRO. El que sueña con barro enfrentará discusiones. (Así como el barro ensucia todo lo que entra en contacto con él, de la misma manera, el que entra en contacto con reyertas y discusiones se "ensucia" por ellas y se degrada).

Soñar que pasa por el barro es indicio de reyertas.

BEBER. Soñar que bebe leche de cabra u oveja significa que hallará una gran solución a algún problema. (La leche siempre es una buena señal en sueños). O bien su sustento será abundante. (Las cabras y ovejas son buena fuente de ingresos, pues se puede comerciar su leche, carne, pelo o lana y crías).

El que sueña que bebe en su casa es algo muy bueno para él y toda su familia.

Soñar que bebe sangre es un indicio de que quedará a salvo de sufrimientos.

BEBIDA AMARGA. Soñar que bebe ajenjo es indicio de que enfrentará una controversia. (Porque está elaborado con hierbas amargas).

BEBIDAS. Soñar con bebidas en general es una buena señal, excepto bebidas amargas.

BEN AZAI. El que sueña con el sabio Ben Azai que aguarde sabiduría, o bien desarrollará temor a la transgresión y reverencia a la devoción. (Ben Azai no contrajo matrimonio porque su deseo era consagrar su vida al estudio de la Torá y la adquisición de la sabiduría eterna, y entendía que las obligaciones del matrimonio serían obstáculo para tal fin. Asimismo, del Talmud (tratado Bejorot, folio 58) se deriva que Ben Azai era un sabio de máxima estatura sólo superado por Rabi Akiva, y por eso la interpretación de este sueño).

BEN ZOMA. El que sueña con el sabio Ben Zoma que aguarde sabiduría, o bien desarrollará temor a la transgresión y reverencia a la devoción. (A pesar que Ben Zoma era un hombre rico, no se interpreta que el soñante será rico, porque Ben Zoma se destacó más por las citadas cualidades espirituales que por sus dones materiales, pues había mucha gente más rica que él.)

BLANCO. El que sueña con lana blanca tendrá alegría y regocijo. (La lana blanca representa expiación de las transgresiones, la rectificación del rumbo de su vida, lo cual es motivo de gran alegría).

El que sueña con nieve se salvará de los enemigos. (El color blanco de la nieve representa paz y pureza). O bien, indica que habrá inflación (pues el volumen de la nieve es mayor que del agua.)

El que sueña que ingiere pan blanco puede estar seguro de que es merecedor del Mundo Venidero. (El color blanco del pan representa el refinamiento y la pureza que reinarán en el Mundo Venidero).

BLANCO (CONT.) El que sueña que monta un asno blanco recibirá dinero en el corto plazo.

Soñar con un caballo blanco, sin importar si es manso o salvaje, es algo bueno. (El Libro de Zejaria/Zac. menciona a los caballos blancos de manera positiva).

El que sueña que es conducido apaciblemente por un caballo blanco es un buen indicio, y viceversa: si lo lleva de manera salvaje es un mal indicio.

Soñar que viste ropas blancas es un buen indicio. (El blanco es el color de la pureza y además simboliza la misericordia divina).

BODA. Soñar que se encuentra bajo el palio nupcial es un mal augurio. (Porque en el día del casamiento los novios deben ayunar como si fuese Iom Kipur, pues entonces, bajo el palio nupcial, de lo Alto les perdonan todas sus transgresiones. De modo que visualizar el palio nupcial en un sueño es una señal de que debe ayunar y corregir su conducta para conseguir el perdón por sus malas acciones).

BORRA. El que sueña que ingiere la borra del vino le sobrevendrá un grave sufrimiento.

BORRACHO. El que sueña que está borracho tendrá pérdidas. (Porque el vino en exceso es malo para la salud, y la adicción al vino lo llevará a malgastar su dinero en ello.)

El que visualiza un borracho en sueños tendrá ganancias. (Pues los reyes y príncipes —gentye rica si la hay— suelen tomar vino en cantidad).

BOSQUE. El que sueña que ingresa a un bosque será guía de estudiantes avanzados (pero no alcanzará un cargo mayor que ése, como Director de una Casa de Estudios). (Los estudiantes avanzados son como los grandes árboles de un bosque que están distanciados unos de otros. Y ésa es la señal de que el soñante no será más que un guía de tales alumnos, a quienes ayudará individualmente, a cada uno según sus requerimientos individuales; pues si el sueño pretendiese indicar que sería Director de la Casa de Estudios, los árboles no estarían distanciados, sino se aglomerarían alrededor del soñante para escuchar sus enseñanzas, como se aglomeran las cañas a la vera del río, como los discípulos alrededor de su maestro).

BRASAS. Soñar con brasas encendidas indica que tendrá reyertas con sus enemigos.

BRAZO. El que sueña que extrae sangre de su brazo perderá algo pequeño.

El que sueña que sus brazos se le caen sufrirá un mal momento.

El que sueña que sus brazos son claros será apreciado por gente importante. (Los brazos representan poder).

Soñar que sus brazos no están en buen estado significa que sus amigos hablan mentiras sobre él.

BÚHO. El que sueña que caza un búho se enfermará y sanará.

El que sueña que come carne de búho sufrirá una pérdida.

El que sueña que escucha un búho pero no lo ve es algo bueno para el soñante.

El que sueña que un búho se encuentra posado sobre su casa estará de duelo. O bien perderá dinero o algún objeto.

El que sueña que un búho lo muerde será enaltecido y tendrá bienestar.

BUITRE. Un buitre en un sueño anuncia un médico, pues el buitre se alimenta de cuerpos de animales muertos y así protege a los animales vivos, tal como el médico protege la vida de las personas.

CABALLO. En general, soñar con caballos es un buen presagio, excepto con caballos colorados. En tal caso, si el caballo es manso es algo bueno, y si es salvaje es algo malo.

El que sueña con muchos caballos en el mes de *Tishrei* (septiembre) morirá en breve. (Los caballos en tropilla representan la muerte, porque son señal de guerra. Y el mes de *Tishrei* es el mes de Libra, la "Balanza", ícono de la justicia, lo cual representa que fue juzgado por el Tribunal Celestial y sentenciado a muerte.)

El que sueña que arrastra tras de sí un caballo significa que escuchará los consejos de gente importante.

El que sueña que cae del caballo sufrirá una enfermedad.

El que sueña que cae de un cabello que camina mansamente, llorará por sus transgresiones.

El que sueña que ingiere carne de caballo, el Supremo tiene dispuesto el sustento para él y su dinero está a resguardo. (Porque el caballo come en abundancia y desecha poco).

El que sueña que monta un caballo gozará de grandeza y bienestar.

El que sueña que monta un caballo y de pronto se lo roban perderá su mercadería.

El que sueña que persigue a un caballo y lo alcanza y lo golpea, significa que perseguirá a sus enemigos y los vencerá.

Si sueña que monta un caballo y puede con esfuerzo sortear una corriente inclemente; si el soñante es un estudioso significa que su estudio le permitirá salvar situaciones complicadas. Caso contrario, si no es un estudioso, el caballo denota vigor y el sueño sugiere que se verá enredado en enfrentamientos de los cuales emergerá victorioso.

Soñar con un caballo blanco, sin importar si es manso o salvaje, representa algo bueno. (El Libro de Zejaria/Zac. menciona a los caballos blancos de manera positiva).

Soñar que un caballo blanco lo conduce apaciblemente es un buen indicio, y viceversa: si lo lleva de manera salvaje es un mal indicio.

CABELLO. El que sueña que tiene cabello como una mujer significa que hablaron cosas terribles sobre él.

CABEZA. El que sueña que se lava la cabeza quedará a salvo de toda desgracia.

Soñar que se rapa la cabeza es un buen indicio para el soñante.

CABRA. El que sueña con una cabra tendrá un año con bendición (Ya que las cabras son buena fuente de ingresos, pues se puede comerciar su leche, carne, lana y crías).

El que sueña que bebe leche de cabra hallará una gran solución a algún problema. (La leche siempre es una buena señal en sueños). O bien su sustento será abundante. (Ya que las cabras son buena fuente de ingresos, pues se puede comerciar su leche, carne, pelo y crías).

El que sueña que conduce una manada de cabras a pastorear tendrá muchos hijos e hijas. (Como sucedió con el patriarca Iaacov, que pastoreó el rebaño de Laván y fue bendecido con doce hijos y una hija).

El que sueña que ingiere manteca de cabra obtendrá grandeza. Y si sueña con manteca de otro animal recibirá una buena noticia.

Si sueña con cabras habrá copiosas lluvias y se verá beneficiado por ellas.

CAÍDA. El que sueña que cae estando montado en una mula, morirá pronto.

Soñar que cae de un asno indica pobreza o bien que le vendrá algún mal.

El que sueña que cae de un techo sufrirá una desgracia.

CALABAZA. El que sueña que ingiere calabaza sufrirá enfermedades.

Soñar con una calabaza es una señal de que el soñante es temeroso del Cielo. (La calabaza es un fruto que en vez de elevarse crece en la tierra. Ello representa la cualidad de la humildad, tan propia de los temerosos y reverentes del Cielo.)

Si sueña con una calabaza es una señal de que sus pedidos están pendientes. ("Calabaza" en hebreo es *Kishuín*, que también significa "dificultades").

El que sueña que se rompe una calabaza, su pedido ya fue concedido. (La calabaza denota dificultades. Por lo tanto, que se rompa una calabaza indica que las dificultades se romperán y desaparecerán y sus pedidos se realizarán).

CALENDARIO. Soñar con un eclipse lunar o solar es indicio de muerte o enfermedad. (Explica el Talmud Sucá, que un eclipse solar es un mal indicio para los idólatras, cuyo calendario es solar. En cambio si el eclipse es lunar es un mal indicio para el Pueblo de Israel, cuyo calendario es esencialmente lunar).

CAMA. Soñar con una cama de dormir ordenada es indicio de algo bueno.

Soñar que se apoya en la cama es un buen indicio.

CAMELLO. Visualizar un camello en un sueño puede significar que el soñante someterá a sus enemigos; o que será parte de una sociedad que le rendirá ganancias. (La voz *gamal*, "camello", significa también "dar", "conceder", "redimir".)

El que sueña que arrastra a un camello, su suerte se fortalecerá para bien.

CAMELLO (CONT.) El que sueña que ingiere carne de camello o bebe de su leche, enriquecerá.

El que sueña que mata a un camello terminará con su enemigo.

El que sueña que monta un camello y cae, enfermará gravemente. (La voz *gamal*, "camello", significa también "redimir", de modo que "caer del camello" significa que su redención *cayó*.)

Soñar con un camello significa que en lo Alto decretaron que debía morir, pero el decreto fue anulado y se salvará. Y un versículo da fe de dicha interpretación: "Yo (el Supremo) descenderé contigo a Egipto y te haré ascender de allí" (Bereshit / Gén. 46:4). (La expresión "Te haré ascender de allí", que denota "redención", en hebreo es *Gam aló*, cuya fonética es muy similar a *gamal*, "camello"). Y asimismo da fe el versículo: "También, Hashem ha perdonado tu falta, no morirás" (2 Shmuel / 2 Samuel 12:13). (El gran comentarista Maharshá explica que la expresión "También, Hashem...", en hebreo es *Gam Hashem...*", que suena como *gama*, la letra del alfabeto griego que equivale a la letra hebrea *guimel*, la cual en su forma se asemeja a la joroba de un camello. Asimismo, *guimel* es una voz muy similar a *gamal*, "camello".)

Soñar con un grupo de camellos es algo malo para el soñante.

Soñar que monta un camello significa que viajará lejos. (Por la resistencia física del camello y su capacidad para recorrer terrenos inhóspitos)

CAMINAR. El que sueña que se encuentra en el desierto o en el campo sufrirá una pequeña pérdida. Pero si en el sueño camina mucho es un buen augurio para él.

CAMPO. El que sueña que adquiere un campo, su dinero se multiplicará.

Soñar que se encuentra en un campo sembrado es indicador de buen tiempo.

CAÑAS. El que sueña con una caña adquirirá sabiduría. (En hebreo, la voz "caña" y "adquirir", que es la que se aplica para significar "*adquirir* sabiduría", comparten la misma raíz).

El que sueña con *muchas* cañas adquirirá entendimiento. (Pues expone el versículo: "A cambio de todas tus *adquisiciones adquiere* entendimiento", donde la reiteración de la voz "adquirir" alude a las *muchas* cañas).

El que sueña que entra a una laguna en la que hay cañas de diversas longitudes, será designado Director de una Casa de Estudios (o algún cargo jerárquico). (En la laguna se aglomeran cañas largas y cortas, que simbolizan que todos, grandes y chicos, acudirán a escuchar las enseñanzas de un hombre destacado).

CARNE. Al que sueña que come de su propia carne le ofrecerán un trabajo importante. (Porque comer de su propia carne simboliza que es auto-suficiente).

El que sueña que ingiere carne de mula tomará dinero prohibido. (La mula es un animal híbrido, producto de una cruza que la Torá proscribe.)

El que sueña que ingiere carne asada sufrirá una desgracia. (Porque expone el Talmud que la carne asada es una de las cosas que debilitan a un convaleciente. El Midrash explica que soñar que ingiere carne asada implica que "lo comen asado").

El que sueña que ingiere carne de caballo, el Supremo le tiene preparado su sustento y su dinero está a resguardo. (Porque el caballo come mucho y desecha poco).

El que sueña que ingiere carne de camello, enriquecerá.

El que sueña que ingiere carne de oso se hará de dinero mal habido.

CARNE (CONT.) El que sueña que ingiere carne de toro, enriquecerá. (El toro representa riqueza, como surge del versículo en Mishlé /Prov.: "Muchas cosechas con la fuerza del toro".)

El que sueña que ingiere carne porcina enriquecerá. (Se cuenta en el Talmud Berajot 55, Nedarim 49, que le dijeron a Rabí Iehudá hijo de Rabí Ilai: "Tu semblante se asemeja a la de los que se dedican a criar cerdos." Y Rashi explica que tales personas ganan mucho dinero sin tanta molestia, lo que les causa estar alegres y de semblante radiante).

Soñar que reparte carne es un indicio de que ingerirá carne.

Soñar que ingiere un trozo grande de carne significa que será merecedor de algo grande.

CARNERO. Soñar con carneros y ovinos en general señala algo bueno. (Pues los carneros son animales mansos).

El que sueña que un carnero lo persigue, tendrá temor pero sin sufrimiento ni daño. (El carnero no es un animal salvaje, por ello, bien puede causar temor, pero no daño real).

Visualizar en un sueño que copula con un carnero significa que cometió una transgresión por la que el Supremo está enfadado. (El carnero es un animal pacífico y puro, por lo que soñar que copula con un carnero significa violar la pureza y la paz representadas por aquel).

Soñar que monta un carnero significa que cometió una transgresión por la que ha despertado la ira del Supremo.(Montar un carnero significa limitar la paz que aquel representa, lo opuesto de la Voluntad divina)

El que sueña que degolla a un carnero derramará sangre inocente. (Porque cuando el ángel le dijo al patriarca Abraham que no sacrificase a su hijo Itzjak, Abraham ofrendó un carnero en su lugar, y pidió al Supremo que considerase como si hubiese sacrificado a Itzjak mismo. Por eso, la sangre del carnero se compara en este aspecto a la del ser humano).

El que sueña que dirige a un carnero tendrá un hijo virtuoso. (El carnero es un animal blanco y puro, y por eso el libro del Zohar explica que está en el nivel de *Tzedek* y *Tzadik*, "rectitud" y "virtuoso").

El que sueña que le regalan un carnero será enaltecido y recibirá, o le acontecerán, cosas buenas.

CARTA. El que sueña con una carta nueva tendrá alegría.

CASA. Soñar con una construcción en pie es algo bueno para el soñante. Y lo opuesto si la construcción está deteriorada.

El que sueña que coloca una puerta en su casa contraerá matrimonio en breve. (Explica Rashi sobre el Talmud Berajot 56, que la mujer cuida a su hogar como una puerta a la casa).

Soñar que destruye una casa antigua es un buen indicio para el soñante. (Una casa antigua a diferencia de una casa nueva, es un mal indicio; y por eso, si se destruye, indica algo bueno).

Soñar que se destruye una casa nueva es un mal indicio.

El que sueña que la puerta de su casa o el marco de la puerta está roto o caído sus hijos o esposa morirán. (Explica el Midrash que en Egipto, los judíos debían pintar los marcos de las puertas con la sangre de la ofrenda de Pesaj para quedar a salvo de la plaga de muerte que castigó a los primogénitos egipcios. Así, si el marco significa protección para los que habitan en la casa, un marco roto significa lo opuesto. Asimismo, el comentarista Maharshá explica sobre el Talmud, Ketuvot 17a, que a la mujer se la denomina "casa" por la importancia de ella en el funcionamiento del hogar; y así como la casa contiene a los que en ella habitan, es la mujer la que contiene a su familia. Por todo ello, soñar que la puerta de su casa cae es una señal de que su esposa fallecerá).

CASA (CONT.) El que sueña que las vigas de su casa se derrumban, un hijo morirá. (Las vigas sostienen el techo, así como los hijos dan sentido y sostienen la existencia de los padres).Soñar que come y bebe en la casa es algo muy bueno para él y toda su familia.

Soñar que una columna de su casa se derrumba es un mal indicio.

El que sueña que está en su casa o en su tierra quedará a salvo de la desgracia. (Expone el Midrash que los caminos son peligrosos, de modo que soñar que se encuentra en su casa es indicio de estar a salvo).

Soñar que toma utensilios y sale de la casa es algo malo para la casa y su familia. (Los utensilios de la casa son para utilizar en *esa* casa, de modo que soñar que se lleva los utensilios es un mal augurio).

CASA DE BAÑOS. El que sueña con una casa de baños se salvará de la desgracia.

El que sueña que entra en una casa de baños quedará a salvo de malas personas.

El que sueña que toma un baño en una casa de baños sufrirá una desgracia.

CASAMIENTO. Soñar que se encuentra bajo el palio nupcial es un mal augurio. (Porque en el día del casamiento los novios deben ayunar como si fuese Iom Kipur, pues entonces, bajo el palio nupcial, de lo Alto les perdonan todas sus transgresiones. De modo que visualizar el palio nupcial en un sueño es una señal de que debe ayunar y corregir su conducta para conseguir el perdón por sus malas acciones).

CAZAR. El que sueña que caza un águila será rico y vencerá a sus enemigos.

El que sueña que caza un búho o un pelícano (o murciélago) enfermará y sanará.

El que sueña que caza un halcón tendrá honor y bienestar.

CEBADA. La cebada en un sueño significa que se le han perdonado todas sus transgresiones. (Ieshaiá / Is. 6:7). ("Cebada" en hebreo es *seorín*, voz parónima de la expresón *sar avón,* "se apartó el pecado"). Rav Zeira dice: "Sólo después de haber soñado con cebada (sólo después de haber tenido la certeza de haber sido perdonado por mis transgresiones) ascendí de Babilonia a la Tierra de Israel". (La Tierra de Israel es tan pura que él no estaba dispuesto a ir allí antes de tener plena certeza de que todas sus transgresiones fueron perdonadas.)

CEMENTERIO. El que sueña que duerme en un cementerio caerá en prisión.

CERA. Soñar con cera es un buen indicio. (Por sus efectos curativos.)

CERDO. El que sueña con un cerdo tendrá mucho dinero.

El que sueña que ingiere carne porcina enriquecerá. (Cuenta el Talmud —Berajot 55, Nedarim 49— que le dijeron a Rabí Iehudá hijo de Rabí Ilai: "Tu cara se asemeja a la de los criadores de chanchos." Y Rashi explica que tales personas ganan mucho dinero sin tanta molestia, lo que les causa alegría y que estén de semblante radiante).

El que sueña que monta un cerdo se salvará de sus enemigos.

CERVEZA. El que sueña que bebe cerveza tendrá curación y riqueza. (Ya que visualizar cualquier cosecha en un sueño es señal de abundancia. Y en este caso, la cerveza se elabora a partir de la cosecha de cebada. Además, en hebreo, "cerveza" es *Shejar*, voz que también puede leerse *Sajar*, que significa "recompensa").

CIELO. El que sueña que asciende por encima del cielo, algo malo ocurrirá a ese país por causa de su gobernante. (Pues el gobernante, representado por el cielo, alude al máximo escalafón, por lo que elevarse por encima del gobernante no puede ser un buen indicio).

El que sueña que el cielo está cubierto de nubes perderá algo importante.

El que sueña que se abrieron los portones del Cielo, un gran bienestar recaerá en ese país. (Del Cielo cubrirán todas sus necesidades).

CIERVA. El que sueña que bebe leche de cierva tendrá un hijo varón, bienestar y grandeza. O bien tendrá ganancias. (La leche es saludable, por eso representa cosas positivas).

CIERVO. Soñar con ciervos es algo bueno. (Pues los ciervos son animales mansos).

El que sueña que dirige a un ciervo tendrá un hijo virtuoso. (Explica el libro del Zohar que el ciervo pertenece al nivel de *Tzedek* y *Tzadik*, "rectitud" y "virtuoso").

El que sueña que recibe un ciervo como obsequio será enaltecido y recibirá, o le acontecerán, cosas buenas.

El que sueña que mata a un ciervo derramará sangre inocente. (Cuando el Ángel dijo al patriarca Abraham que se abstuviese de sacrificar a su hijo Itzjak, Abraham sacrificó un carnero en su lugar, de modo que en este aspecto, la sangre humana es comparable a la del carnero. Por extensión, ello es aplicable no sólo al carnero, sino también al ciervo y a otras especies mansas en general).

Soñar que monta un ciervo o copula con él, significa que cometió una transgresión por la que ha despertado la ira del Supremo. (El ciervo es un animal pacífico y puro, por lo que montar un ciervo significa limitar la paz, que es lo opuesto de la Voluntad divina; y copular con un ciervo significa violar la pureza y la paz representadas por aquel).

El que sueña que un ciervo lo persigue temerá pero no será dañado. (Pues el ciervo no es un animal salvaje, y por eso temerá, pero no sufrirá daño físico alguno).

.**CINTURÓN**. El que sueña que se viste un cinturón tendrá ganancias. (El cinturón siempre se utilizó para ocultar monedas o dinero. Asimismo, dado que el cinturón ajusta la ropa, permite al que lo usa moverse con más agilidad y de ese modo pueda producir mejor).

CISTERNA. El que sueña con una cisterna verá paz; o bien, en opinión de Rab Natán, hallará Torá (porque el agua se compara a la Torá) y de acuerdo a Raba hallará vida. (*Agua* es sinónimo de "vida").

CITRUS. Soñar con un *Etrog* (citrus) significa que el soñante es importante para el Supremo , como surge del versículo : "Fruto de árbol majestuoso" (donde "árbol majestuoso" alude al referido *citrus*) (Vaikrá/Lev. 23:40).

Soñar con un *Etrog* impecable en su aspecto sin siquiera la más ínfima tacha significa que su fortuna se encuentra a buen resguardo.

CIUDAD. El que sueña que se encuentra en una ciudad no amurallada sufrirá una desgracia. (Pues una ciudad sin murallas es una ciudad desprotegida).

CLAUSTROFOBIA. El que sueña que está encerrado y no sabe donde está, morirá pronto.

COBRE. Soñar con cobre o monedas de cobre indica que deberá soportar discusiones.

COCINA. Soñar con una olla es indicio de paz (pues la olla establece la paz entre dos elementos tan opuestos como son el fuego que cocina y el agua que se cocina). (Pero si en la olla se cocina carne cortada no es una buena señal, porque la carne en trozos no es indicio de algo bueno).

COLORES. Soñar con cualquier tipo de color es indicio de algo bueno, a excepción del *tjelet* (celeste de tono verdoso). (Pues el tono verdoso en el semblante de una persona indica enfermedad. Asimismo, la voz *tjelet* tiene las mismas letras que *tijlá* y *ketz*, "límite" y "fin"). De acuerdo a otra opinión, soñar con cualquier color es algo malo, y el *tjelet* el peor de todos.

Soñar con huevos de cualquier especie es algo bueno. (El color blanco o predominantemente claro de los huevos en general, denota pureza).

El que sueña con lana blanca tendrá alegría y regocijo. (La lana blanca representa expiación de las transgresiones, la rectificación del rumbo de su vida, lo cual es motivo de gran alegría).

El que sueña con lana negra tendrá tristeza y suspiro.

El que sueña con nieve se salvará de los enemigos. (El color blanco de la nieve representa paz y pureza). O bien, indica que los precios subirán. (Pues el volumen de la nieve es mayor que del agua.)

El que sueña con un diente negro sufrirá una desgracia.

El que sueña que ingiere pan blanco puede estar seguro de que es merecedor del Mundo Venidero. (El color blanco del pan representa el refinamiento y la pureza que reinarán en el Mundo Venidero).

El que sueña que monta un asno blanco recibirá dinero en corto plazo.

El que sueña que se extrae sangre, sus transgresiones fueron perdonadas. Y si es mucha la sangre, es indicio de algo bueno. (La transgresiones son siempre comparables al color rojo, de modo que soñar que se extrae sangre significa que se quita de sí las transgresiones).

COLORES (CONT.) En general, soñar con caballos es un buen presagio, excepto con caballos colorados. En tal caso, si el caballo es manso es algo bueno, y si es salvaje es algo malo.

Soñar con un caballo blanco, sin importar si es manso o salvaje, es algo bueno. (El Libro de Zejaria/Zac. menciona a los caballos blancos en sentido positivo).

Soñar con vestimentas negras no es un buen indicio. (Representan duelo).

Soñar que ingiere higos negros indica algo malo. (El negro indica transgresiones y cosas negativas en general).

Soñar que un caballo blanco lo conduce apaciblemente es un buen indicio, y viceversa si lo lleva de manera salvaje.

Soñar que viste ropas blancas es un buen indicio. (El blanco es el color de la pureza y además simboliza la misericordia divina).

Soñar que viste ropas rojas es indicio de desgracia. (El rojo simboliza la severidad divina).

COLUMNA. Soñar que cae una columna es indicio de algo malo: el soñante se verá estremecido por una persona importante, un ministro o un gobernante. Y que no se traslade a otra ciudad, ya que corre peligro de muerte.

Soñar que una columna de su casa se derrumba es un mal indicio.

COMER. El que sueña que ingiere carne de búho sufrirá pérdidas.

El que sueña que ingiere carne de murciélago (o pelícano) sufrirá alguna pérdida.

El que sueña que come hasta vaciar el plato, la suerte se apartará de él. (Enseñan los Maestros: "Un recipiente vacío no contiene bendición". Por ello es un hábito recomendable dejar siempre algo de comida en el plato, en vez de vaciarlo por completo).

El que sueña que come y bebe en la casa es algo muy bueno para él y toda su familia.

El que sueña que ingiere carne de águila necesitará de las personas. O bien, no necesitara de nadie.

El que sueña que ingiere carne de caballo, el Supremo le prepara su sustento y su dinero está a resguardo. (Porque el caballo come mucho y desecha poco).

El que sueña que ingiere carne de rata tendrá un muy buen año.

El que sueña que ingiere carne de toro enriquecerá. Y si ya es rico, enriquecerá aún más.

El que sueña que ingiere carne de zorro quedará a salvo de todo causante de temor. (Pues el zorro se alimenta y se mantiene sin mayores sufrimientos ni dificultades).

Soñar que ingiere pimientos es indicio de que tendrá una posición de jerarquía.

Soñar que ingiere carne de paloma anuncia que su suerte se mantendrá.

El que sueña que ingiere dátiles, una desgracia le acontecerá y sus transgresiones serán perdonadas. (Los sufrimientos limpian sus transgresiones. Y por otro lado, comer dátiles en exceso causa malestares estomacales, «limpia» los intestinos.)

Soñar que ingiere algo sabroso es indicador de algo bueno.

COMERCIO. El que sueña con una tierra con cursos de agua, enriquecerá. (Así como Zevulún, hijo del patriarca Iaacov, que enriqueció porque su tierra estaba a las costas del mar, lo que le permitió desarrollar el comercio exterior.)

COMPRA. El que sueña que adquiere un campo, su dinero se multiplicará.

COMPROMISO. El que sueña que se compromete con su novia tendrá ganancias. (Como el novio que "gana" la excepción de salir a la guerra durante el primer año).

CORDERO. Soñar con corderos es algo bueno. (Pues los corderos son animales mansos).

CORONA. El que sueña con una corona de oro o plata, si es un artesano es un buen augurio (porque representa mucho trabajo). De lo contrario representa algo malo.

El que sueña que luce una corona real, algo muy bueno le acontecerá en breve.

El que sueña que se quita una corona, su suerte disminuirá.

CORRER. Soñar que corre es algo bueno para el soñante. (Quedarse en el lugar indica estancamiento, en cambio correr es avanzar, mejorar. Como los virtuosos, que siempre luchan por superarse).

CRISTAL. Soñar con un cristal limpio es un indicio de que el Supremo lo aprecia.

CUELLO. El que sueña que está colgado del cuello de otra persona, montará sobre el cuello de sus enemigos.

CUERNO. El que sueña con un *Shofar* (cuerno de carnero) que madrugue e inmediatamente diga el versículo: "Y será en aquel día tocará el gran *Shofar*". (En general, el *shofar* se hace sonar en ocasiones de peligro comunitario. Asimismo, también cuando llegue el *Mashíaj* se hará sonar el *Shofar* anunciando su arribo, y por eso debe decir el citado versículo, pues la expresión "aquel día" se refiere al día del *Mashíaj*. Esta explicación sigue la regla del Talmud que establece que los sueños se cumplen según como se los interprete; y por eso se debe interpretarlos inmediatamente de manera positiva, antes de que aflore en su mente un concepto negativo).

CUERVO. El que sueña que en su cabeza se posó un cuervo morirá. Y si sueña que se posó en la cabeza de otro, aquel morirá. (Los cuervos suelen merodear alrededor de los muertos).

Soñar que ante sí vuelan cuervos es algo bueno. O bien hallará su sustento. (En hebreo la palabra *orev*, "cuervo", y *arevut*, "dulzura", comparten la misma raíz. Además, el Supremo provee a los cuervos su alimento de manera maravillosa: los propios desechos que ellos producen atraen insectos de los que luego se alimentan).

Soñar con cuervos sobrevolando alrededor de su lecho significa que su esposa se ha prostituido.

DÁTIL. El que sueña que ingiere dátiles, una desgracia le acontecerá y sus transgresiones serán perdonadas. (Los sufrimientos limpian sus transgresiones. Y por otro lado, comer dátiles en exceso causa malestares estomacales, «limpia» los intestinos.)

Soñar con dátiles significa que se acabaron sus transgresiones, como expone el versículo: "Culminó tu transgresión, hija de Tzión", lo cual equivale a decir "culminó la amargura", puesto que la transgresión amarga el sentido de la vida. (En hebreo, "dátil" es *tamar*, voz que se puede descomponer en *tam mar*, "culminó la amargura").

Soñar con dátiles es algo bueno para el soñante, pero que de todos modos evite comparecer ante un ministro o autoridad. ("Dátiles" en hebreo es *temarot*, que también se puede leer como *tam-marut* que significa no aceptar a la autoridad. Por consiguiente que evite a las autoridades por un tiempo).

DERRUMBE. El que sueña que la puerta de su casa se derrumba, su mujer fallecerá. (El comentarista Maharshá explica sobre el Talmud, Ketuvot 17a, que la mujer se denomina "casa" por la importancia de ella en el funcionamiento del hogar. Asimismo, así como la casa contiene a los que en ella habitan, es la mujer la que contiene a su familia). Y si sueña que las vigas de su casa se derrumban, un hijo morirá. (Las vigas sostienen el techo, así como los hijos dan sentido y sostienen la existencia de los padres).

Soñar que se destruye una casa nueva es algo malo. (Una casa nueva es un buen indicio en un sueño, pero si sueña que se destruye indica algo negativo).

DESCALZO. El que sueña que está descalzo sufrirá pérdidas. (Porque estar descalzo denota extrema pobreza, como expone el Talmud en el tratado Shabat: Dijo Rabí Iehuda en nombre de Rav, si es necesario, que una persona venda las vigas del techo de su casa con tal de adquirir zapatos).

DESIERTO. El que sueña que está en el desierto sufrirá una pequeña pérdida. Pero si en el sueño camina mucho es un buen augurio para él.

DESNUDEZ. Soñar que está desnudo indica que está desprovisto de algo: En Israel significa que está desprovisto de *Mitzvot* (preceptos) (porque hay muchos preceptos que son de cumplimiento exclusivo en Israel, y estar desnudo allí significa carecer de ellos). Y fuera de Israel (donde las transgresiones prevalecen sobre las *mitzvot*), significa que está desprovisto de transgresiones. De acuerdo a otras opiniones, soñar que se encuentra desnudo indica vergüenza, sufrimientos o pobreza.

Soñar que se encuentra desnudo es indicio de desgracia o humillación. O bien, de pobreza.

DIENTE. Soñar que le crecieron los dientes es algo bueno para él, o bien experimentará una gran salvación. (Pues los dientes aportan a la alimentación adecuada).

Soñar que se le cae un diente es indicador de muerte. (Ya que los dientes sirven para alimentarse y vivir sanamente). Si le duele, significa que sufrirá mucho la muerte; y si no le duele significa que no sufrirá.

Soñar que un diente se le mueve indica enfermedad. (Así como la caída de un diente indica muerte, un diente flojo indica enfermedad).

El que sueña con un diente negro sufrirá una desgracia.

DINERO. El que sueña que encuentra monedas o dinero de un tesoro tendrá mucha satisfacción. En cambio, soñar que las encuentra rotas, o si luego las perdió, es indicador de desgracia.

DIVORCIADA. Soñar que tiene relaciones con una divorciada y ella lo ama, es algo bueno. (La interpretación ofrecida sobre el citado sueño responde a la condición de que el sueño sea espontáneo, esto es que durante el día no haya pensado en la mujer referida. Los sueños son inducidos por el Ángel, y así como no existe el pudor en los sueños, tampoco los perversos tienen pudor de sus actos en este mundo. Y el que durante el día piensa en obscenidades y es incapaz de neutralizar tales pensamientos por medio de la Torá u otras acciones, en el futuro el Supremo quebrantará su corazón).

DORMIR. El que sueña que está durmiendo es algo bueno para él. (Porque está descansando).

El que sueña que duerme bajo un árbol, el Supremo lo ayudará. Y si son varios los árboles, indica que tendrá hijos.

DURAZNO. El que sueña que en su casa crece un árbol de duraznos tendrá un hijo con problemas que fallecerá prematuramente. ("Durazno" en hebreo es *afarsek*, que es de la misma raíz que *lerasek*, que significa "triturar", lo cual podría asociarse con "truncar" la vida).

ECLIPSE. El que sueña con un eclipse lunar o solar indica muerte o enfermedad. (Explica el Talmud Sucá, que un eclipse solar es un mal indicio para los idólatras, cuyo calendario es solar. En cambio si el eclipse es lunar es un mal indicio para el Pueblo de Israel, cuyo calendario es lunar).

Soñar que el sol se eclipsa es un indicio de que el rey fallecerá. (El sol es una metáfora de rey, de modo que un sol eclipsado representa el ocaso del rey y de su reino).

ELEFANTE. El que sueña con un elefante con su montura le sucederá algo maravilloso. Y si sueña con varios elefantes le sucederán maravillas de maravillas. ("Elefante" en hebreo es *pil*, voz que a su vez constituye la raíz de *pele*, "maravilla". Y "maravillas de maravillas" en hebreo es *pilei plaím*, cuyo significado literal bien podría ser "elefantes").

El que sueña con un elefante sin su montura es una mala señal. (La montura refleja estabilidad, y la falta de montura refleja desequilibrio).

El que sueña que monta sobre un elefante será enaltecido.

ELEGÍA. Soñar con un discurso fúnebre, significa que del Cielo se apiadaron de él y será redimido (y en la práctica no habrá necesidad de dedicarle discurso fúnebre alguno). Ello es válido en tanto haya visualizado en el sueño el discurso fúnebre por escrito, es decir antes de haber sido leído.

Soñar que le dedican un discurso fúnebre no es una buena señal.

ELEVACIÓN. El que sueña que observa desde un lugar elevado, o hacia un lugar elevado, tendrá una larga vida. (La altura es longitud, lo cual denota longevidad).

El que sueña que se halla en un lugar elevado significa que es apreciado por gente importante.

ELIAHU. El que sueña con el profeta Elihau, le acontecerán milagros. (Pues el profeta Eliahu realizó numerosos milagros).

ENFERMO. El que sueña que está enfermo se alegrará en ese año. (Este caso es un ejemplo de los sueños referidos en el Talmud como "sueños de interpretación opuesta").

ENTIERRO. El que sueña que está enterrado sufrirá una desgracia; y tal vez se salve.

El que sueña que lo entierran será entregado en manos de un despiadado.

ESCALERA. Soñar que asciende por una escalera es algo bueno para el soñante.

ESCLAVO. El que sueña con un esclavo, o que él mismo es un esclavo, es algo malo para él.

ESCORPIÓN. El que sueña que caza un escorpión enfrentará reyertas.

ESCUCHAR. El que sueña que escucha un búho,o un murciélago (o pelícano), pero no los ve es algo bueno para él.

ESPIGA. Soñar con una espiga de trigo verde anuncia ganancias.

ESPOSA. Ver entrada "mujeres".

ESPOSAS. El que sueña que lo esposan significa que del Cielo lo protegen doblemente. (Las dos esposas aluden a la doble protección que el Supremo le confiere.)

ESTRELLAS. El que sueña con estrellas obtendrá alegría y ganancias.

El que sueña que estrellas se desvanecen o están débiles, que huya de la controversia. (Expone el Talmud Nedarim, que las estrellas exhortaron al Supremo a que controlase a Kóraj —que se oponía a la autoridad de Moshé, líder del Pueblo de Israel— pues de lo contrario no saldrían a iluminar el mundo. Resulta pues, que el sol, en su carácter de estrella, es la contracara de las disputas. Por consiguiente, que el sol esté débil significa que la paz está débil, y por eso un sueño semejante significa que debe huir de las controversias).

Visualizar en un sueño estrellas que caen del cielo es un indicio de grandeza y honor. O bien, mucha gente morirá. (Esto se basa sobre la explicación que ofrece Rambam en su *Moré Nevujim*, Guía de los Perplejos, acerca de que en el Libro de Ieshaiá (Isaías), la expresión "caen estrellas del cielo" se refiere a que morirá mucha gente.)

ETROG. Soñar con un *Etrog* (citrus) significa que el soñante es importante para el Supremo, como expone el versículo : "Fruto de árbol majestuoso" (donde "árbol majestuoso" se refiere al citado *citrus*) (Vaikrá/Lev. 23:40).

Soñar con un *Etrog* impecable en su aspecto sin siquiera la más ínfima tacha significa que su fortuna se encuentra a buen resguardo.

EXTRACCIÓN. El que sueña que se extrae sangre, sus transgresiones fueron perdonadas. Y si es mucha la sangre es algo bueno para él. (La transgresiones son siempre comparables al color rojo, de modo que soñar que se extrae sangre significa que se quita de sí las transgresiones).

FAENAR. Soñar con un murciélago (o pelícano) al cual le hace la faena ritual *(shejitá)* es algo bueno para el soñante.

El que sueña que faena un águila tendrá una posición de liderazgo.

FRENTE. Soñar que se fractura la frente indica una desgracia. (Porque la frente representa fortaleza y firmeza, de modo que si se fractura es un mal indicio).

FRUTO. Soñar que de una planta crece un fruto es algo bueno para el soñante y para su esposa.

FRUTO (CONT.) El que sueña con una higuera, toda la sabiduría de Torá que haya adquirido perdurará en él. (El higo es comparable a la Torá en el sentido de que se puede ingerir por completo, a diferencia de otros frutos de los que se debe eliminar las semillas).

El que sueña que en su casa crece un árbol de duraznos tendrá un hijo con problemas que fallecerá prematuramente. ("Durazno" en hebreo es *afarsek*, de la misma raíz que *lerasek*, que significa "triturar", "hacer puré", lo cual podría asociarse con "truncar" la vida).

El que sueña que en su casa crece un manzano tendrá dos hijos, uno sabio y uno ignorante. (Los árboles en general representan hijos. Antiguamente, cuando nacía un niño, se plantaba un árbol. Asimismo, en varios versículos de Libro de los Salmos, los árboles se emplean como metáfora de hijos. Las manzanas dulces representan al hijo sabio y las ácidas, al ignorante).

El que sueña que ingiere peras vivirá una buena vida. (En hebreo, "pera" es *agás*, que es de la misma raíz que "cantidad").

El que sueña con una sandía o melón calado o partido significa que su pedido fue concedido (pues entonces el fruto, que hasta ahora estaba cubierto por la dura corteza, está revelado y disponible libremente).

El que sueña que ingiere dátiles, una desgracia le acontecerá y sus transgresiones serán perdonadas. (Los sufrimientos limpian sus transgresiones. Y por otro lado, comer dátiles en exceso causa malestares estomacales, «limpia» los intestinos.)

Soñar con dátiles significa que se acabaron sus transgresiones, como expone el versículo: "Culminó tu transgresión, hija de Tzión", lo cual equivale a decir "culminó la amargura", puesto que la transgresión amarga el sentido de la vida. (En hebreo, "dátil" es *tamar*, voz que se puede descomponer en *tam mar*, "culminó la amargura").

FRUTO (CONT.) Soñar con dátiles es algo bueno para el soñante, pero que de todos modos evite comparecer ante un ministro o autoridad. ("Dátiles" en hebreo es *temarot*, que también se puede leer como *tam-marut* que significa no aceptar a la autoridad. Por consiguiente que evite a las autoridades por un tiempo).

El que sueña con pasas de uva es indicador de que tendrá ganancias. (Ya que las uvas frescas en poco tiempo se descomponen, en cambio las pasas de uvas se conservan mucho más tiempo, lo cual es indicador de ganancias adicionales).

Soñar con uvas blancas es una buena señal para el soñante.

El que sueña con uvas negras, si es en la estación de las uvas, es indicador de algo bueno para él; de lo contrario es algo malo y requiere de Misericordia divina. (Porque el árbol del que comió Adam, según cierta opinión del Talmud, era una vid de uvas negras. Y ese acto de Adam trajo la desgracia al mundo).

El que sueña que ingiere uvas que no se presente en un juicio o ante alguna autoridad, ya que es probable que sus adversarios lo venzan. (Porque según ciertas opiniones, el Árbol del Conocimiento, cuyo fruto ingirieron Adán y Eva, era la vid — Talmud Berajot 40a, Sanhedrin 70a, Midrash Bereshit Rabá 15:7).

El que sueña que ingiere uvas rojas tiene asegurado el Mundo Venidero.

Soñar con uvas rojas es bueno para el soñante y para sus hijos.

Soñar que exprime uvas es algo muy bueno para él. (El Libro de Bereshit/Gén. narra que justamente ése fue el sueño del Jefe de Coperos del faraón, a quien Iosef se lo interpretó favorablemente, y así tal cual se hizo realidad.)

FUEGO. Soñar que cae al fuego significa que abandonará la voluntad del Supremo. (El fuego simboliza el fuego del *Guehinom*, "purgatorio").

Soñar que hay fuego fuera de su casa significa que tendrá discusiones con gente que no es de la familia.

Soñar que un fuego cae del cielo significa que habrá peste en ese país.

GALLINA. El que sueña que gallinas caminan en su casa o ante él, se hará acreedor a una gran riqueza y honor. (Las gallinas representan riqueza por la gran cantidad de crías que producen).

El que sueña con una gallina tendrá una vivienda agradable, o bien alegría, o bien será merecedor del *Gan Eden* (Paraíso), o bien tendrá gran descendencia.

GALLO. El que sueña con gallos que riñen enfrentará una reyerta.

El que sueña con un gallo tendrá un hijo. O bien, específicamente un hijo varón. (La criatura que más veces mantiene relaciones con su pareja es el gallo. Por eso la interpretación es que tendrá un hijo. Con respecto a la explicación de que tendrá un hijo varón, hay varias razones: primero, en hebreo "gallo" se dice *guever*, que significa también "varón". Otra explicación: El Talmud, Nidá 31b, expone que quien desea un hijo varón debe cohabitar con su esposa dos veces seguidas, una inmediatamente después de la otra, como el gallo…)

GANSO. El que sueña con un ganso adquirirá sabiduría. (pues expone el versículo: "La sabiduría clama en las calles", Mishlé / Prov. 1:20. La relación de la sabiduría con los gansos está dada por el hecho de que los gansos se hacen oír a viva voz, tal como "la sabiduría *clama* en las calles"). Y si sueña que hay gansos dentro de su casa, el honor de su casa se verá enaltecido.

GATO. El que sueña con un gato, si se encuentra en un lugar donde "gato" se dice *shunra* el sueño se realizará como un canto placentero. En cambio, si se encuentra en un lugar donde "gato" se dice *shinra,* sufrirá un cambio para mal. (La voz *shunra* es parónima de la expresión *shirá naá*, "canto placentero". Y la voz *shinrá* es parónima de *shinúi ra*, "cambio para mal").

El que sueña con un gato, tendrá vestimentas finas; o bien, del Cielo decretaron que debería morir pero se salvará.

GOLPE. Soñar que es golpeado es un mal augurio para el soñante.

GRANADA. El que sueña con granadas, su patrimonio se incrementará cual semillas de granada.

GUARDIA. Soñar que es entregado a un guardia significa que del Cielo lo protegerán. (El guardia cuida que no huya; y de la misma manera, del Cielo cuidan que nada malo le ocurra).

HALCÓN. El que sueña que caza un halcón tendrá honor y bienestar.

HALLAZGO. El que sueña que halla algo, si es un hombre rico empobrecerá, y si es pobre, enriquecerá. (Si es un hombre rico, no necesita encontrar nada, de modo que si sueña que encuentra algo es un mal indicio. En cambio, si es un hombre pobre, hallar algo es un buen indicio porque a partir de entonces tiene algo que antes no tenía.)

HARINA. Soñar que tiene harina en las manos indica que tendrá ganancias. (Con la harina se prepara la masa y se la deja leudar, lo cual representa las ganancias que se incrementan).

HERIDA. Soñar que recibe una herida significa que sus días están contados.

HERMANA. Ver entrada "mujeres.

HIELO. El que sueña con hielo se salvará de los enemigos. O bien, los precios aumentarán. (El volumen del hielo es mayor que del agua. Asimismo, el hielo es más liviano que el agua y se eleva sobre ésta, lo cual alude al alza de precios).

HIERBA. Soñar con pastos es algo bueno, e indica que el soñante hallará su sustento con abundancia. (Como expone el versículo en Bereshit/Gén. 1:29,30: "Dijo Elokim: Miren, les doy a ustedes como alimento toda hierba que da semillas que está sobre la tierra y todo árbol que tiene en sí fruto de árbol. Ése será el alimento de ustedes. Además, "pasto" y "abundancia" en hebreo comparten las mismas letras: *Sin, Ain, Bet*).

HIERBA AMARGA. Visualizar hierbas amargas en un sueño es una mala señal.

HÍGADO. El que sueña con el hígado tendrá tesoros. (Porque el hígado tiene mucha sangre, y la sangre es comparable a las riquezas).

HIGO. El que sueña con una higuera, toda la sabiduría de Torá que haya adquirido perdurará en él. (El higo es comparable a la Torá, porque se puede ingerir por completo, a diferencia de otros frutos de los que se debe eliminar las semillas).

Soñar que ingiere higos negros indica esfuerzo. (El negro indica transgresiones y cosas negativas en general).

Soñar que ingiere higos secos es indicador de ganancias. (Los higos frescos se descomponen rápidamente, pero los secos se mantienen por largos períodos. De ello resulta que el higo seco representa que su patrimonio está a resguardo).

HIGUERA. El que sueña con una higuera, toda la sabiduría de Torá que haya adquirido perdurará en él. (El higo se compara a la Torá, porque se puede ingerir por completo, a diferencia de otros frutos de los que se debe eliminar las semillas).

HOMBRES. Ver entrada "homosexualidad". Ver entrada "travestismo". Ver entrada "mujeres".

HOMBRO. El que sueña que extrae sangre de su hombro perderá algo muy grande.

HOMOSEXUALIDAD. Que un hombre sueñe que tiene relaciones sexuales con otro hombre significa que tiempos malos vendrán sobre él. (Porque la homosexualidad es una práctica prohibida por la Torá).

HUEVO. Soñar con un huevo entero significa que los pedidos o deseos del soñante están pendientes (así como el contenido del huevo está pendiente de ser consumido en tanto la cáscara permanezca intacta y entera. Asimismo, en arameo, la lengua del Talmud, "huevo" es *beia*, que es muy similar a la voz que significa "pedido" o "deseo")..

Soñar con huevos de cualquier especie es algo bueno. (El color blanco o predominantemente claro de los huevos en general, denota pureza).

Soñar con huevos cascados o que se casca un huevo significa que su pedido o deseo ya le fue concedido o está muy próximo a concretarse (pues la cáscara rota del huevo significa que el contenido ya fue liberado).

El que sueña que ingiere huevos crudos tendrá mucho bienestar. (Porque el huevo crudo lleva en sí nueva vida, y como tal tiene la posibilidad de multiplicarse).

Soñar que ingiere huevos cocidos significa que logrará evitar alguna enfermedad. (Pues el huevo crudo provoca enfermedades).

HUNA. El que sueña con el nombre *Huna* (o con alguna persona llamada Huna), le sucederá un milagro. (La letra *Nun*/"N", de Huna representa *nes*, "milagro").

IAACOV. El que visualiza en sueños al patriarca Iaacov tendrá larga vida. (Porque el rasgo distintivo del patriarca Iaacov era el *Emet*, la verdad. Y quien se mantiene firme con la verdad tiene larga vida.)

INCENDIO. El que sueña que se le incendia la casa tendrá reyertas. (Las discusiones y reyertas son comparables al fuego destructor).

Soñar con fuego dañino es un mal augurio para el gobierno o para el pueblo.

Soñar que hay un incendio sin humo significa que encontrará algún objeto. (Encontrar un objeto perdido es algo tan extraño como un fuego sin humo.)

INCIENSO. El que sueña que ingiere incienso como remedio es un buen indicio para él. En cambio, si no es como remedio es un mal indicio.

INTESTINOS. El que sueña con intestinos tendrá riquezas. (Porque las riquezas están ocultas tal como los intestinos dentro del cuerpo).

IOJANÁN. El que sueña con el nombre *Iojanán* (o con una persona así llamada), le sucederán milagros de milagros. (Por las dos letras *Nun/*"N" que dicho nombre tiene en común con *nes*, "milagro". Una letra *Nun* significa "milagro" y dos letras *Nun* significa "milagro de milagros").

ISHMAEL. El que sueña con Ishmael, hijo de Abraham. sus plegarias serán respondidas, tal como le fueron respondidas a Ishmael. (Textualmente, *Ishmael* significa "·El Supremo escuchará").

ISLA. El que sueña con una isla, el Supremo se compadecerá de él y le concederá un milagro.

IUD. Soñar con una persona cuyo nombre comienza con la letra *Iud* (décima letra del alfabeto) es una mala señal para el que lo soñó.

JANANIÁ - JANINÁ. El que sueña con el nombre *Janina* o *Janania* (o con una persona así llamada), le sucederán milagros de milagros. (Por las dos letras *Nun/*"N" de dicho nombre, que es la misma letra *nun* de *Nes*, "milagro". Una letra *Nun* significa "milagro" y dos letras *Nun* significa "milagro de milagros").

JENGIBRE. Soñar que ingiere jengibre es una señal de que el Supremo lo ama. ("Jengibre" en hebreo es *Zangvil*, voz que tiene el mismo valor numérico que la expresión *Elokim Ahevó*, que significa "El Supremo lo ama".) Asimismo, soñar con jenjibre indica que el soñante cobrará celebridad. (El jengibre neutraliza el mal aliento, lo cual se refleja en que esta persona sea bien aceptada por sus semejantes).

JOYA. El que sueña que encuentra una joya será enaltecido.

KADISH. El que sueña que (en las plegarias) responde *Amén* y *Iehe Shemá Rabá* ("Sea Su gran Nombre bendecido...) tiene asegurada su parte en el Mundo Venidero.

LAGUNA. El que sueña que entra a una laguna en la que hay cañas de diversas longitudes, será designado Director de una Casa de Estudios (o algún cargo jerárquico). (En la laguna se aglomeran cañas largas y cortas, que simbolizan que todos, grandes y chicos, acudirán a escuchar las enseñanzas de un hombre destacado).

LÁMPARA. El que sueña con una lámpara (de aceite) apagada, pobre de él. (Expone el versículo: "La luz del Supremo es el alma de la persona". De modo que una lámpara sin luz representa falta de vida).

El que sueña con una lámpara (de aceite) encendida en su cuarto contraerá matrimonio. (Porque la mujer es la luz de la casa. Además, la mujer casada es la encargada de iluminar el hogar encendiendo velas los viernes al atardecer.)

LANA. El que sueña con lana negra sufrirá tristeza y depresión.

El que sueña con lana blanca tendrá alegría y regocijo. (La lana blanca representa expiación de las transgresiones, la rectificación del rumbo de su vida, lo cual es motivo de gran alegría).

LECHE. Leche, en general, es una buena señal en sueños, excepto la leche agria de cualquier animal, la cual constituye un mal augurio.

LECHE (CONT.) El que sueña con leche obtendrá grandes riquezas y su destino se rectificará para bien.

Soñar que bebe leche de cierva, cabra, vaca u oveja es una buena señal. Es indicador de que tendrá un hijo o un año muy próspero. Hallará la solución a un gran problema u obtendrá grandes ganancias, o su sustento será abundante. (Los animales citados son buena fuente de ingresos, por ser que se puede comerciar su carne su leche, sus crías y su cuero o lana).

El que se visualiza en un sueño ordeñando obtendrá riquezas.

El que sueña que bebe leche de yegua o camella, enriquecerá.

El que sueña que comercializa queso o leche obtendrá grandeza.

LEÓN. El que sueña con cachorros de león se fortalecerá sobre sus enemigos.

El que sueña con un león vivirá muchos años en paz. (Porque la característica del león es *Guevurá*, "vigor". A su vez, la voz *Guevurot*, plural de *Guevurá*, está relacionada con la edad de ochenta años, como surge del versículo: "La vida de una persona son setenta años, y con *guevurot*, 'vigores', puede llegar a *ochenta* años".)

El que sueña con leones enjaulados tendrá un buen año. (La Torá compara a los enemigos con los leones, y en este caso están encerrados en la jaula, lo cual denota tranquilidad).

El que sueña que agarra la cabeza de un león tendrá un buen año.

El que sueña que arrastra a un cachorro de león vencerá a sus enemigos, o bien sus enemigos lo escucharán. (La Torá compara a los enemigos con leones).

El que sueña que bebe sangre de un león hará la paz con sus enemigos.

LEÓN (CONT.) Soñar que sus enemigos están en compañía de leones, significa que hará la paz con ellos.

El que sueña que lucha con leones y los vence, sus enemigos lo perseguirán pero él triunfará.

El que sueña que monta sobre un león vencerá a sus enemigos.

El que sueña que un león le ruge sufrirá padecimientos en ese año.

El que sueña que un león lo persigue será perseguido por sus enemigos.

El que sueña que un león se quema tendrá un buen año.

El que sueña que reposa junto a un león hará la paz con sus adversarios.

LIDERAZGO. El que sueña que cose una vestimenta será un líder (porque así como una vestimenta se confecciona cosiendo y uniendo diversos trozos de tela, un líder debe unir y amalgamar diferentes criterios y puntos de vista para dirigir a los suyos con equidad y justicia). O bien significa que construirá una casa. (Ya que tanto la casa como la ropa protegen).

LIMÓN. El que sueña que ingiere un limón empobrecerá. ("Limón", en hebreo, tiene el mismo valor numérico, que *oni*, "pobreza").

LÍQUIDOS. Soñar con cualquier tipo de líquido es una buena señal, excepto el vino: a veces indica algo bueno y a veces algo malo, dependiendo de quién sea el que sueña y la calidad del vino que bebe.

LLUVIA. Soñar que llueve es indicador de ganancias. O bien indica que deberá enfrentar reyertas.

El que sueña que llueve copiosamente en el momento adecuado, su país engrandecerá.

Soñar que llueve copiosamente fuera del momento adecuado o fuera de la estación de las lluvias es un mal presagio para su país.

Soñar con relámpagos acompañados de lluvias indica ganancias. (Porque el relámpago es señal de lluvia, y la lluvia simboliza el sustento, como expone el Talmud, tratado Taanit, "lluvias son sustento".)

Soñar que se encuentra bajo la lluvia es algo muy bueno para el soñante. (La lluvia representa el flujo de bendiciones de lo Alto).

LOBO. Al que sueña con un lobo, un enemigo lo enfrentará en poco tiempo. (El lobo representa a los enemigos).

El que sueña con lobos grandes tendrá ganancias. (Del Talmud se infiere que ver un lobo en sueños es una buena señal.)

Soñar con lobos pequeños es una señal de que habrá lluvias.

LODAZAL. El que sueña que nada en un lodazal y se hunde, tendrá una desgracia y se salvará.

LULAV. Soñar con un *lulav* (rama de palmera, una de las cuatro especies de Sucot,) significa que su corazón anhela al Supremo (y está unido a Él). (El *lulav* representa la unión, y por eso, si sus hojas están separadas, no es apto para ser utilizado en *Sucot.*)

LUNA. Soñar con un eclipse de luna indica muerte o enfermedad. (Explica el Talmud Sucá, que un eclipse lunar es un mal indicio para el Pueblo de Israel, cuyo calendario es lunar).

Soñar con la luna denota dominio y autoridad.

MADRE. Ver entrada "mujeres".

MAESTRO. El que sueña que enseña a jóvenes alcanzará alguna posición de grandeza.

MANANTIAL. El que sueña que nada en un manantial se unirá a un virtuoso. (Un manantial deja fluir su agua como un virtuoso su rectitud).

Soñar que toma un baño en un manantial es algo bueno para el soñante. (El agua, en general, representa bendición, porque es la fuente de vida; y en ese sentido, la Cabalá compara al agua con la manifestación divina de *Jesed*, "bondad").

MANTECA. El que sueña que ingiere manteca de cabra obtendrá grandeza. Y si sueña con manteca de otro animal recibirá una buena noticia.

MANZANA. El que sueña que ingiere manzanas tendrá una buena vida. (Por eso en Rosh Hashaná comemos manzana, porque tiene tres cualidades placenteras: el gusto, el aroma y su forma armónica.)

MANZANO. Un árbol de manzanas ácidas en un sueño alude a una mala persona.

Un árbol de manzanas dulces en un sueño alude a una persona buena y rica.

El que sueña que en su casa crece un manzano tendrá dos hijos, uno sabio y uno ignorante. (Los árboles en general representan hijos. Antiguamente, cuando nacía un niño, se plantaba un árbol. Asimismo, en varios versículos del Libro de los Salmos, los árboles se emplean como metáfora de hijos. Las manzanas dulces representan al hijo sabio; y las ácidas, al ignorante).

MAR. Ver entrada "agua".

Soñar que se ahoga en el mar es un mal indicio.

MARCO. El que sueña que el marco de su casa está roto, sus hijos o esposa morirán. (Explica el Midrash que en Egipto, los judíos debían pintar los marcos de las puertas con la sangre de la ofrenda de Pesaj para quedar a salvo de la plaga de muerte que castigó a los primogénitos egipcios. De modo que si el marco significa protección para los que habitan en la casa, un marco quebrado significa lo opuesto.)

MASA. Soñar que prepara una masa para elaborar algún panificado y la misma se prende fuego en el horno significa que al día siguiente enfrentará una discusión. (El fuego destructor es como una discusión capaz de destruir la armonía de las personas.)

MATAR. Soñar que mata a alguien es indicio de que le acontecerá un milagro.

MEDICAMENTO. El que sueña con un medicamento tendrá bonanza.

MEGUILAT ESTER. El que sueña con un rollo de *Meguilat* Ester le acontecerá un milagro. (En la *Meguilá,* Rollo de Ester, se narran varios milagros que acontecieron a los judíos en épocas del Imperio persa).

MELÓN. El que sueña con un melón calado o partido significa que su pedido fue concedido (pues el fruto, que hasta ahora estaba cubierto por la dura corteza, queda revelado y disponible libremente).

MENESTEROSO. Soñar que es menesteroso es indicador de pobreza.

MENSTRUACIÓN. Ver entrada "mujeres".

METAL. Soñar con cualquier tipo de metal es algo bueno, excepto elementos punzantes. (Porque son armas blancas y acortan la vida de las personas).

En general soñar con metales es algo bueno. A excepción de clavos, hacha, rastrillo o cualquiera que esté diseñada para dañar.

Soñar con un anillo de metal denota algo muy bueno: el soñante recibirá una gran ganancia inesperadamente.

MIEL. El que sueña con miel mezclada con abejas, los enemigos lo rodearán.

Soñar que ingiere miel buena es un buen presagio. Y viceversa si es mala.

MINISTROS. Visualizar algún ministro o dignatario en un sueño es una muy buena señal.

MIRTO (*hadás*, "arbusto de flores pequeñas") El que sueña que camina en medio de mirtos será un virtuoso y tendrá el privilegio de participar en el palio nupcial de los virtuosos en la Era Mesiánica. O bien será muy exitoso en sus emprendimientos. O bien, tendrá el privilegio de poder consagrarse a la Torá.

El que sueña con un mirto enraizado, sus propiedades prosperarán; y si carece de propiedades recibirá alguna herencia. (Porque el mirto está bien enraizado en la tierra.)

MOLESTIA. El que sueña que tiene una molestia en el ojo es algo malo para él. (Dado que el ojo está ligado al corazón, y un daño en el ojo puede significar un peligro para esa persona).

MONEDAS. Soñar con monedas es algo bueno para el soñante. (Si bien las monedas tienen escaso valor, significa que nunca le faltará dinero.)

El que sueña que encuentra una moneda tendrá riquezas.

El que sueña con cobre o monedas de cobre deberá soportar discusiones.

El que sueña que encuentra monedas o dinero de un tesoro tendrá mucha satisfacción. En cambio, soñar que las encuentra rotas, o si luego las perdió es indicador de desgracia.

MONTAÑA. El que sueña con una montaña que madrugue y pronuncie el siguiente versículo: "Cuán hermosos son sobre la montaña los pies del mensajero" (Ieshaia / Is. 52:7)

MONTAÑA (CONT.) El que sueña con una montaña, la paz lo alcanzará. Como expresa el versículo: (Tehilim/Salmos 72:4): "Elevarán las montañas paz al pueblo".

Soñar que desciende de la montaña es un mal augurio y significa que el soñante será degradado.

El que sueña que una montaña se estremece, algún mal le acaecerá ese año.

Soñar que se encuentra en una montaña o que la está escalando, es un buen augurio. O bien, será enaltecido.

MONTAR. El que sueña que monta un asno sin montura perderá su dinero o enfermará.

El que sueña que monta el asno o mula del rey será enaltecido.

El que sueña que monta un camello y cae enfermará gravemente. (La voz *gamal*, "camello", significa también "redimir", de modo que "caer del camello" significa "caer" su redención.)

Soñar que monta un camello significa que viajará lejos. (Por la resistencia física del camello y su capacidad para recorrer terrenos inhóspitos.)

Soñar que monta un vacuno y cae, le vendrá la muerte. O bien, pobreza, o alguna otra desgracia . (Una caída en general es algo malo. Y caer del vacuno significa que caerá de la abundancia representada por éste).

MORDEDURA. El que sueña que muerde a un toro perderá algo. (El vacuno indica abundancia, y morder al vacuno significa merma en la abundancia, por ello es un indicio de que perderá algo.)

El que sueña que un búho lo muerde será enaltecido y tendrá bienestar.

El que sueña que un vacuno lo muerde sufrirá desgracias; o bien vivirá muchos años.

MUDO. Soñar que es mudo, según una opinión indica algo bueno para el soñante; y según otra, algo malo. (Se puede interpretar que no puede hablar maledicencia ni cosas vanas; y también se puede interpretar en el sentido de que está imposibilitado de hablar cosas buenas y positivas.)

MUERTE. Soñar que muere es un buen indicio para el soñante. O bien se incrementarán sus años de vida. (Este caso es un ejemplo de los sueños referidos en el Talmud como "sueños de interpretación opuesta". El hecho de que "fallece" en el sueño provoca que ya no sea necesario que fallezca en la realidad.)

El que visualiza en sueños a uno de sus padres ya fallecidos, es algo muy bueno y tendrá alegrías (Y para eso se le revelan en el sueño, para informarle la buena nueva). Y si sueña que además le dan algo, mucho mejor aún.)

MUERTO. Si visualiza en sueños a un ser querido y no logra comprender el sentido, significa que ese ser querido le está pidiendo algo, como que realice actos de bien en su honor, para ayudar a la elevación de su alma.

El que sueña con muertos, si es una persona sana, que no tema. En cambio, si es una persona enferma es una mala señal para él. O bien, indica descanso.

El que sueña con un muerto descalzo, desnudo, hambriento, o enfermo, es una señal de que el alma de esa persona está sufriendo. Por lo tanto se deben hacer actos de bien por esa persona, para que su alma experimente una elevación.)

El que sueña que baña a un muerto, o lo viste o lo carga, descenderá de su posición. (Ya que la grandeza del hombre se manifiesta entre los seres vivos, de modo que soñar que asiste a los muertos significa descenso.)

MUERTO (CONT.) El que sueña que da las condolencias a los deudos, o acompaña al muerto al cementerio, el Supremo lo acercará hacia Sí. (Porque son actos de bondad que Él aprecia).

Soñar que habla con un muerto indica que el soñante hablará con gente buena y obrará como ella. (Después del fallecimiento, el alma se libera de las transgresiones y adquiere un estado de pureza superior al de su paso por este mundo. Por eso, visualizarse en un sueño conversando con un muerto es una señal de que se apegará a gente buena y pura.)

El que sueña que es mordido por un pariente fallecido, sufrirá una desgracia.

El que sueña que un pariente fallecido viene a visitarlo tendrá riqueza. Y si lo abraza o lo besa, mucho más.

El que sueña que un muerto come y bebe en su casa, es una buena señal para la casa (porque significa que el muerto está conforme y cómodo allí.)

El que sueña que un muerto le da algo tendrá ganancias. (Porque significa que está conforme con él.)

El que sueña que un muerto le da de tomar de su mano, indica muerte. (Porque el muerto indica lo etéreo, lo que ya no existe; mientras el vaso indica materialismo. Por ello, si toma de un vaso significa que todavía vivirá, porque necesita aún de la materia; pero si toma de la mano del muerto, que representa lo etéreo, significa que ya no volverá a requerir de lo material).

El que sueña que un muerto le entrega un elemento de metal, en cualquier lugar que se encuentre estará seguro y no deberá temer. (Pues ese elemento le brinda protección).

MUERTO (CONT.) El que sueña que un muerto le roba algo, un pariente suyo morirá. (Expone el Talmud, tratado Baba Kama, que el que roba cualquier cosa, aún algo de ínfimo valor, es como que robase un alma).

El que sueña que un muerto lo llama para acompañarlo afuera de la casa, morirá pronto. (Porque pretende llevarlo consigo. Una posible solución es tirar una ropa de alguien vivo en la tumba de aquel fallecido).

El que sueña que un muerto lo llama, y entiende su idioma, fallecerá pronto.

Soñar que entrega algo a un muerto es indicio de pobreza.

Soñar que un muerto le entrega algo indica riqueza.

Soñar que un pariente fallece es indicio de que tendrá larga vida. (Este caso es un ejemplo de los sueños referidos en el Talmud como "sueños de interpretación opuesta". El hecho de que "fallezcan" en el sueño provoca que ya no sea necesario que fallezcan en la realidad.).

Soñar que un muerto lo golpea es indicio de sufrimientos.

Soñar que un muerto le quiere dar algo y él no lo toma, es un mal indicio.

MUJERES: NOTA SOBRE SUEÑOS REFERIDOS A MUJERES: Las interpretaciones ofrecidas sobre los sueños mencionados a continuación responden a la condición de que tales sueños sean espontáneos, esto es que durante el día no haya pensado en la mujer referida, pues en tal caso, sueños semejantes, más que portadores de mensajes son indicio de lascivia. Los sueños son inducidos por el Ángel, y así como no existe el pudor en los sueños, tampoco los perversos tienen pudor de sus actos en este mundo. Y el que durante el día piensa en obscenidades y es incapaz de neutralizar tales pensamientos por medio de la Torá u otras acciones, en el futuro el Supremo quebrantará su corazón).

MUJERES (CONT.) En general, sueños sobre mujeres (incluso sobre la propia esposa) son señal de que alguno de sus parientes fallecerá. (En tal caso debe realizar el procedimiento de "rectificación de sueños"). (En el caso de los hombres, soñar con mujeres suele ser un indicio de dónde han estado inmersos sus pensamientos durante el día; y sueños de esa naturaleza no pueden ser indicativos de algo bueno. Y en el caso de que haya soñado con su esposa, según ciertas opiniones se refiere a que la visualizó en su sueño estando ella en su período, lo cual tampoco es un buen indicio para él, por el hecho de que en dicha situación está prohibido todo tipo de acercamiento entre los esposos.)

Soñar que tiene relaciones con una mujer durante su período es algo malo para él. Una vez un hombre soñó que sus pies estaban sucios de estiércol y se alarmó, porque entendió que semejante sueño no era casual. El hombre consultó al maestro Arizal, quien le respondió que su lecho estaba muy próxima a la que había estado acostada su esposa en su período, y durante la noche la colcha de él tocó la de ella. El hombre fue e inmediatamente separó las camas. Y a raíz de ese episodio, el citado maestro dijo a sus discípulos que, en su gran mayoría, los sueños vienen a advertirle a uno sobre alguna transgresión, tanto sea consciente o inconsciente. (Durante el período de la esposa está prohibido todo tipo de contacto físico en la pareja, e incluso deben dormir en lechos separados, y ni siquiera la ropa de cama de uno puede tocarse con la del otro.)

Soñar que cohabita (aun) con su esposa es indicador de que tendrá un altercado con ella. (Según ciertas opiniones se refiere a que cohabita en el sueño con su esposa estando ella en su período, lo cual está proscripto; y por consiguiente, un sueño tal no puede ser un buen augurio).

MUJERES (CONT.) El que sueña que tiene relaciones con su madre, que aguarde inteligencia, pues expone el versículo: "pues 'madre' llamarás a la inteligencia" (Mishlé/Prov. 2:3). O bien tendrá una buena vida.

El que sueña con pechos de mujer enriquecerá. (Los pechos femeninos son señal de nutrición y sustento).

El que sueña con una mujer virgen tendrá paz y armonía. (Así como la mujer soltera está en paz, libre de las ocupaciones y preocupaciones que una familia demanda).

Soñar que tiene relaciones con una mujer virgen es algo bueno para él. O bien enfermará gravemente.

El que sueña que le quita el pañuelo a su mujer, ella morirá. (Porque insinúa que ella es un cadáver que no debe llevar pañuelo. En cambio, una mujer, aún divorciada o viuda, está obligada a cubrirse el cabello).

Soñar que tiene cabello como una mujer significa que hablaron cosas terribles sobre él.

El que sueña que tiene relaciones con su hermana, que aguarde sabiduría, pues expone el versículo: "Dile a la sabiduría 'Hermana mía eres tú'." (Mishlé/Prov. 7:4).

El que sueña que una mujer da a luz, uno de sus parientes fallecerá. (A ello alude los padecimientos que sufre la parturienta).

Si una mujer sueña que viste la ropa de su esposo significa que lo heredará. (Pues entonces las ropas ya no pertenecen a su esposo, sino a ella).

Que un hombre sueñe que viste ropa de mujer significa que cometió una transgresión. (Porque es una transgresión que un hombre vista ropas de mujer, como expone Devarim/Deut. 22:5: "No vestirá un hombre ropa de mujer".)

MUJERES (CONT.) Soñar que tiene relaciones con una viuda o divorciada y ella lo ama, es indicador de algo bueno.

El que sueña que tiene relaciones con una mujer casada es merecedor del Mundo Venidero. O bien significa que tendrá reyertas. O bien será Presidente del *Bet Din* (Corte Rabínica).

MULA. El que sueña que cae de una mula sobre la que estaba montando, morirá pronto. (Así sucedió con *Avshalom*, hijo del Rey David).

El que sueña que ingiere carne de mula tomará dinero prohibido. (La mula es un animal híbrido, resultado de una cruza prohibida por la Torá.)

El que sueña que monta sobre una mula sufrirá una desgracia. O bien la pobreza lo acosará. ("Mula" en hebreo es *pered*, voz relacionada con *pirud*, "separación" y *redifá*, "persecución", lo cual representa cosas negativas).

MURALLA. El que sueña que está en una ciudad no amurallada sufrirá una desgracia. (Pues una ciudad sin murallas es una ciudad desprotegida).

MURCIÉLAGO. (NOTA SOBRE LA CARACTERIZACIÓN DEL MURCIÉLAGO EN EL SIGUIENTE CONTEXTO: En Vaikrá / Lev. 11:18 la Torá menciona el *tinshemet* como un ser volador impuro. Y de acuerdo a la explicación de Rashi surgiría que dicho *tinshemet* es el "murciélago". Otros traducen *tinshemet* como "pelícano".)

Soñar con un murciélago es un mal indicio. (El murciélago vive en la oscuridad, lo cual representa cosas negativas).

El que sueña que caza un pelícano se enfermará y sanará.

El que sueña que ingiere carne de murciélago (o pelícano) sufrirá alguna pérdida.

MURCIÉLAGO (CONT.) El que sueña que escucha un murciélago (o pelícano) pero no lo ve es algo bueno para él.

El que sueña que sobre su casa está posado un murciélago (o un pelícano) estará de duelo. ("Pelícano" en hebreo es *Tinshemet*, que se puede leer como contracción de las voces *tetzé nishmató*, "saldrá su alma"). O bien perderá dinero o algún objeto.

El que sueña que un murciélago (o pelícano) lo muerde será enaltecido y gozará de bienestar.

Soñar que degolla a un murciélago es algo bueno para el soñante.

NADAR. Ver entrada "agua".

El que sueña que nada en un lodazal y se hunde, tendrá una desgracia y se salvará.

NARIZ. El que sueña que extrae sangre de su nariz se acortarán sus días. (Porque la sangre de la nariz representa el alma de vida, como expone el versículo: "El Supremo insufló a Adam el alma de vida a través de su nariz").

NAVAJA. El que sueña que se rasura la barba a navaja es una mala señal para él. (La Torá proscribe explícitamente esta forma de rasurarse, por lo tanto, un sueño semejante nunca puede ser una buena señal).

NECESIDADES FISIOLÓGICAS. Soñar que evacúa es algo bueno para el soñante. (Porque se desprende de los desechos del cuerpo).

NEGRO. Soñar con lana negra es indicio de tristeza y depresión.

El que sueña con un diente negro sufrirá una desgracia.

Soñar con vestimentas negras no es un buen indicio. (Representan duelo).

Soñar que ingiere higos negros es indicio de cosas indeseables. (El negro indica transgresiones y cosas negativas en general).

NIEVE. El que sueña con nieve se salvará de los enemigos. (El color blanco de la nieve representa paz y pureza). O bien, indica que los precios subirán. (Pues el volumen de la nieve es mayor que del agua.)

NIÑOS. Soñar con niños jugando es un indicio de alegría.

NOMBRES. El que sueña con el nombre *Huna* (o con alguna persona llamada Huna), le sucederá un milagro. (La letra *Nun* / "N", de Huna representa la voz *nes*, "milagro").

El que sueña con el nombre *Iojanán* (o con una persona así llamada), le sucederán milagros de milagros. (Por las dos letras *Nun* / "N" que dicho nombre tiene en común con *Nes*, "milagro". Una letra *Nun* significa "milagro" y dos letras *Nun* significa "milagro de milagros").

El que sueña con el nombre *Janina* o *Janania* (o con una persona así llamada), le sucederán milagros de milagros. (Por las dos letras *Nun* / "N" de dicho nombre, que es la misma letra *Nun* de *Nes*, "milagro". Una letra *Nun* significa "milagro" y dos letras *Nun* significa "milagro de milagros").

Soñar con una persona cuyo nombre comienza con la letra *Shin* ("S" o "Sh"), es algo malo para el soñante. (Ya que dicha letra *Shin* es la letra inicial de palabras que representan cosas negativas tales como *Sheker*, "mentira", *Satán* y *Seor*, "levadura", la cual representa al instinto del mal, que se eleva con arrogancia cual masa leudada). Excepto el nombre *Shaúl*, porque fue un virtuoso (en referencia a Shaúl, Rey de Israel).

NOVIO. El que sueña que se compromete con su novia tendrá ganancias. (Como el novio que "gana" la excepción de salir a la guerra durante el primer año).

NUBES. El que sueña que el cielo está cubierto de nubes perderá algo importante.

NUEZ. El que sueña con una nuez rota o partida significa que su pedido fue concedido (pues al estar partida queda revelado el fruto, que previamente estaba cubierto e inaccesible por causa de la dura cáscara).

Soñar con nueces enteras significa que sus pedidos están pendientes. (Ya que la dura corteza que protege al fruto permite que el mismo perdure, quede "pendiente", en el tiempo). O bien, tendrá una buena vida (representada por la dura corteza que protege a la nuez). Y si las nueces se rompieron significa que su pedido ya fue cumplido. (Porque al romperse la corteza, el fruto queda libre y disponible, lo cual representa que sus pedidos ya le fueron concedidos y están disponibles libremente para su beneficio).

El que sueña que cayeron nueces delante de sí, todo lo que hablaron sobre él y todo lo que los enemigos pensaron sobre él, se invalidará (La dura corteza de las nueces representa las cosas duras que hablaron sobre el soñante, de modo que el caer de las nueces representa la invalidez de todo lo duro y malo que pudieron haber hablado en su contra).

El que sueña que recibe nueces tendrá honor. (El valor numérico de "nuez" en hebreo es 17, igual que *tov*, "bueno", de modo que "recibir *nueces*" significa recibir algo bueno).

OBSERVACIÓN. El que sueña que observa desde un lugar elevado o hacia un lugar elevado, tendrá una larga vida. (la altura es longitud, lo cual denota longevidad).

OFICIANTE (JAZÁN). El que sueña que es oficiante en la sinagoga, si es apto para el cargo denota algo bueno para él (porque significa que está elevando sus plegarias al Supremo); y si no es apto denota algo malo (porque significa que él debe orar, pero al no poder hacerlo, otros deben hacerlo por él.)

OJO. El que sueña que tiene una molestia en el ojo es algo malo para él. (Dado que el ojo está ligado al corazón, y un daño en el ojo puede significar peligro).

OLAS. El que sueña que nada en el mar y las olas lo elevan obtendrá grandeza; o gozará de un gran monarca (o gobernante).

OLIVAS. El que sueña con aceite de oliva, o que bebe aceite de oliva, tendrá el privilegio de recibir la luz de la Torá; o algo bueno le sucederá. (El aceite representa lo bueno. El aceite tiene la cualidad de permearlo todo, tal como el conocimiento de la Torá desciende hacia quien la estudia y se impregna definitivamente en él.)

El que sueña con olivas chicas se expandirá y tendrá mucho éxito en sus emprendimientos. Asimismo, cobrará buen nombre.

El que sueña que ingiere olivas tendrá ganancias.

El que sueña con un olivo quedará bajo el influjo positivo de las constelaciones (tendrá buena suerte).

El que sueña con varios olivos, tendrá muchos hijos varones.

OLLA. Soñar con una olla es indicio de paz (pues la olla establece la paz entre dos elementos tan opuestos como el fuego que cocina y el agua que se cocina). Pero si en la olla se cocina carne cortada no es una buena señal, porque la carne en trozos no es indicio de algo bueno.

ORDEÑAR. El que se visualiza en un sueño ordeñando obtendrá riquezas.

ORINA. El que sueña con orina en un recipiente despreciable significa que tendrá un hijo con una mujer desagradable.

El que sueña que orina en un recipiente de oro, plata o cualquier otro metal noble significa que tendrá un hijo con una mujer importante.

Soñar que orina en un espacio público abierto indica sufrimiento.

ORO. El que sueña con elementos de oro o plata tendrá honor.

El que sueña con una corona de oro o plata, si es un artesano es un buen augurio (porque representa mucho trabajo). De lo contrario representa algo malo.

El que sueña que encuentra elementos de oro o plata tendrá honor.

El que sueña que encuentra oro o piedras preciosas será enaltecido.

El que sueña que encuentra oro o plata se enaltecerá y tendrá contacto con dignatarios.

El que sueña que encuentra oro será enaltecido por el gobierno.

El que sueña que luce vestimentas de plata u oro, o monta sobre un animal de plata u oro, será enaltecido a una posición inesperada.

El que sueña que coloca en su dedo un anillo de oro o plata tendrá ganancias.

Hasta ahora hemos visto que soñar con oro en general representa cosas buenas. Sin embargo, según otras opiniones, soñar con cualquier tipo de oro es un mal augurio y significa que el soñante pronto tendrá problemas con la gente.

Soñar con muchas monedas de oro es un mal augurio. (Porque el oro en abundancia rememora la transgresión con el becerro de oro).

OSO. El que sueña que un oso lo persigue, un malvado lo vencerá. (El oso representa a los enemigos, por su calidad de animal depredador. Dicha comparación surge también de diversos versículos de la Torá y el Zohar).

El que sueña que ingiere carne de oso, o tiene en su mano una cabeza de oso, se hará de dinero mal habido.

Soñar que un oso se acerca es indicio de reyertas. (En hebreo "oso" es *dov*, que se escribe con las letras *dalet - bet*. "Reyerta" es *rib*, que se escribe con las letras *resh - bet*. Las letras *dalet* y *resh* son muy semejantes, tanto en su pronunciación como en su grafía, y por lo tanto son intercambiables).

OVEJA. Soñar con ovinos es algo bueno. (Por la mansedumbre de ellos).

El que sueña con una oveja tendrá un año con bendición. (Ya que las ovejas son una noble fuente de ingresos, pues se puede comerciar su leche, carne, lana y crías).

El que sueña que bebe leche de oveja tendrá un hijo, bienestar y grandeza, o hallará una gran solución a algún problema. (La leche siempre es una buena señal en sueños). O bien su sustento será abundante; o tendrá riquezas.

PADRES. El que visualiza en sueños a uno de sus padres ya fallecidos, es algo muy bueno y tendrá alegrías (Y para eso se le revelan en el sueño, para informarle la buena nueva). Y si sueña que además le dan algo, mucho mejor aún.)

PÁJARO. Soñar con un pájaro es algo bueno para el soñante; es indicio de que gozará de paz.

El que sueña que apresa un pájaro y luego se le escapa, debe ayunar. (Porque indica muerte. El pájaro es comparable al alma, pues ambos se elevan. Además, el pájaro indica vida, por su gran agilidad; de modo que si el pájaro escapa es un mal indicio).

Soñar que ingiere un pájaro es una buena señal para el soñante.

Soñar que tiene un pájaro en mano anuncia una buena noticia. ("Pájaro" en hebreo es *tzipor*, cuyo valor numérico es el mismo que *Shalom*, "paz", "armonía".)

PALIO NUPCIAL. Soñar que se encuentra bajo el palio nupcial es un mal augurio. (Porque en el día del casamiento los novios deben ayunar como si fuese Iom Kipur, porque en ese día, bajo el palio nupcial, de lo Alto les perdonan todas sus transgresiones. De modo que visualizar el palio nupcial en un sueño es una señal de que debe ayunar y corregir su conducta para conseguir el perdón por sus malos actos).

PALMERA. El que sueña con un *lulav* (rama de palmera, una de las cuatro especies de Sucot,) significa que su corazón anhela sólo al Supremo (y está unido a Él). (El *lulav* representa la unión, y por eso, si sus hojas están separadas, no es apto para ser utilizado en *Sucot*.)

PALOMA. El que sueña que caza una paloma tendrá hijos. O anuncia una herencia.

Soñar que ingiere carne de paloma anuncia que su suerte se mantendrá.

PAN. El que sueña que ingiere pan blanco puede estar seguro de que es merecedor del Mundo Venidero. (El color blanco del pan representa el refinamiento y la pureza que reinarán en el Mundo Venidero).

El que sueña que ingiere pan de sémola puede estar seguro de que sus plegarias fueron escuchadas en lo Alto. (En Bereshit/ Gén.28:20, el patriarca Iaacov pidió al Supremo que lo proteja y le de pan; y el Supremo lo escuchó. De modo que si sueña que ingiere pan de sémola, seguro que sus plegarias ya fueron escuchadas porque este pan es de calidad superior que el pan de harina común).

PAÑUELO. El que sueña que le quita el pañuelo a su mujer, ella morirá. (Porque insinúa que ella es un cadáver que no debe llevar pañuelo. En cambio, una mujer divorciada o viuda sigue estando obligada a cubrirse el cabello).

PARRA. El que sueña con una vid cargada, su esposa no abortará. (Como expone el versículo en Tehilim/Salmos 128: "Tu esposa es cual fértil vid").

PASAS DE UVAS. Soñar con pasas de uva es indicador de que tendrá ganancias. (Ya que las uvas frescas en poco tiempo se descomponen, en cambio las pasas de uvas se conservan mucho más tiempo, lo cual es indicador de ganancias adicionales).

PASTO. Soñar con pastos es algo bueno, e indica que el soñante hallará su sustento con abundancia. (Como expone el versículo en Bereshit/Gén. 1:29,30: "Dijo Elokim: "Miren, les doy a ustedes (como alimento) toda hierba que da semillas que está sobre la superficie de la tierra y todo árbol que tiene en sí fruto de árbol. Ése será el alimento de ustedes. Además, "pasto" y "abundancia" en hebreo comparten las mismas letras: *Sin, Ain, Bet*).

PATADA. El que sueña que un asno lo patea recibirá un regalo de una persona importante.

El que sueña que un toro lo patea viajará lejos. (Porque con la patada lo envía a la lejanía).

PATRIARCA. El que visualiza en sueños al patriarca Iaacov tendrá larga vida. (Porque el rasgo distintivo de Iaacov es el *Emet*, la verdad. Y quien se mantiene firme con la verdad tiene larga vida.)

PECHOS. Ver entrada "mujeres".

Soñar que tiene los pechos lastimados indica desgracia.

PELADA. El que sueña que se rapa la cabeza es un buen indicio para él.

PELO. El que sueña que tiene cabello como una mujer significa que hablaron cosas terribles sobre él.

PENE. El que sueña con el miembro viril tendrá un hijo varón.

El que sueña que su miembro viril se corta o amputa morirá ese año. O bien, no tendrá más descendencia.

Soñar que su miembro viril está rígido indica que sus hijos serán fuertes.

PEPINO. El que sueña que ingiere pepinos tendrá ganancias.

PERA. El que sueña que ingiere peras vivirá una larga vida. (En hebreo, "pera" es *agás*, que es de la misma raíz que "cantidad").

PERRO. El que sueña que dirige a un perro vencerá a sus enemigos.

El que sueña que ingiere carne de perro se mudará a un lugar de paz.

El que sueña que juega con perros se reconciliará con sus enemigos. (Los perros representan a los enemigos, por lo tanto soñar que juega con los perros significa reconciliación).

El que sueña que mata a un perro, su enemigo se mudará de ciudad.

El que sueña que muerde a un perro, vencerá a sus enemigos.

El que sueña que perros le ladran, la malicia de sus enemigos se concretará.

El que sueña que perros lo persiguen será víctima del gobierno o de enemigos.

El que sueña que un perro le ladra, sus enemigos le tramarán una emboscada. y si el perro lo muerde, sus enemigos lo vencerán.

Soñar con perros corriendo significa que hablan calumnias sobre el soñante. (La relación entre calumnias y perros está basada en la declaración del Talmud: "El que habla calumnias, o las escucha, será arrojado a los perros").

PESCADO. El que sueña que adquiere pescado recibirá dinero, pero con vergüenza. ("Pescado" en hebreo es *dag*, voz que se compone de dos letras: la *Dalet* ‫ד‬ y la *Guimel* ‫ג‬. La letra *Guimel* —que representa al *Gomel Jesed*, el caritativo, la persona que da— precede en el abecedario hebreo a la letra *Dalet* —que representa al *Dal*, el menesteroso, el que recibe—. Es decir, la *dalet* del menesteroso "está de espaldas" a la *guimel* del que da. Ello nos enseña que cuando se ayuda al necesitado se debe hacerlo sin avergonzarlo; y por eso, la mejor manera es que aquel "esté de espaldas", que el dador no sepa a quién le da y el receptor no sepa de quién recibe. Pero en la voz *dag*, "pescado", el orden de las citadas letras está invertido, pues primero se presenta la *Dalet* ד y luego la *Guimel* ג; de modo que en esta palabra, la *dalet* de "menesteroso" no está de espaldas a la *guimel* de "caritativo", sino de frente, lo cual significa que aquel recibe el dinero con vergüenza).

PESCAR. Soñar que pesca indica que tendrá hijos. O bien tendrá una buena vida. O recibirá una buena nueva. Si sueña con peces pequeños o que captura peces pequeños tendrá una ganancia pequeña. Si sueña con peces grandes o que captura peces grandes tendrá grandes ganancias y será enaltecido.

PEZ - PECES. Soñar con peces es algo muy bueno. (Los peces tienen la cualidad de que se reproducen mucho y rápidamente, y también están protegidos del mal de ojo. En general, los peces representan alegría. También son los únicos seres vivos del reino animal que no requieren de *Shejitá,* "faena ritual" para poder ser ingeridos). O bien será difamado. O sus enemigos se alzarán contra él. (Porque los peces son enemigos entre ellos, al punto de que uno de mayor tamaño traga a uno más chico).

El que sueña con peces se esforzará y verá frutos. (La pesca es ardua y trabajosa, porque requiere de tomar los hilos, confeccionar la red, arrojarla al agua; y después de todo tal vez regrese vacía. Y si logra pescar algo, aún debe procurar la venta de su producto).

PIERNAS. El que sueña que le amputaron las piernas viajará a un lugar lejano (ya que las piernas son necesarias para trasladarse a lugares cercanos; en cambio, si viaja a un lugar lejano no requiere tanto de ellas sino más bien de algún medio de transporte). O bien enriquecerá.

PIMIENTO. El que sueña que ingiere pimientos tendrá una buena posición ante la autoridad.

PLANTA. Soñar que de una planta crece un fruto es algo bueno para él y para su esposa.

PLANTAR. Soñar que planta una vid es un buen indicio. (El acto de plantar indica algo productivo).

PLATA. Soñar que halla plata es algo bueno para el soñante. (Explica el Zohar que la plata representa los atributos de bondad y misericordia).

El que sueña con elementos de plata tendrá honor.

El que sueña con una corona de plata, si es un artesano es un buen augurio (porque representa mucho trabajo). De lo contrario representa algo malo.

El que sueña que encuentra elementos de plata tendrá honor.

El que sueña que encuentra plata se enaltecerá y tendrá conexiones con el gobierno.

El que sueña que luce vestimentas de plata será enaltecido a una posición inesperada.

El que sueña que monta sobre un animal de plata será enaltecido a una posición inesperada.

El que sueña que se pone en su dedo un anillo de oro o plata, tendrá ganancias.

El que visualiza plata en un sueño tendrá ganancias.

PLEGARIA. El que sueña que (en las plegarias) responde *Amén* y *Iehe Shemá Rabá* ("Sea Su gran Nombre bendecido...) tiene asegurada su parte en el Mundo Venidero.

El que sueña que lee el *Shemá* (plegaria que expresa la Unicidad divina) es apto para que la *Shejiná* (Divina Presencia) se revele a través de él (Porque el significado del *Shemá* es la subordinación al Supremo), pero su generación no es merecedora de semejante recelación.

El que sueña que ora; y en medio de la plegaria despierta de su sueño, es una buena señal para él (Porque al finalizar el sueño aún continuaba conectado con el Supremo). O bien significa que está próximo al Supremo.

PORCELANA. El que sueña que un contenedor de porcelana se rompe significa que su pedido fue concedido (pues queda revelado el contenido que previamente estaba cubierto e inaccesible por causa del contenedor).

POZO. El que sueña con una cisterna verá paz; o bien, en opinión de Rab Natán, hallará Torá (porque el agua se compara a la Torá) y de acuerdo a Raba hallará vida. (Agua es sinónimo de vida).

PRISA. Soñar con un vacuno a la carrera indica alegría. (Cuando uno tiene la voluntad de hacer algo y está alegre por ello, lo hace inmediatamente.)

PROFETA. El que sueña con el profeta Elihau, le acontecerán milagros. (Pues el profeta Eliahu realizó numerosos milagros).

PROTECCIÓN. Soñar que es entregado a un guardia significa que del Cielo lo protegerán. (El guardia cuida que no huya; y de la misma manera, del Cielo cuidan que nada malo le ocurra).

PUERTA. El que sueña que coloca una puerta en su casa contraerá matrimonio en breve. (Explica Rashi sobre el Talmud Berajot 56, que la mujer cuida a su hogar como una puerta a la casa).

El que sueña que la puerta de su casa se cae, su mujer fallecerá. (El comentarista Maharshá explica sobre el Talmud, Ketuvot 17a, que a la mujer se la denomina "casa" por la importancia de ella en el funcionamiento del hogar. Asimismo, así como la casa contiene a los que en ella habitan, es la mujer la que contiene a su familia).

QUESO. El que sueña que ingiere queso fresco obtendrá ganancias.

El que sueña que vende queso o leche obtendrá grandeza.

RÁBANO. El que sueña con un rábano, o rábano picante, gozará de bienestar.

RAPARSE. Soñar que se rapa la cabeza es un buen indicio.

RATA. El que sueña con una rata o que ingiere de su carne tendrá un muy buen año.

El que sueña que dirige a una rata tendrá buenas ganancias.

El que sueña que ingiere una rata quedará a salvo de todo mal y enriquecerá. (No es necesario cuidar a una persona de las ratas, por más que dicha persona tenga apenas un día de vida, pues las ratas no se le acercarán. En cambio, a un muerto, por más que fuese un gigante, sí se debe cuidar de que las ratas no se le acerquen. Ello equivale a decir que tener control sobre la rata indica vitalidad).

RECIPIENTE. Soñar con un recipiente anuncia paz. (El recipiente contiene los elementos dentro de sí tal como la paz brinda contención a los que se encomiendan a ella).

RELACIONES SEXUALES: Ver entrada "mujeres".

RELÁMPAGOS. Soñar con relámpagos acompañados de lluvias es indicador de ganancias. (Porque el relámpago es señal de lluvia, y la lluvia simboliza el sustento, como explícitamente expone el Talmud, tratado Taanit, "lluvias son sustento".)

Soñar con relámpagos sin lluvias es señal de la ira del Supremo por las transgresiones de la gente.

El que sueña con truenos y relámpagos acompañados de lluvias, su país gozará de bienestar. (La lluvia es indispensable y propicia para el campo.)

Soñar con truenos y relámpagos sin lluvia es un anuncio de que sus semejantes son transgresores e indica el enfado del Supremo sobre ellos.

REPOLLO. El que sueña con un repollo tendrá riquezas y bienestar. (Explica el Talmud Berajot, 44b, que el repollo tiene efectos curativos).

REPTIL. Soñar con reptiles es algo muy bueno para el soñante. (Porque el Supremo concedió a los reptiles una bendición especial para que se reproduzcan profusamente, lo cual representa abundancia).

REY. El que sueña con el rey Ajav (tanto si visualiza en su sueño al Rey Ajav o si visualiza la palabra "Ajav") debe cuidarse de la desgracia. (Ajav fue uno de los reyes negativos del Reino de Israel que condujeron a su perdición).

El que sueña con un rey será enaltecido.

El que sueña que el rey le habla significa que el Supremo lo aprecia. Y si sueña que el rey se enfada contra él significa que el Supremo lo rechaza.

RÍO. Ver entrada "agua".

ROJO-ROJIZO. En general, soñar con caballos es un buen presagio, excepto con caballos colorados. En tal caso, si el caballo es manso es algo bueno, y si es salvaje es algo malo.

El que sueña que se extrae sangre, sus transgresiones fueron perdonadas. Y si es mucha la sangre es algo bueno para él. (La transgresiones son siempre comparables al color rojo, de modo que soñar que se extrae sangre significa que se quita de sí las transgresiones).

Soñar que viste ropas rojas es indicio de desgracia. (El rojo simboliza el aspecto de la Severidad divina).

ROLLO DE TORÁ. El que sueña que un *Séfer Torá* (Rollo de Torá) se quema es algo malo para él.

El que sueña con un *Séfer* Torá importante tendrá un hijo varón. (Porque la obligación del estudio de la Torá recae fundamentalmente sobre los varones).

El que sueña que adquirió o le trajeron un *Séfer* Torá, su esposa quedará encinta de un varón.

El que sueña que se le cayó un *Séfer* Torá de su mano, su esposa abortará.

Soñar con un *Séfer* Torá sin su cobertura denota algo malo.

Soñar que lee un *Séfer* Torá es algo malo. (Porque para leer la Torá se debe ascender al estrado, que representa ascender al Tribunal Celestial para ser juzgado).

ROMPER. Soñar que se rompe un huevo, un melón o sandía, o una avellana, almendra o nuez, o algún artículo de vidrio o porcelana, o cualquier otro elemento quebradizo o rompible como los citados, significa que su pedido fue concedido (pues queda revelado lo que previamente estaba cubierto y oculto).

ROPA. El que sueña que cose una vestimenta será un líder (porque así como una vestimenta se confecciona cosiendo y uniendo diversos trozos de tela, un líder debe unir y amalgamar diferentes criterios y puntos de vista para dirigir a los suyos con equidad y justicia). O bien significa que construirá una casa. (Ya que tanto la casa como la ropa protegen).

El que sueña que se le queman las ropas tendrá ganancias inesperadas.

El que sueña que se rasga sus vestimentas significa que el decreto negativo que pende sobre él se anulará. ("Ropa", en hebreo, es *begued*, que también significa "acusación". De modo que rasgarse las vestimentas significa "romper", "anular", los decretos negativos en su contra).

El que sueña que viste ropas caras se enaltecerá. Y si sueña que se las desviste, se degradará.

El que sueña que viste ropas de seda, la gente lo celará. (Porque las ropas de seda son caras e importantes. Justamente, la túnica de Iosef que causó la envidia de sus hermanos era de seda).

La mujer que sueña que viste la ropa de su esposo significa que lo heredará. (Porque significa que las ropas ya no pertenecen a su esposo, sino a ella).

Soñar con cualquier ropa es algo muy bueno, excepto soñar que se calza un zapato. (Ya que significa que antes estaba descalzo, lo cual simboliza duelo; pues en efecto, quienes están de duelo tienen prohibido vestir calzado de cuero.)

Soñar con ropas en general es indicador de belleza, honor y riqueza. (El Talmud Shabat 113a expone que Rabí Iojanán llamaba a las ropas *kavod*, "honor", porque ellas confieren honor a quien las viste).

Soñar con vestimentas negras no es un buen indicio. (Representan duelo).

Soñar que viste ropas blancas es un buen indicio. (El blanco es el color de la pureza y además simboliza la Misericordia divina).

Soñar que viste ropas rojas es indicio de desgracia. (El rojo simboliza la Severidad divina).

ROSH HASHANÁ. El que sueña que es *Rosh Hashaná* y hace sonar el *Shofar* debe ayunar y pedir misericordia al Supremo pues sus transgresiones penden sobre él. (Porque el *shofar* se hace sonar en ocasiones de peligro comunitario, y *Rosh Hashaná* indica que requiere el perdón divino por sus transgresiones.)

SABIDURÍA. El que sueña con *muchas* cañas adquirirá entendimiento. (Pues expone el versículo: "A cambio de todas tus *adquisiciones adquiere* entendimiento", donde la reiteración de la voz "adquirir" alude a las *muchas* cañas). (En hebreo, "adquirir" y "cañas" comparten la misma raíz).

El que sueña con una caña adquirirá sabiduría. (En hebreo, la voz "caña" y "adquirir", que es la que se aplica para significar "adquirir sabiduría", comparten la misma raíz).

SABIO. El que ve en sueños al sabio Ben Azai que aguarde sabiduría. O bien, significa que desarrollará temor a la transgresión y reverencia a la devoción. (Ben Azai no contrajo matrimonio porque su deseo era consagrarse al estudio de la Torá, y entendía que las obligaciones del matrimonio serían obstáculo para tal fin. Asimismo, del Talmud (tratado Bejorot, folio 58) se deriva que Ben Azai era un sabio de máxima estatura sólo superado por Rabi Akiva, y por eso la interpretación de este sueño).

El que ve en sueños al sabio Ben Zoma que aguarde sabiduría, o bien desarrollará temor a la transgresión y reverencia a la devoción. (A pesar de que Ben Zoma era un hombre rico, no se interpreta que el soñante será rico, porque Ben Zoma se destacaba más por las citadas cualidades espirituales que por las materiales, pues en su época había mucha gente más rica que él.)

El que ve a Elisha ben Abuia que se cuide de la desgracia. (Pues finalmente Elisha fue por el mal camino).

El que ve en sueños a Rabi Elazar ben Azaria tendrá riqueza y grandeza, o bien sabiduría. (Porque Rabí Elazar fue nombrado Presidente del *Sanhedrin,* "Supremo Tribunal" a la temprana edad de dieciocho años. Asimismo poseía muchas riquezas).

SALMOS. El que sueña que lee *Tehilim* (Salmos) que aguarde misericordia. (Leer el Libro de los Salmos es un medio para atraer la Misericordia divina).

SANDÍA. El que sueña con una sandía sufrirá enfermedades.

Soñar con una sandía calada o partida significa que su pedido fue concedido (pues así, el fruto que hasta ahora estaba cubierto por la dura corteza, queda revelado y disponible libremente).

SANGRE. El que sueña con el hígado tendrá tesoros. (Porque el hígado contiene mucha sangre, y la sangre se compara a las riquezas, pues "sangre" en hebreo es *dam,* y "riqueza" es *damim*).

El que sueña con sangre tendrá tesoros. (Porque suele ocurrir que los tesoros son causa de derramamiento de sangre).

El que sueña que extrae sangre de su brazo perderá algo pequeño.

El que sueña que extrae sangre de su hombro perderá algo muy valioso.

El que sueña que extrae sangre de su nariz se acortarán sus días. (Porque la sangre de la nariz representa el alma de vida, como expone el versículo en Bereshit/Gén.: "El Supremo insufló a Adam el alma de vida a través de su nariz").

El que sueña que se extrae sangre, sus transgresiones fueron perdonadas. Y si es mucha la sangre es algo bueno para él. (La transgresiones son siempre comparables al color rojo, de modo que soñar que se extrae sangre significa que se quita de sí las transgresiones).

Soñar que bebe sangre es un indicio de que quedará a salvo de sufrimientos.

SARMIENTO. El que sueña con un sarmiento, rama de la vid, que aguarde al *Mashíaj*, como surge del versículo: "Ata a la vid su asno y al sarmiento la cría de su asna" (Bereshit/Gén. 49:11). (El versículo alude al Mashíaj, que se revelará montado en un asno).

SEDA. El que sueña que viste ropas de seda, la gente lo celará. (Porque las ropas de seda son caras e importantes. Justamente, la túnica de Iosef que causó la envidia de sus hermanos era de seda).

SELLO. El que sueña con un sello o un anillo sin piedra preciosa, hará un acto que lo hará progresar. (En la antigüedad, a quien realizaba un acto meritorio, el rey lo distinguía extendiéndole su anillo).

SEMBLANTE. Soñar que su semblante tiene un tono verdoso es indicio de enfermedad. (Eso es lo que indica semejante tonalidad en el semblante de una persona.)

SÉMOLA. El que sueña que ingiere pan de sémola puede cstar seguro de que sus plegarias fueron escuchadas en lo Alto. (En Bereshit/Gén.28:20, Iaacov pide al Supremo que lo cuide y le dé pan para comer. Y si sueña que ingiere pan de sémola, seguro que sus plegarias fueron escuchadas porque este pan es de calidad superior que el pan de harina común).

SERES VOLADORES. **NOTA**: La Torá clasifica a las aves, langostas, murciélagos, etc. dentro del mismo grupo por su condición de seres voladores, de modo que en el presente contexto respetamos dicha clasificación.

SERES VOLADORES (CONT.) Soñar con aves o criaturas voladoras en general es un buen indicio. (El vuelo de las aves representa el bien que el soñante obtendrá).

El que sueña con un águila o un otro ave en vuelo tendrá gran riqueza, o bien será enaltecido. (El águila era el símbolo del imperio romano, paradigma de riqueza material.)

El que sueña que caza un águila será rico y vencerá a sus enemigos.

El que sueña que monta sobre un avestruz será enaltecido.

Soñar que persigue a un avestruz y no lo alcanza, significa que perseguirá a la riqueza y no la alcanzará. (El Talmud Ierushalmi explica que antiguamente se daba de comer al avestruz pepitas de oro para que las refine. De modo que perseguir al avestruz equivale a perseguir a la riqueza.)

El que sueña que caza un búho se enfermará y sanará.

El que sueña que come carne de búho sufrirá pérdidas.

El que sueña que escucha un búho pero no lo ve es algo bueno para el soñante.

El que sueña que un búho o un buitre se encuentran posados sobre su casa estará de duelo. O bien perderá dinero o algún objeto.

El que sueña que un búho lo muerde será enaltecido y tendrá bienestar.

El que sueña con gallos que riñen enfrentará una reyerta.

El que sueña con un ganso adquirirá sabiduría. (pues expone el versículo: "La sabiduría clama en las calles", Mishlé / Prov. 1:20. La relación de la sabiduría con los gansos está dada por el hecho de que los gansos se hacen oír a viva voz, tal como "la sabiduría *clama* en las calles").

SERES VOLADORES (CONT.) El que sueña que hay gansos dentro de su casa, el honor de su casa se verá enaltecido. (Porque los gansos representan sabiduría; y la sabiduría enaltece a las personas.)

Nota sobre la caracterización del murciélago en el presente contexto: En Vaikrá / Lev. 11:18 la Torá menciona el *tinshemet* como un ser volador impuro. Y de acuerdo a la explicación de Rashi surgiría que dicho *tinshemet* es el "murciélago". Sin embargo, otros traducen *tinshemet* como "pelícano".

El que sueña que caza un murciélago se enfermará y sanará.

El que sueña que ingiere carne de murciélago sufrirá alguna pérdida.

El que sueña que escucha un murciélago pero no lo ve es algo bueno para él.

El que sueña que sobre su casa está posado un murciélago, estará de duelo. ("Murciélago" en hebreo es *Tinshemet*, que se puede leer como contracción de las voces *tetzé nishmató*, "saldrá su alma").

El que sueña que un murciélago lo muerde será enaltecido y gozará de bienestar.

Soñar que le hace *Shejitá* (faena ritual) a un murciélago (o pelícano) es un buen indicio para el soñante.

El que sueña que apresa un pájaro y luego se le escapa, debe ayunar. (Porque indica muerte. El pájaro es comparable al alma, pues ambos tienden a elevarse. Además, el pájaro indica vida, por su gran agilidad; de modo que si el pájaro escapa es un mal indicio).

Soñar que ingiere un pájaro es algo bueno para el soñante.

Soñar que tiene un pájaro en mano anuncia una buena noticia. ("Pájaro" en hebreo es *tzipor*, cuyo valor numérico es el mismo que *Shalom*, "paz", "armonía".)

Soñar con un pájaro es algo bueno para el soñante; o bien gozará de paz.

El que sueña que caza o apresa una paloma tendrá hijos. O bien anuncia una herencia.

Soñar que ingiere carne de paloma anuncia que su suerte se mantendrá.

SERPIENTE. El que sueña con una serpiente tendrá sustento en abundancia (como la serpiente, que se alimenta de la tierra la cual abunda por doquier).

Visualizar en sueños una serpiente junto con su pareja es un muy buen indicio. (Pues la serpiente representa sustento, y en este caso son dos las serpientes, que a su vez tendrán crías, lo cual es indicador de algo muy bueno).

Soñar que una serpiente se le escapa es un indicio de que su sustento se ausenta.

El que sueña que mata a una serpiente perderá su dinero. Según otra opinión, lo duplicará (por haberse sobrepuesto a la serpiente. Esta última opinión pertenece a Rav Sheshet, Sabio talmudista que soñó haber matado a una serpiente y por eso procuró interpretar su sueño favorablemente según el principio de que los sueños se cumplen según como se los interprete).

El que sueña que una serpiente lo muerde, tendrá doble sustento. (Porque representa que otros necesitarán de él para alimentarse.) O bien, perderá su sustento y a cambio se incrementarán sus enemigos. (La serpiente representa a los enemigos como surge del versículo en Bereshit/Gén. 3:15, acerca de la maldición que recibió aquella por haber inducido a Javá, Eva, a que comiera del Árbol del conocimiento). O bien, es algo malo para él. O bien tendrá un hijo. (Ver Bereshit/Gén. 30:27).

SEXO. Ver entrada "mujeres".

SHEMÁ. El que sueña que lee el *Shemá* (plegaria que expresa la Unicidad divina) es digno de que la *Shejiná* (Divina Presencia) se revele a través de él. (Porque la plegaria del *Shemá* representa subordinación al Supremo), pero su generación no es merecedora de semejante revelación.

SHIN. Soñar con un hombre cuyo nombre comienza con la letra *Shin*, es un mal indicio. (Ya que dicha letra *Shin* es la letra inicial de palabras de significados indeseables, tales como *Sheker,* "mentira", *Satán* y *Seor,* "levadura", la cual representa al instinto del mal, que se eleva con arrogancia cual masa leudada). Excepto el nombre *Shaúl*, porque fue un virtuoso (en referencia a Shaúl, rey de Israel.)

SHOFAR. El que sueña con un *Shofar* (cuerno de carnero) que madrugue e inmediatamente diga el versículo: "Y será en aquel día tocará el gran *Shofar*". (En general, el *shofar* se hace sonar en ocasiones de peligro comunitario. Asimismo, también cuando llegue el *Mashíaj* se hará sonar el *Shofar* anunciando su arribo, y por eso debe decir el citado versículo, pues la expresión "aquel día" se refiere al día de la revelación del *Mashíaj*. Esta explicación sigue la regla del Talmud que establece que los sueños se cumplen según como se los interprete; y por eso se debe interpretarlos inmediatamente de manera positiva, para no dar lugar a ninguna interpretación negativa).

El que sueña que es *Rosh Hashaná* y hace sonar el *Shofar* debe ayunar y pedir misericordia al Supremo, pues sus transgresiones penden sobre él. (Porque el *shofar* se toca en ocasiones de peligro comunitario, y *Rosh Hashaná* indica que requiere el perdón divino por sus transgresiones.)

SIEMBRA. Soñar que se encuentra en un campo sembrado es indicador de buen tiempo.

SIRVIENTA. Soñar con una sirvienta es algo bueno para el soñante. (Ya que goza del servicio de ella.)

SOL. Soñar con el sol es algo muy bueno para el soñante. O bien alude a un rey, a un amo o a un padre. Alude a un rey pues el sol, al igual que la luna, es comparable a la realeza. Asimismo, de acuerdo con la Cabalá, el sol representa el nivel divino de Realeza. Y alude también al padre, como en el caso de Iosef cuando soñó que el sol se prosternaba ante él, donde la imagen "sol" representaba a su padre, el patriarca Iaacov).

El que sueña que el sol está en dos diferentes lugares, en su tierra habrá nuevo gobierno. (Dado que no es posible que dos reyes compartan la misma corona, un sueño semejante es un indicio de que uno de los reinos prevalecerá y el otro desaparecerá).

El que sueña que el sol está débil que huya de las discusiones. (El sol representa la paz, como expone el Talmud en el tratado Nedarim acerca de que el sol le dijo al Supremo que si no controlaba a Kóraj —que solía provocar altercados y fue quien dirigió el alzamiento del pueblo contra el líder Moshé— no saldría a iluminar el mundo. El sol representa lo opuesto de las reyertas, de modo que el sol débil significa la paz debilitada, y por eso, ante un sueño semejante se debe optar por apartarse de las discusiones).

Soñar que el sol se eclipsa es un indicio de que el rey o el gobernante fallecerá. (El sol representa al rey, de modo de que un sol eclipsado representa el ocaso del rey y de su reino). Asimismo, una imagen de eclipse solar en un sueños es indicador de muerte o enfermedad. (Explica el Talmud Sucá que un eclipse solar es un mal indicio para los idólatras, cuyo calendario es solar. En cambio, soñar con un eclipse lunar es un mal indicio para los israelitas, pues su calendario es básicamente lunar).

SOLTERA. Ver entrada "mujeres".

SUEÑO. Soñar con una cama de dormir ordenada es indicio de algo bueno.

TALAR. Soñar que tala árboles en general y árboles frutales en particular es un mal indicio para él y para su familia. (Pues la Torá proscribe la tala de árboles frutales, de modo que un sueño semejante no puede ser indicador de algo bueno. Asimismo, "talar árboles" equivale a "truncar vidas").

TALIT ("MANTO DE PLEGARIAS"). El que sueña que viste un *talit* nuevo contraerá matrimonio en breve. (Ya que el *talit* es usado por los judíos *Ashkenazím* (originarios de Europa central y oriental)a partir de la boda. Y de acuerdo con la costumbre *Sefaradí*, (judíos originarios la península ibérica y del Medi Oriente), costumbre que requiere vestir el *talit* a partir de la edad de *Bar Mitzvá*, la relación de visualizar un *Talit* en sueños y la inminencia del enlace radica en que bajo el palio nupcial se cubre a los novios con el *Talit*, lo cual indica "intimidad", uno de los pasos necesarios en la ceremonia de casamiento).

TECHO. El que sueña que cae de un techo sufrirá una desgracia.

El que sueña que el techo de su casa se derrumba, su mujer fallecerá. (El comentarista Maharshá explica sobre el Talmud, Ketuvot 17a, que a la mujer se la denomina "casa" por su rol central en el funcionamiento del hogar. Asimismo, así como la casa contiene a los que en ella habitan, es la mujer la que contiene a su familia).

TEFILÍN. El que sueña que se coloca *Tefilín* (filacterias) que aguarde una posición de grandeza. (Explica el maestro Arizal que los *Tefilin* representan el nivel *Mojin Degadlut,* "amplitud de mente").

TEHILIM. El que sueña que lee *Tehilim* (Salmos) que aguarde misericordia. (Leer el Libro de los Salmos ayuda a atraer la Misericordia divina).

TEJER. Soñar que está tejiendo es una señal de que deberá viajar lejos. (Y por eso teje, para tener ropa preparada para el extenso viaje).

TERRAZA. El que sueña que asciende a una terraza será enaltecido. Si sueña que desciende será degradado. En opinión de los Sabios talmúdicos Abaie y Raba, si soñó que ascendió será enaltecido, sin importar si inmediatamente soñó que descendía.)

TESORO. El que sueña que encuentra monedas o dinero de un tesoro tendrá mucha satisfacción. En cambio, soñar que las encuentra dañadas, o si luego las perdió, es indicador de desgracia.

TET. Soñar con la letra *tet* (novena letra del alfabeto hebreo es una buena señal. (La primera letra *Tet* de toda la Torá se presenta en el libro del Génesis, en la palabra *Tov*, "bueno").

TIGRE. El que sueña que mata a un tigre vencerá a sus enemigos. (El tigre representa a los enemigos).

El que sueña que tiene la cabeza de un tigre vencerá a sus enemigos. (Antiguamente, como señal de victoria en una guerra, se tomaba la cabeza del enemigo).

El que sueña que un tigre lo persigue, un perverso lo perseguirá.

TIJERA. Soñar que se rasura la barba a tijera es una buena señal para él. (La Torá autoriza esta forma de rasurarse).

TOMATE. Soñar con tomates es algo bueno para él.

TORO: Ver entrada "vacunos".

TRAVESTISMO. Que un hombre sueñe que viste ropa de mujer, o que una mujer sueñe que viste ropa de hombre significa que cometió una transgresión. (Porque es una transgresión vestir prendas propias del sexo opuesto, como textualmente lo manifiesta el versículo en Devarim/Deut. 22:5.)

TRIGO. El que sueña con trigo verá la paz, como surge del versículo: "Ha establecido la paz en tus fronteras, con lo mejor del trigo te saciará" (Tehilim/Salmos 147:14). O bien ganará oro y plata.

Soñar con una espiga de trigo verde anuncia ganancias.

TRUENOS. Si ve en sueños truenos y relámpagos acompañados de lluvias es una señal de que su país gozará de bienestar. (La lluvia es indispensable y propicia para el campo.)

Soñar con truenos y relámpagos sin lluvia es un anuncio de que sus semejantes son transgresores e indica la ira del Supremo contra ellos.

TUMBA. Soñar con tumbas es indicio de actos despreciables. (En referencia a la putrefacción del cadáver).

UÑA. El que sueña con una uña en mal estado obtendrá sabiduría. (El cuerpo de Adam, el primer hombre, estaba completamente recubierto de uña, hasta que comió del Árbol del Conocimiento y entonces el Supremo le quitó esa caparazón y en su lugar lo cubrió de piel. Adam comenzó a desarrollar conocimiento y sabiduría luego de haber comido del Árbol, de lo cual resulta que visualizar en sueños una uña en mal estado, como que se desprende, significa que obtendrá sabiduría).

UTENSILIOS. El que sueña que toma utensilios y sale de la casa es algo malo para la casa y su familia. (Los utensilios de la casa son para comer en esa casa, de modo que soñar que se lleva los utensilios es un mal augurio).

UVAS. El que sueña con pasas de uva es indicador de que tendrá ganancias. (Ya que las uvas frescas se descomponen en breve, en cambio las pasas de uvas se conservan mucho más tiempo, lo cual es indicador de ganancias adicionales).

Soñar con uvas blancas es una buena señal para el soñante.

El que sueña con uvas negras, si es en la estación de las uvas, es indicador de algo bueno para él; de lo contrario es algo malo y requiere de Misericordia divina. (Porque el árbol del que comió Adam, según cierta opinión del Talmud, era una vid de uvas negras; y fue ese acto de Adam el que transformó a las criaturas físicas en mortales).

UVAS (CONT.) El que sueña que ingiere uvas que no se presente en un juicio ni ante ninguna autoridad, ya que es probable que sus adversarios lo venzan. (Porque según ciertas opiniones, el Árbol del Conocimiento, cuyo fruto ingirieron Adán y Eva, era la vid — Talmud Berajot 40a, Sanhedrin 70a, Midrash Bereshit Rabá 15:7).

El que sueña que ingiere uvas rojas tiene asegurado el Mundo Venidero.

Soñar con uvas rojas es bueno para el soñante y para sus hijos.

Soñar que exprime uvas es algo muy bueno para él. (El Libro de Bereshit/Gén. narra que justamente ése fue el sueño del Jefe de Coperos del faraón, a quien Iosef se lo interpretó favorablemente, y así tal cual se hizo realidad.)

VACUNO. Soñar con vacunos durmiendo denota pereza y anuncia tiempos difíciles.

El que sueña con un toro cobrará muy buena fama. O bien será enaltecido. (El toro representa fuerza y vigor).

El que sueña con vacunos verá la caída de sus enemigos. ("Vacuno", en hebreo, es *shor*, que a su vez es una palabra relacionada con enemigos. Y siendo que los vacunos indican abundancia y bienestar, soñar con vacunos significa que sus enemigos caerán.)

El que sueña que ingiere carne de toro enriquecerá. Y si ya es rico, enriquecerá aún más. (El vacuno representa riqueza, como surge del versículo en Mishlé /Prov.: "Muchas cosechas con la fuerza del toro".)

El que sueña que monta un toro tendrá grandeza.

VACUNO (CONT.) El que sueña que muerde a un vacuno perderá algo en su viaje. (El vacuno indica abundancia, y morder al vacuno significa merma en la abundancia, por ello es un indicio de que perderá algo.)

El que sueña que un toro lo cornea tendrá hijos varones que se consagrarán a la Torá con el mismo ímpetu que un toro cornea.

El que sueña que un toro lo patea viajará lejos. (Porque la patada recibida provoca que caiga lejos de donde se encuentra).

El que sueña que un vacuno lo amamanta experimentará una gran satisfacción y comenzará para él un muy buen año.

El que sueña que un vacuno lo muerde sufrirá desgracias; o bien vivirá muchos años.

El que sueña que un vacuno monta sobre él morirá ese mismo año.

Soñar con un vacuno a la carrera indica alegría. (Cuando uno tiene la voluntad de hacer algo y está contento por ello lo hace inmediatamente, corriendo.)

Soñar con vacunos engordados es indicador de años de abundancia. (Como en el caso de los sueños del faraón.)

Soñar con vacunos flacos es indicador de años de hambruna.

Soñar con vacunos pastando en el campo anuncia alegría y abundancia.

Soñar que monta un vacuno y cae es una mala señal. O más específicamente indica que morirá. O bien, empobrecerá. (Una caída en general es algo malo. Y "caer del vacuno" significa que caerá de la abundancia representada por éste).

VERDE. Soñar con cualquier tipo de color es indicio de algo bueno, a excepción del *tjelet* (celeste de tono verdoso). (Pues una persona con el semblante de tono verdoso es una persona enferma. Asimismo, *tjelet* tiene las mismas letras que *tijlá* y *ketz*, "límite" y "fin"). De acuerdo a otra opinión, soñar con cualquier color es algo malo, y el *tjelet* el peor de todos.

VERDOSO. Soñar que su semblante tiene un tono verdoso (pálido) es indicio de enfermedad.

VERDURAS. El que sueña que ingiere pepinos tendrá ganancias.

El que sueña que vende verduras, su negocio se reducirá. (Las verduras representan pobreza, el alimento de los necesitados que no tienen para ingerir platos elaborados).

Soñar con verduras es algo bueno (excepto cabezas de nabo, cebolla y ajo).

Soñar que ingiere verduras indica que tendrá ganancias y una vida buena.

Visualizar hierbas amargas en un sueño es una mala señal.

VESTIMENTA. Soñar con vestimentas negras no es un buen indicio. (Representan duelo).

VIAJE. El que sueña que va de una tierra a otra significa que deberá trasladarse de un lugar a otro, o bien enriquecerá.

El que sueña que viaja lejos recibirá correspondencia de aquel lugar al cual viajó.

Soñar que está de viaje es un buen augurio para el soñante.

Soñar que viaja por aire a otra tierra significa que deberá trasladarse de un lugar a otro. Y si sueña que regresa a su tierra es algo bueno para él.

VID. Soñar con una vid es algo muy bueno. (La vid representa seguridad y paz, como lo expresa el versículo en Melajim/Reyes 1:5): "Iehudá e Israel se sentaron seguros bajo los viñedos…")

VID (CONT.) Soñar que planta una vid es un buen indicio. (El sólo acto de plantar indica algo productivo; y por su parte, la vid es un indicio de fertilidad y abundancia).

El que sueña con un sarmiento, rama de la vid, que aguarde al *Mashíaj*, como surge del versículo: "Ata a la vid su asno y al sarmiento la cría de su asna" (Bereshit/Gén. 49:11). (El versículo alude al Mashíaj, que se revelará montado en un asno).

El que sueña con una vid cargada, su esposa no abortará. (Como surge del versículo en Tehilim/Salmos 128: "Tu esposa es cual fértil vid").

El que sueña con una vid, su esposa quedará encinta. (La vid, por ser que se reproduce en abundancia, simboliza fertilidad).

VIDRIO. El que sueña que se astilla un contenedor de vidrio significa que su pedido fue concedido (pues al quebrarse el contenedor, se revela su contenido y queda disponible libremente, lo cual simboliza los pedidos del soñante que ya le fueron concedidos.).

Soñar que recipientes de vidrio caen y se rompen significa que todo lo que hablaron sobre él y todo lo que los enemigos tramaron contra él se invalidará. (El vidrio roto del recipiente se puede volver a fundir y darle una nueva y mejor forma que la anterior. En este caso, los vidrios que se rompieron significan que todas las cosas malas que tramaron o dijeron en contra del soñante quedaron definitivamente anuladas y a partir de entonces comienza para él una nueva etapa de paz y armonía).

Soñar con un recipiente de vidrio es un buen augurio para el soñante. ("Vidrio" en hebreo es *Zjujit*, de la misma raíz que *Zaj* y *Zjut*, "puro" y "mérito" respectivamente).

Soñar con un vidrio limpio es un indicio de que el Supremo lo aprecia.

VIENTO. Soñar que un fuerte viento que lo eleva indica poder, o bien alegría.

VIGA. El que sueña que las vigas de su casa se derrumban, un hijo morirá. (Las vigas sostienen el techo, así como los hijos dan sentido a la existencia de los padres).

VINO. El que sueña con un barril de vino, pronto tendrá mucha alegría. (El vino representa alegría).

Soñar que bebe vino puede significar algo bueno o malo, dependiendo de quién sea el que sueña y qué calidad de vino bebe. ("Entra el vino, sale el secreto". Si el que bebe el vino es un sabio, cuando bebe se revela el secreto de su sabiduría. En cambio, si es un necio, cuando bebe se revela el secreto de su necedad. Asimismo, los sabios suelen tener su sentido más refinado y prefieren la calidad sobre la cantidad; por eso la calidad del vino que uno bebe es una señal de qué tipo de persona es, lo cual está en relación directa al significado positivo o negativo del sueño.)

Soñar que bebe vino aromatizado con aditamentos (vino tipo vermut) es una mala señal. (Ya que malgasta su dinero en vanos placeres).

VIÑEDO. Soñar que camina por un viñedo sin uvas, o simplemente visualizar un viñedo desprovisto de uvas, es indicador de duelo. (Así como la vid cargada es el símbolo talmúdico de la fertilidad, una vid desprovista de frutos no puede más que significar ausencia de vida).

VIRGEN. Ver entrada "mujeres".

VIUDA. Ver entrada "mujeres".

VOLAR. Soñar que vuela hacia otra tierra significa que deberá trasladarse de un lugar a otro. Y si sueña que regresa a su tierra es algo bueno para él.

El que sueña con un águila o un ave volando tendrá gran riqueza, o bien será enaltecido. (El águila era el símbolo del Imperio romano, paradigma de riqueza material.)

YEGUA. El que sueña que bebe leche de yegua hallará dinero.

ZAPALLO. Soñar con un zapallo es señal de que es temeroso del Supremo. (El zapallo es un fruto que crece en la tierra, lo cual representa la cualidad de la humildad, tan propia de los temerosos y reverentes del Cielo.)

ZAPATOS. Soñar con cualquier ropa es algo muy bueno, excepto soñar que se calza un zapato. (Ya que significa que antes estaba descalzo, lo cual simboliza duelo; pues en efecto, quienes están de duelo tienen proscripto vestir calzado de cuero.)

ZORRO. El que sueña con un zorro tendrá un muy buen año. De acuerdo a otra opinión, enfermará.

El que sueña que ingiere carne de zorro quedará a salvo de todo causante de temor. (Pues el zorro se alimenta y se mantiene sin mayores sufrimientos ni dificultades).

9.

SUEÑOS RELATIVOS A LOS DÍAS DEL MES

A continuación presentamos pautas accesorias sobre el significado de los sueños según el día del mes en que los mismos se manifiesten. Es de destacar que los días referidos corresponden al calendario hebreo, en el cual el día comienza por la noche que le precede. Esto significa que si alguien experimentó un sueño el martes (13 de Septiembre) por la noche, se debe buscar la equivalencia en el calendario hebreo correspondiente al día miércoles (14 de Septiembre), pues en el calendario hebreo la noche es parte integral del día siguiente.

DÍA 1: El sueño que haya experimentado el día 1° del mes del calendario hebreo se transformará en alegría.

DÍA 2: El sueño que haya experimentado este día no es verdad.

DÍA 3: El sueño que haya experimentado este día no es verdad.

DÍA 4: La interpretación del sueño que haya experimentado este día es favorable y se cumplirá al cabo de un tiempo.

DÍA 5: La interpretación del sueño que haya experimentado este día es favorable y se cumplirá al cabo de un tiempo.

DÍA 6: El sueño que haya experimentado este día se cumplirá efectivamente, tanto sea bueno o malo.

DÍA 7: El sueño que haya experimentado este día se cumplirá al cabo de un tiempo.

DÍA 8: El sueño que haya experimentado este día sucederá tal cual.

DÍA 9: El sueño que haya experimentado este día sucederá tal cual.

DÍA 10: El sueño que haya experimentado este día se cumplirá después de un tiempo. No acontecerá ninguna desgracia.

DÍA 11: El sueño que haya experimentado este día se cumplirá después de un tiempo, pero no acontecerá ninguna desgracia.

DÍA 12: El sueño que haya experimentado este día es bueno y sucederá en lo inmediato.

DÍA 13: El sueño que haya experimentado este día se cumplirá al cabo de unos días.

DÍA 14: El sueño que haya experimentado este día se cumplirá en breve.

DÍA 15: El sueño que haya experimentado este día se cumplirá en breve.

DÍA 16: El sueño que haya experimentado este día sucederá al cabo de un tiempo.

DÍA 17: El sueño que haya experimentado este día se cumplirá al cabo de tres o cuatro días y después (el soñante) se regocijará.

DÍA 18: El sueño que haya experimentado este día sucederá al cabo de unos días, pero no *todo* lo soñado sucederá.

DÍA 19: El sueño que haya experimentado este día sucederá al cabo de unos días, pero no *todo* lo soñado sucederá.

DÍA 20: El sueño que haya experimentado este día no es verdad. O bien será para alegría.

DÍA 21: El sueño que haya experimentado este día no es verdad. O bien será para alegría.

DÍA 22: El sueño que haya experimentado este día se realizará por ocho días.

DÍA 23: Todo lo soñado este día será para disputa. Se realizará hasta en dieciocho días.

DÍA 24: Todo lo soñado este día se transformará en paz y alegría. Se realizará hasta en dieciocho días.

DÍA 25: El sueño que haya experimentado este día se producirá en ocho o diez días. Ora al Supremo.

DÍA 26: El sueño que haya experimentado este día se concretará en ocho o diez días. Ora al Supremo.

DÍA 27: Todo lo soñado este día se transformará en paz y alegría.

DÍA 28: Todo lo soñado este día se transformará en paz y alegría.

DÍA 29: Todo lo soñado este día se transformará en paz y alegría.

DÍA 30: Todo lo soñado en este día, incluso las desgracias soñadas, se transformarán en paz. Según otra opinión, lo soñado este día es desgracia.

SUEÑOS REFERIDOS A CIUDADES Y PAÍSES

A continuación presentamos una guía para la interpretación de sueños referidos a ciudades y países. Las interpretaciones ofrecidas corresponden a las denominaciones de dichas ciudades o países en la lengua madre, el hebreo original.

Soñar que se encuentra en un país cuyo nombre comienza con la letra:

ALEF (letra muda, adopta el sonido de la vocal que lleve asociada): Es algo bueno para el soñante. (La letra *alef* representa a *Alufó Shel Olam*, "Amo del Universo".)

BET: ("B"): Significa que construirá una casa. (La letra hebrea *Bet* significa también "casa". Asimismo, la letra hebrea *bet* tiene forma de casa).

GUIMEL ("G"): Significa que el Supremo le demostrará empatía y bondad. (Porque la letra *guimel* representa *Gomel Jesed*, "benefactor").

DALET ("D"): Significa que un estandarte de bondad flameará sobre su cabeza. (*dalet* es la primera letra de la palabra *deguel*, "estandarte").

HEI ("H" aspirada): Significa que el Supremo le tiene preparado algo bueno. (La letra *hei* es una de las cuatro letras del Nombre Supremo; y fue por medio de esta letra *hei* que Él dio lugar a la creación. Por ello representa algo bueno.)

VAV ("V"): Pobre de él.

ZAIN ("Z"): Significa que el Supremo le concederá riquezas y bonanza.

JET ("J" gutural): Significa que padecerá enfermedades. O bien tendrá una buena y larga vida.

TET ("T"): Sería conveniente que el soñante se traslade a otra ciudad y enriquecerá.

IUD ("I"): Significa que el Supremo lo cobijará al amparo de Sus Alas. (La letra *iud* representa el Nombre divino).

JAF ("J" ó "K"): Significa que el Supremo le tiene preparado un lugar en lo Alto. O bien, su honor se elevará para la eternidad.

LAMED ("L"): Significa que el Supremo lo ha elevado.

MEM ("M"): Significa que su sustento ya está preparado y vencerá a sus enemigos.

NUN ("N"): Significa que la suerte lo acompañará y alcanzará la plenitud del bienestar físico y económico.

SAMAJ ("S"): Significa que el Supremo lo apoyará porque lo ama. (El nombre de la letra *samaj* significa "apoyar").

AIN (sonido gutural): Significa que los *Ojos* del Supremo están dirigidos hacia él para bien. (El nombre de esta letra, *Ain*, significa también "ojo").

PEI ("P" ´ó "F"): Significa que el Supremo lo salvará de toda desgracia y sufrimiento. (La letra *Pei* es la letra incial de *Podé*, "Salvador").

TZADIK ("TZ"): Significa que es un hombre recto y virtuoso. (Textualmente, *tzadik* significa "virtuoso").

KUF ("K"): Significa que el Supremo estará próximo a Él. (la letra *kuf* es la inicial de *Karov*, "próximo").

RESH ("R"): Significa que verá todo lo que su corazón desee. (La letra *resh* es la inicial de *Raá*, "ver").

SHIN ("SH" ó "S"): Significa que el Supremo escuchará todas sus plegarias. (La letra *shin* es la inicial de *Shamá*, "escuchar").

TAV ("T"): Significa que es un hombre sincero y recto. (La letra *tav* es la inicial de *tam*, "sincero").

10.

EPÍLOGO

En la Torá, más que por sí mismos, los relatos valen por la conclusión que de ellos se desprenda; la teoría es válida en tanto sea asumida como acción. Esto significa que el estudio de la Torá tiene valor propio, pero no como medio de suma de conocimientos, sino en su condición de mandamiento divino.

De hecho, la mismísima voz *Torá* alude a ello en su significado. *Torá* significa "enseñanza", lo cual refiere que los eventos en ella registrados deben servirnos de guía en nuestra vida, en la *enseñanza* que habrá de orientarnos en dirección al objetivo por el cual fuimos creados.

Rabi Israel Baal Shem Tov, padre de la Escuela mística del judaísmo, expresa que todas las circunstancias y eventos de la vida de las que uno tome conocimiento, ya sea de manera directa o indirecta, son en definitiva una guía para ese objetivo. Nada es casual, dice Rabi Israel Baal Shem Tov, e incluso el mero mecimiento de una hoja al viento está predestinado de lo Alto, y como tal encierra en sí mismo una profunda enseñanza para toda persona que de alguna manera se contacta con dicho evento.

Concretamente, lo expuesto significa que una vez que acabamos de leer sobre una hoja que se mece, debemos cuestionarnos: "Si de algún modo he entrado en contacto con esa realidad, evento o circunstancia, es porque encierra una enseñanza para mí".

Y también el Talmud se orienta en esa línea, como surge del tratado Kidushin (40b), donde registra un interesante debate sobre la importancia de la teoría y de la práctica. En opinión de Rabi Tarfón, la práctica es más importante. En cambio, en opinión de Rabi Akiva, es más importante la teoría, el estudio, porque conduce a la acción; y la conclusión del debate es acorde con esta última opinión. Pero en rigor de verdad, si la importancia de la teoría radica en que conduce a la acción, resulta que la acción es la prevaleciente, sólo que la teoría es necesaria para conocer la acción que debemos realizar. La teoría son las reglas del juego, y la acción es el juego mismo. La teoría son las instrucciones para utilizar adecuadamente un determinado instrumento, pero ellas carecen de sentido si no tenemos la intención de utilizar ese instrumento en absoluto.

En esa misma línea, la sabiduría interior de la Torá expresa que el alma está compuesta de diez canales de manifestación, los cuales reciben el nombre de *Sefirot*. Pues bien, esos diez canales se dividen en dos grandes grupos: intelecto y emociones. Si bien no es del alcance de este trabajo analizar las diez *Sefirot* en detalle, no obstante nos detendremos a observar las tres correspondientes al primer grupo: el mismo está integrado por las *Sefirot* de *Jojmá* ("Percepción") *Biná* ("Inteligencia") y *Daat* ("Conciencia").

La *Sefirá* de *Jojmá* es la primera fuerza consciente del intelecto. Representa el saber en estado embrionario, el nuevo saber que aflora a nivel consciente a modo de destellos que todo lo iluminan, echando luz así sobre alguna cuestión hasta ahora oscura, saber cuyo surgimiento uno lo celebra espontáneamente, como cuando exclama "¡Eureka!". Se trata de un saber absoluto que aún requiere del debido análisis y desarrollo para que tome el carácter de "conocimiento".

Ese análisis lo realiza la segunda *Sefirá: Biná* ("inteligencia", "razonamiento"), la cual es el segundo poder consciente del intelecto. Y así, cuando aquel saber embrionario de *Jojmá* pasa por el proceso de *Biná*, se transforma de saber abstracto en conocimiento concreto.

Y la tercera de esas tres *Sefirot* del grupo "intelecto" es la *Sefirá* de *Daat,* que suele traducirse como "comprensión", aunque dicho significado es superficial y general. Al respecto, la Torá tiene reservado para el citado concepto un significado profundo y específico. Así, expone el versículo que Adam, el primer hombre, "*iadá* a Javá (Eva)". La voz *iadá* es la conjugación verbal en tiempo pasado de *Daat*. Por consiguiente, si la traducción de *Daat* fuese "conocimiento", dicha frase "*iadá* a Javá" significaría "Adam *conoció* a Javá". Sin embargo, explica Rashi, *Daat* significa "conexión", "unión", de modo que el significado de la frase en cuestión es "Adam *se unió* a Javá". Esto es, la Torá utiliza la expresión *Daat* para expresar "cohabitación", "unión".

De ello surge, tal como lo hemos expuesto, que *Daat*, más que "comprensión", es ante todo "unión"; y en nuestro caso concreto, la unión del ser con el conocimiento adquirido a través de *Jojmá* y desarrollado a través de *Biná*. *Daat* es la conexión de la faz racional con la faz emocional del ser. Cuando existe *Daat*, cuando existe dicha conexión, uno se siente inspirado por el conocimiento adquirido y actúa en función del mismo. De lo contrario, cuando *Daat* no se manifiesta debidamente, el conocimiento igualmente está alojado en el intelecto del ser, pero ese conocimiento es totalmente independiente del ser que lo cobija.

Como ejemplo, tomemos el caso de un experto en finanzas que conscientemente malgasta todo su patrimonio en banalidades. La condición de "experto en finanzas" de esta persona demuestra que ha logrado desarrollar y adquirir el conocimiento necesario para la correcta administración de las finanzas, pero ese conocimiento no ha ejercido ninguna influencia en él, ni él se ha dejado influenciar por el mismo. Ello es porque no hay conexión entre el conocimiento y la persona, no hay *Daat*. y por ello mismo puede actuar en contraposición a ese gran saber que ha logrado.

Un gran maestro de la Sabiduría Interior de la Torá expone al respecto que hay personas muy sabias y son cual armarios andantes; pues también los armarios están llenos de libros, y sin embargo, no por eso dejan de ser armarios. Esas personas podrán ser sumamente sabias y conocedoras, pero en tanto no se conecten con tales conocimientos, en tanto no desarrollen el potencial de *Daat*, serán cual armarios cargados de libros.

Se cuenta que en una oportunidad, Alejandro Magno, discípulo de Aristóteles, entró a la casa de su maestro sin previo aviso; y para su sorpresa encontró a Aristóteles entregado a una conducta reñida con la moral. Y Alejandro Magno le cuestionó: "¿Acaso es éste el camino del gran Aristóteles, el filósofo, el maestro, el mentor? ¿Acaso es ésta la conducta ética?". Y Aristóteles le respondió: "Cuando enseño filosofía y las maravillas del mundo, soy Aristóteles; pero aquí, en privado, no soy Aristóteles".

Dicha actitud del gran filósofo griego contrasta tajantemente con la actitud del célebre Sabio talmudista Rabí Akiva y con la Torá encarnada en su profunda sabiduría.

Rabí Akiva era citado periódicamente por el emperador romano Turnus Rufus para debatir sobre cuestiones de filosofía; y siempre ocurría que Rabi Akiva lo vencía. Una vez, Rafina, la esposa de Turnus Rufus, decidió intervenir para salvaguardar el honor de su marido; y a tal efecto pidió su autorización para presentarse ante Rabi Akiva inmoralmente ataviada, a fin de tentarlo; y de esa manera provocar que el ilustre Sabio perdiese la gracia del Supremo, y de esa manera allanar el camino para que su esposo pudiese vencerlo en sus habituales debates.

Y así, la vez siguiente que Rabi Akiva fue convocado al palacio, Rafina se ocultó en el jardín; y al acercarse Rabi Akiva salió ante él vestida provocativamente. Rafina era una mujer muy hermosa y estaba convencida de que ningún hombre, ni siquiera Rabí Akiva, podría resistir su belleza. Sin embargo, el gran Sabio, lejos de dejarse caer en semejante tentación, primero escupió, luego sonrió y por último lloró. Rafina, completamente confundida por esa inesperada reacción del gran Rabí, opuesta a lo que ella esperaba e imaginaba, le pidió que le explicase por qué había procedido de esa manera.

Y Rabi Akiva le respondió: "Dos cosas te explicaré, pero la tercera, no. Escupí como una manera de deplorar tus actos detestables. Lloré porque sé ciertamente que esta bella forma volverá finalmente al polvo y se descompondrá. Y en cuanto a por qué sonreí, tal vez algún día lo comprendas".

Las actitudes opuestas de Aristóteles y Rabi Akiva reflejan dos modos opuestos de entender el sentido de la materia y de la espiritualidad. En opinión de Aristóteles, cuerpo y espiritualidad están en absoluta disociación; mientras que para Rabi Akiva están en armoniosa unión. Para Aristóteles, lo relativo a la espiritualidad es sagrado; pero lo relativo a lo corpóreo es profano. Para él, materia y espíritu son dos reinos totalmente inconexos. Para Rabi Akiva, en tanto, lo divino y lo mundano constituyen dos partes de un todo. Él entiende que también en lo físico se halla la Divinidad, y por eso comprendió que no debía sucumbir a la tentación de Rafina, porque también las actitudes físicas cotidianas son Divinas y como tales no se las debe degradar.

Cuando uno tiene ese concepto de conexión, su visión de la vida deja de ser parcial para convertirse en totalizadora. ¿Y qué pasó finalmente con Rafina? Rafina se convirtió al judaísmo y contrajo matrimonio con Rabi Akiva. Aquella vez, cuando Rafina se había presentado provocativa ante Rabi Akiva; él, en su visión totalizadora de la realidad, vio proféticamente que ella estaba destinada a ser su esposa; y fue por ello que se alegró y sonrió.

Aristóteles entendía el concepto *Daat* meramente como "comprensión" y no como "unión"; y por eso mismo, para él, la espiritualidad terminaba en la razón y el intelecto, lo cuál explica por qué veía a la materia totalmente disociada del espíritu. Rabi Akiva, en cambio, entendía *Daat* como "unión" y "conexión": la unión de lo divino con lo corpóreo, incluyendo aún los actos más instintivos del ser humano.

El relato precedente es la ilustración más certera del tema en análisis: la teoría, el estudio y el conocimiento son válidos en tanto la acción a la que son capaces de conducir.

Y lo mismo es válido para los sueños...

Así, soñar que le haces un bien a alguien y contentarte con ese sueño maravilloso es insustancioso. Leer libros de auto-ayuda sobre lo saludable que resulta hacerle un bien a alguien y sentirte por ello una persona espiritual y hospitalaria, es insustancioso. Sentirte orgulloso por participar de cenas de comisiones de filantropía en las que, entre paso y paso de un exquisito menú gourmet se exponen encendidos discursos sobre la importancia de la ayuda al prójimo, es insustancioso. En verdad, todo ello tendría valor en la medida que conduzca a la acción concreta, pues lo que realmente cuenta es proveer la ayuda de manera cierta y efectiva a ese alguien que la necesite. Pero para ello es menester discernir entre teoría y acción, y comprender definitivamente que la teoría y el conocimiento no es el fin en sí mismo, sino sólo el medio para un objetivo final.

LOS SUEÑOS COMO INSTRUMENTO PARA TOMAR EL CONTROL DE LA PROPIA VIDA

Ya desde el mismísimo momento de nuestro nacimiento, de lo Alto se nos brinda la capacidad de conectarnos con una realidad diferente de la que vivimos en estado de conciencia, la cual trasciende nuestro tangible universo cognitivo-sensorial-emocional. Dicha capacidad, interpretándola y aplicándola adecuadamente tiene la virtud de transformarse en la llave para abrirnos las puertas del auto-conocimiento: ese don es la capacidad de soñar, y su modo de expresión son los sueños.

En rigor de verdad, los sueños no son un mero don antojadizo que nos brindan de lo Alto, sino uno de los instrumentos más valiosos con que contamos para recordarnos noche tras noche que el vivir no es tan sólo confort físico ni gozar de la dosis de buena salud necesaria para permitirnos realizar nuestros deseos.

Muy lejos de semejante hervidero de egocentrismo, el universo de los sueños nos ofrece la posibilidad de existir en dos mundos a la vez, dos realidades tan distintas como complementarias, las cuales constantemente procuran establecer puentes de comunicación entre sí.

Así, mientras nuestra realidad consciente permanece en estado de vigilia permitiéndonos avanzar en la vida, la realidad inconsciente —en estado de somnolencia— le brinda a aquélla, a través de los sueños, nuevos datos y saberes que, al despertar, le resultan a la realidad consciente sumamente ajenos y extraños.

Y éste justamente es el objetivo de los sueños, constituirse en la lente a través de la cual podamos ver y evaluar, como si fuera un caleidoscopio, la homogeneidad de nuestros pensamientos, habla y actos conscientes en relación con el objetivo que de lo Alto nos fuera encomendado. En este sentido, los sueños nos advierten sobre los hábitos que debemos afinar para retomar el rumbo y alinearnos con el sentido de nuestra existencia.

Por ello, no se debe estudiar los sueños como entidades por sí mismas, sino como el medio a través del cual hemos de tomar las conclusiones adecuadas para orientar nuestras vidas en la dirección que se espera de nosotros como seres creados a la imagen del Supremo, conclusiones que puedan guiarnos hacia el objetivo de nuestra existencia en esta realidad física, el cual no es otro que conectarnos con el Supremo y a través de ello conectarnos con lo más profundo de nuestro ser, allí donde lo humano y lo divino están en perfecta armonía. Y eso no es ningún sueño, es una realidad concreta. Recuérdalo: Tras el sueño está lo que realmente interesa, el despertar y el vivir de acuerdo a los principios que —en nuestra condición de seres humanos— nos transforman en seres divinos. Porque como lo hemos expuesto, la teoría y el conocimiento, y entre ellos también los sueños, sólo valen en función de las acciones a las cuales conducen.

Porque si bien es bueno soñar con palacios en las nubes, lo que es indeseable es vivir en ellos.

Rabi Simja Bunem De Peshisja solía relatar la siguiente historia:

Aizik era un hombre muy pobre que vivía en una pequeña aldea en Cracovia. Durante varias noches Aizik había soñado que bajo del puente central de Praga se hallaba enterrado un gran tesoro. ¿Será posible que la solución a su problema se hallase en un simple sueño? Aizik, ajustándose a la norma de que si el mismo sueño se reitera varias veces indica que en breve se tornará realidad, decidió no esperar más y se fue efectivamente a Praga, y una vez allí se dirigió al puente central.

El puente era idéntico al que había visualizado en sus sueños, en verdad, toda la zona era idéntica... "Pues bien", dijo Aizik, "comenzaré a cavar". Pero entonces vio a un guardia y decidió posponer la operación.

Así, Aizik comenzó a deambular por la zona, hasta que su actitud llamó la atención del guardia allí apostado.

—¿Qué buscas aquí? —le consultó el guardia.

—Pues he soñado que bajo el puente central de Praga se esconde un gran tesoro —respondió Aizik.

Al escuchar eso, el soldado estalló en una estridente carcajada.

—¿Cómo puedes creer en esas cosas? ¿Acaso piensas que porque hayas soñado que bajo el puente de Praga se halla enterrado un tesoro realmente debe ser así?

—¡Pero tres veces he soñado lo mismo! —dijo Aizik al guardia.en toda su inocencia

—*¿De qué ciudad eres tú?* —*le preguntó el guardia.*

—*De Cracovia* —*respondió Aizik.*

—*¿Sabes qué?* —*le dijo el guardia con un inconfundible tono irónico que el desdichado Aizik no había captado*— *También yo he tenido un sueño. He soñado que debajo de la cocina de un tal Aizik que vive en Cracovia se esconde un gran tesoro.*

Sin decir nada, Aizik se despidió del guardia y regresó inmediatamente a su Cracovia natal, a su casa... a su cocina... y se puso a cavar con todas sus energías. Y cavó y cavó... hasta que finalmente apareció ante sus ojos un verdadero tesoro, tal como le había "revelado" aquel guardia de la distante Praga...

Así, Aizik se percató de que tuvo que ir a Praga no para encontrar el tesoro, sino para escuchar de boca de aquel guardia que el anhelado tesoro se encontraba en su propia casa.

Y cuando el gran maestro Rabi Simja Bunem culminaba el relato, acotaba que muchas veces uno busca algún tesoro afuera, bien lejos, y hace denodados esfuerzos por obtenerlo, pero debe saber que los más grandes tesoros se encuentran dentro de uno mismo.

Por ello, cuando experimentes un sueño no pretendas buscar interpretaciones ajenas a tu propio ser, más bien busca ante todo dentro de ti y considera que en ese sueño hay un propósito ulterior, el cual constituye la razón de que te ha sido revelado justamente a ti. Eso es lo que quería decir Rabi Simja Bunem: *Daat*, además de "comprensión", significa ante todo "conexión": siempre debes buscar la *conexión* del sueño con tu realidad y tu entorno. Busca qué actos y obras de bien puedes realizar no sólo en beneficio tuyo y de los tuyos, sino en beneficio de tus semejantes en general. Tenlo presente: Jamás, ninguna obra de bien que realices estará en contradicción con ningún sueño que hayas experimentado. Si tuviste un sueño y no lo recuerdas o no logras interpretar su mensaje, responde aplicando el concepto *Daat:* establece una conexión entre el sueño y tu condición de ser divino realizando actos que dignifiquen tu condición, como dar caridad, practicar la hospitalidad o hacer todo tipo de obras positivas que estén a tu alcance. Seguramente ello no te asegurará la comprensión del significado del sueño, pero tendrás la seguridad de estar orientado en la dirección correcta, obrando de conformidad con el propósito de tu existencia.

Por medio de los actos de bien puedes transformar la dura realidad y vivir una vida de sueños en tu propia realidad de todos los días. Y eso no es ningún sueño, sino una realidad tangible, consciente y genuina, comprobable a cada instante, aquí y ahora.

Made in the USA
Las Vegas, NV
02 April 2025

20425979R00193